"安徽红色历史记忆丛书"编委会

主　编
陆发春

编　委
（按姓氏笔画排序）

朱贵平　张启兵　郝欣富　徐　京
唐国富　唐　莉　黄文治

安徽红色历史记忆丛书

红色岳西

丛书主编 陆发春

储挺身 编著

时代出版传媒股份有限公司
安徽教育出版社

图书在版编目（CIP）数据

红色岳西 / 储挺身编著. —合肥：安徽教育出版社，2021.4

（安徽红色历史记忆丛书 / 陆发春主编）

ISBN 978-7-5336-9013-7

Ⅰ.①红… Ⅱ.①储… Ⅲ.①革命史—岳西县 Ⅳ.①K295.44

中国版本图书馆 CIP 数据核字（2019）第 208094 号

红色岳西

HONGSE YUEXI

出 版 人：费世平
总 策 划：郑 可　费世平
项目统筹：姚 莉　王宗琦
质量总监：姚 莉
策划编辑：王宗琦
责任编辑：丁昌龙　付 婕
装帧设计：吴亢宗
责任印制：李松伦

出版发行：时代出版传媒股份有限公司　安徽教育出版社
地　　址：合肥市经开区繁华大道西路 398 号　邮编：230601
网　　址：http://www.ahep.com.cn
营销电话：(0551)63683012,63683013
排　　版：安徽时代华印出版服务有限责任公司
印　　刷：合肥市宏基印刷有限公司

开　本：710×1010　1/16
印　张：21.75
字　数：220 千字
版　次：2021 年 4 月第 1 版　2021 年 4 月第 1 次印刷
定　价：79.00 元

（如发现印装质量问题，影响阅读，请与本社营销部联系调换）

总 序

2016年7月1日,习近平总书记在庆祝中国共产党成立95周年大会上的讲话中指出:"我们党已经走过了95年的历程,但我们要永远保持建党时中国共产党人的奋斗精神,永远保持对人民的赤子之心。一切向前走,都不能忘记走过的路;走得再远、走到再光辉的未来,也不能忘记走过的过去,不能忘记为什么出发。面向未来,面对挑战,全党同志一定要不忘初心、继续前进。"中国共产党一贯重视对党史国史的学习和研究,从这些历史中,可以看到中国共产党人的初心和使命,可以获得面对各种挑战所应具备的经验与勇气。

"安徽红色历史记忆丛书"在原有的安徽革命历史研究基础上,充分利用近现代历史文献、档案资料,真实全面地反映了安徽革命斗争历程。丛书试图构建一个红色文化研究平台,连点成线,系统地对安徽省内各地红色文化予以陈述。丛书选取安徽省最有红色革命历史传统的十个县市,即合肥、宿州、六安、黄山、寿县、定远、金寨、无为、泾县、岳西,对1912至1949年间这些地区的红色革命历史予以梳理叙述。为避免与以往出版的同类型书籍同质化,本丛书在体例上采取专题叙事方式,即每本书均以专题方式,突出该地区重大主题的红色革命历史。各专题之间,有一定逻辑关系,按照事件的先后关系,分章叙事论述。丛书强调权威性、学术性和社会大众性有机结合,希望能够打造既有学术含量,又有文宣效果,能够深入人心的系列图书。

一、安徽红色文化的富矿,有待深入挖掘。

安徽是新民主主义革命时期的重大事件发生地、重要历史人物出生地和革命家活动地,是闻名国内外的红色文化资源大省,因此,研究和保护、开发和利用好红色文化资源,打造和传播好具有安徽特色的红色文化,既有重要的文旅经济价值,也有深远的社会意义和历史意义。

安徽红色历史文化除具备中国革命共通特征之外,另有几个主要特点:

首先,安徽是马克思主义思想传播较早,地方党组织组建较早的省域。有先进思想武装的革命组织是革命事业发展的发动机。1921年10月,当时的省城安庆即成立了安徽社会主义青年团组织,1923年安庆成立中共安庆基层支部,寿县乡村小甸集成立中共特别支部。这样一个特点与皖籍出身的中共早期创建者有着紧密关联。我们从《红色岳西》《红色合肥》等卷帙对王步文、蔡晓舟等早期接受新文化思潮的安徽人物的叙述中,可以了解马克思主义思想在安徽传播的概况。

其次,安徽是贯彻八七会议精神,较早进行土地革命,用武装暴动方式发动农民群众,建立独立乡村红色政权的革命先进地区。大革命失败之后,安徽地区的革命者没有被白色恐怖所吓倒,发动了皖西大别山商南立夏节暴动、六霍暴动和请水寨暴动三大农民暴动,成立了红色苏维埃政权和建制的军事武装,如红三十二师、红三十三师。1928年4月9日,皖北阜阳爆发著名的"四九"武装起义,成立了皖北苏维埃政府,建立了皖北工农红军。

第三,在1930年代初期,依托大别山区建设的鄂豫皖红色革命根据地,是仅次于中央苏区的红色苏维埃革命政权,覆盖了湖北、河南、安徽的广大地域,是土地革命战争时期中国共产党探索由农村包围城市革命新路径的另一个重要实验区;以红二十五军、红二十八军为主干建立的红四方面军,是发挥了红色种子作用的军队,是中国革命军队的一支源泉队伍。

第四,全国抗日战争爆发后,皖南泾县新四军军部成为大江南北新四军抗战的指挥中心,解放战争时期皖西、淮南、蚌埠、合肥瑶岗相继成为革命武装千里跃进大别山、挺进豫皖苏、淮海战役、渡江战役的指挥枢纽之地。横跨江淮的皖北、皖南是中国革命战争年代革命志士抛头颅洒热血,为建立新中国英勇奋战的热土,是追随中国共产党的革命群众贡献聪明才智的沃壤。

二、要认识到安徽红色文化的时代价值。

安徽是红色文化的富矿,值得研究者条分缕析,阐发隐微。红色文化作为一种独特文化标识,得到党中央的高度重视,其时代价值应该被清晰认知:

第一,安徽红色文化展示了20世纪革命年代以陈延年、陈乔年、王步文、曹渊、许继慎、胡底、陈原道、刘淠西、周维炯、漆德玮、舒传贤、王效亭等为代表的安徽革命志士,为了民族独立和人民解放,前赴后继、无畏牺牲的革命英雄主义气概和血战到底的对敌战斗意志;为了追寻国家光明前景和革命真理,宁肯舍弃一切献身革命事业的崇高革命信仰和历史情怀。这是新时期安徽人民仰之弥高的精神财富。

第二,安徽红色文化展示了革命年代安徽进步人士,始终以爱国主义为精神内涵,为了追求社会进步、国家富强,勇于走在反帝反封建斗争的时代前列,极大地丰富了20世纪安徽思想文化历史,为新时期安徽人民树立了力学笃行的精神丰碑。

第三,安徽红色文化展示了革命年代形成、新中国成立之后不断被阐释宣扬、历经百年风云已经内化为安徽历史传统的精神财富,是新时期安徽人民建功立业、创新进取、奋斗于民族复兴大业、建设美好家园的重要传家之宝。

重视红色文化,学习红色文化,实践红色文化,不仅是安徽文化强省的重大举措,更是中国人民增加文化自信的重要精神源泉。我们不能让富有特色的安徽红色文化,躺在历史的尘埃中。

陆发春
于安徽大学问津楼

目 录

导　语　　　　　　　　　　　　　　　　　　　1

第一章　岳西党组织的建立和发展　　　　　　　6

　　一、旧社会岳西的社会状况　　　　　　　　6
　　二、王步文回家乡秘密发展党员　　　　　　9
　　三、党组织在岳西的建立　　　　　　　　　13

第二章　请水寨农民武装暴动　　　　　　　　31

　　一、请水寨暴动的历史背景　　　　　　　　32
　　二、请水寨暴动的组织准备　　　　　　　　35
　　三、请水寨暴动的过程　　　　　　　　　　40

四、头陀河暴动、黄尾河暴动　　　　　　　　　　　52

第三章　中国工农红军第三十四师的建立和演变　　　58

　　一、中国工农红军潜山独立师的建立　　　　　　　59
　　二、中国工农红军第三十四师的建立　　　　　　　65
　　三、红军第三十四师的改编和演变　　　　　　　　70

第四章　中国工农红军第二十八军在岳西的重建　　　85

　　一、红二十八军在岳西重建的历史背景　　　　　　86
　　二、凉亭坳会议,重建中国工农红军第二十八军　　94
　　三、中共皖西特委成立,开辟岳西新的游击根据地　99
　　四、红二十八军的大本营在鹞落坪设立　　　　　　106

第五章　红二十八军在岳西的游击斗争　　　　　　　111

　　一、红二十八军在境内的游击战斗　　　　　　　　112
　　二、国民党安徽省政府设置岳西县　　　　　　　　125
　　三、中共皖鄂边区特委在鹞落坪建立　　　　　　　139
　　四、红二十八军的战斗生活　　　　　　　　　　　142
　　五、岳西人民支援红二十八军　　　　　　　　　　150

第六章　岳西谈判和第二次国共合作　154

一、岳西谈判的背景和内容　155

二、第二次国共合作在岳西　180

三、抗战时期党组织的恢复和发展　192

四、岳西抗日武装的组建　195

五、新四军在岳西的活动　203

第七章　华东军区、中原军区部队在岳西的游击斗争　211

一、华中军区皖西大队西进岳西　212

二、新四军二师独立营北进岳西　215

三、鄂东独立二旅中原突围东进岳西　216

四、华东军区皖西支队在岳西　225

五、鄂西北军区部队突围到岳西　227

第八章　刘邓大军挺进大别山解放岳西　232

一、刘邓大军挺进大别山　233

二、皖西人民自卫军迎接刘邓大军　236

三、刘邓大军第三纵队进军岳西和岳西解放　241

四、随军南下干部开辟岳西地方工作　247

五、刘邓大军创办鄂豫皖军政大学皖西分校　252

六、皖西区党委、皖西军区、皖西行署在岳西成立　　257

　　七、陈锡联部坚守大别山　　260

　　八、刘邓大军组织衙前战役　　263

第九章　岳西游击战争、军事剿匪和渡江支前　　266

　　一、刘邓大军坚持岳西腹地斗争　　267

　　二、刘邓大军坚守太岳县的斗争　　271

　　三、刘邓大军收复岳西全境　　278

　　四、中国人民解放军在岳西的军事剿匪　　282

　　五、岳西支援渡江前线　　293

结　语　　299

大事记　　301

参考文献　　332

后　记　　334

导 语

　　岳西县位于大别山腹地，江淮分水，皖鄂交界，春秋战国时期隶属吴国、楚国之间的皖国，所以自古有"吴头楚尾"之称。境内崇山峻岭，茂林修竹，人杰地灵，是历代兵家必争之战略要地。

　　岳西原属安徽西南部的潜山、太湖、舒城、霍山四县交界地区，建县于红二十八军三年游击战争时期。1930年2月，安庆"省会肘腋之下"发生请水寨暴动，被国民党称为"肘腋之患"。1930年4月下旬，中国工农红军第三十四师从天堂地区一直打到潜山水吼岭，潜山县国民党称："全县陷入赤色恐怖状态。"1932年10月，军长刘士奇率领红二十七军进入四县交界地区进行游击活动。1934年9月，军长徐海东率领红二十五军进入四县边区的英山、太湖交界地区开辟游击根据地。1935年2月，红二十八军在凉亭坳第三次重建，在舒城、霍山、潜山、太湖四县边区开辟新的游击根据地。

　　自从1930年请水寨暴动以后，国民党当局就将舒、霍、潜、太四县边区划为"赤色恐怖区"，对天堂地区进行多次"清剿"。但是,"军事清剿"并没有达到消灭红军、扑灭革命烈火的目的,于是当局采取"行政治理"与"军事清剿"并重的手段,于1936年1月划出皖西南的舒城、霍山、潜山、太湖四县边区及湖北的英山县数十个村落,正式设置"岳西县"。

岳西具有光荣的革命斗争历史,是皖西著名的革命老区。1927年,境内开始有了共产党的秘密活动。岳西是首任中共安徽省委书记王步文的诞生地。1927年9月至1929年2月,王步文先后四次返回家乡,传播革命火种。岳西是大别山地区县级以上党组织的一个重要组建地。1928年3月至1933年9月,中共潜山县委在岳西地域内四次组建;1930年3月,中共潜山中心县委在衙前成立;1934年9月,中共潜山、霍山、舒城、桐城四县特委在境内建立;1935年2月,中共皖西特委在枯井园成立;1936年9月,中共皖鄂边特委在鹞落坪成立;1938年6月,根据中共安徽省工作委员会决定,中共岳西中心县委在莲云成立;1946年7月,中共鄂皖地委在岳西县冶溪河成立;1947年11月15日,中共皖西区委员会、皖西军区、皖西行署在岳西县汤池畈成立。

岳西是鄂豫皖革命根据地的组成部分。1929年9月至1930年9月,为贯彻党的八七会议精神,岳西境内先后爆发了五次农民暴动,即包家河暴动、请水寨暴动、黄尾河暴动、头陀河暴动、金龟畈暴动。其中,包家河暴动揭开了六霍总暴动的序幕,请水寨暴动是安庆地区规模最大、影响深远、震惊安徽的一次农民武装起义。在请水寨暴动的影响下,潜山县级临时苏维埃政府——潜山县革命委员会诞生,以天堂地区为中心的革命根据地形成。请水寨暴动波及霍山的南乡(头陀、黄尾)、舒城的西乡(姚河)和太湖的北乡(河图、店前),使天堂革命根据地与六霍革命根据地连成一片,形成了皖西革命根据地。当时中央在指示中,将潜山县天堂红色区域划入鄂豫皖革命根据地的红色区域内,使得安徽的六霍苏区、潜山天堂苏区与湖北、河南两省红色区域相连接。红军第三十四师开辟的潜山县天堂革命根据地,使鄂豫皖革命根据地向大别山东南部扩展了1500平方公里,人口增加了15万(见中共六安中心县委于1930年4月给中央的军事报告)。

请水寨暴动中诞生的安庆地区第一支工农武装——中国工农红军第三十四师,是鄂豫皖革命根据地创建时期四大主力红军之一。土地革命战争时期,岳西既是红军的创建地之一,又是红军创建的一块革命根据地。1930年2月4日,在请水寨成立中国工农红军潜山独立师;1930年4月,在衙前成立中国工农红军第一军第三十四师,红三十四师司令部设于衙前;1930年6月,在衙前成立中国工农红军中央独立第二师(由红三十四师改编)。1935年2月,在凉亭坳重建中国工农红军第二十八军,军部设于鹞落坪。1930—1937年,红十一军三十二和三十三师、红一军三十四师、中央红军独立第二师、红二十七军、红二十五军、红二十八军等六大主力红军先后在岳西境内开展游击战争。土地革命战争时期,红军和游击队、便衣队在境内的游击活动时间长达7年之久,岳西也因此被誉为"红军之家"。

鄂豫皖边区三年游击战争(1935—1937年)中,岳西是中心,也是大本营。红二十八军第三次在岳西组建,创建岳西游击根据地,组建便衣队和地方游击队,建立红军交通站、山林医院、红军商店、红军被服厂、红军小学等。红二十八军以鹞落坪为大本营,坚持三年游击战争,赢得了"大别山红旗不倒"美名。

抗日战争时期,岳西是新四军创建的一块游击根据地。国共双方在岳西举行和平谈判,红军在岳西的三年游击战争结束。国民党桂系第四十八军以汤池畈为大本营,驻扎岳西四年之久。抗日战争胜利后,长期统治大别山区的桂系第四十八军撤离了岳西。原属新四军七师的皖西大队西进大别山,新四军二师独立营突围后北进岳西。解放战争爆发后,原新四军五师鄂东独立二旅于中原突围后东进岳西,留守大别山。鄂西北军区副司令员刘昌毅率部突围到皖西,指挥"皖西人民自卫军"(皖西支队)开辟了皖西游击根据地,为刘邓大军第三纵队挺进皖西创造了有利条件。刘邓大军千里跃进大别山解放岳西时,三纵司令部驻扎汤池畈,在岳西建立战略后方。刘邓大军在岳西县境内设置三纵野战医院、军械所和被服厂,创办鄂豫皖军政大学皖西分校,创办皖西区党委机关报《皖西日报》。刘邓大军第十纵队在店前河建立太岳县;第三纵队在岳西组织衙前战役,收复岳西全境,坚持岳西腹地游击战争长达一年半时间。

在整个新民主主义革命时期,为革命牺牲的岳西籍烈士超过3.8万人,占当时全县总人口的四分之一,因此岳西被称为"烈士县"。据不完全统计,新民主主义革命时期在岳西牺牲的团、县级以上干部有106人,其中县委书记、中心县委书记18人,师、省级以上干部11人。1951年9月30日,毛泽东主席在北京怀仁堂招待会上接见赴京参加国庆典礼的岳西代表时说,岳西是"大别山老根据地"。

  1960年7月,时任全国人大常委会委员长的朱德为岳西革命烈士纪念碑亲笔题写"革命烈士永垂不朽"。1984年6月,时任国家主席的李先念为岳西革命烈士纪念馆题词"向牺牲在大别山区的烈士们致敬"。中央军委原副主席徐向前为岳西凉亭坳红二十八军重建纪念碑题写碑名。中央纪委原副书记郭述申为岳西举办请水寨暴动55周年暨红二十八军重建50周年纪念活动题词:"在岳西地区重建的红二十八军,高举红旗,继续坚持鄂豫皖苏区的斗争,它的功绩是不可磨灭的。"

第一章

岳西党组织的建立和发展

1924年12月前后,以王效亭、吴介唐、王俊、陈履谦、储余、刘中一为代表的一批青年知识分子,受王步文革命思想的影响,外出求学,寻找革命真理。1927年12月,他们因当时学校被军阀解散而失学,各自回到家乡,分别在汤池、响肠、无愁、沙村、石关等地,一边办教育,一边组织农民协会,秘密地发展党员,进行革命活动。1927年冬,岳西境内出现了第一批共产党员和第一个中共组织。自此,在岳西的土地上,党的活动和革命斗争就没有停止过,直到1949年新民主主义革命取得最后的胜利。

一、旧社会岳西的社会状况

旧社会岳西地区的土地高度集中,耕地被少数地主和公堂所占有,贫雇农无土地或者土地极少,不得不租种地主的田地。据民国时期资料显示,占总人口4.2%的地主占有全部耕地的22.9%,公堂占有全部耕地的1.7%;占总人口50%以上的贫雇农仅占有16%的耕地,其余近60%的耕地为中农、富农所占有。1930年,浒漕(今响肠镇新浒村)共有200余户人家,其中地主9户,富农3户,中农31户,贫雇农168户,共有土地130亩。

地主凭借其占有的土地对农民进行地租剥削,形成农民交租、地主收租的封建剥削关系。当时的土地租额一般为"三七分"(即农民租种地主的田,收获10担稻子,农民得3担,地主得7担)、"二八分"(即10担稻子农民得2担,地主得8担),有的甚至为"一九分"。高额地租是地主对农民进行残酷剥削的主要形式。据史料记载:"佃农终岁手胼足胝,昼夜勤劳之所获,每年仅得收获十分之二,最多亦不过十分之三。"不管是否是灾荒之年,佃户是不能少了东家的稻租的,如有短欠,地主即告上公堂打官司。农民租种地主的田地,辛勤劳作一年,只能吃个"秋饱",其余时间则在"春荒""夏荒"中度日,不少人家到了十冬腊月,就没有吃的。这就导致在农村里逃荒要饭的穷人普遍存在。农民不仅受地主的地租剥削,而且要向官府缴纳各种苛捐杂税(如人头税、户口税、猪头税、烟酒税、印花税),负担十分沉重。

原属舒城、霍山、潜山、太湖四县边界的岳西山区,俗称"八山一水半分田",山多地少,人口分散,粮食短缺。当时按每人每天半斤粮计算,全年要缺93天粮。所以,这一地区旧时一向被称作

"挑水养鱼"的地方。当青黄不接之际,就要到潜山水吼岭、桐城青草隔、霍山磨子潭、舒城晓天等地的集镇去购买粮食挑回来。而当地的地主乘机以"放稻"的方式来加重对农民的剥削:春季放一石稻,秋季就收回一石五斗稻。当时稻子一般卖两块一石,地主则要卖两块五或三块一石。地主还以"放高利贷"等形式进行盘剥,借钱月息"一分五"(即借了地主1块钱,每月付息1角5分)、"二分",有的甚至高达"二分五"。

当时,岳西流传着不少反映农民困苦生活的民谣,其中一首《衣食住行谣》曰:"披一片,挂一片,一条裤子几人换";"早也忙,晚也忙,糠菜半年粮,辣椒当咸盐,油盐没得尝";"茅草屋,泥巴墙,顶上开个大天窗,夏天露阳光,冬天透风凉";"春天河水隔,冬冻怕滑跌;岩山石壁岭,夹沟路又窄;茅草人把深,芭茅割着颈"。另一首《断炊谣》曰:"八月桂花香,仓里无粮装;九月菊花黄,家里断了粮;十月小阳春,家里断了顿;冬月冷冰冰,上山挖蕨根。"

1927年冬,岳西境内出现中国共产党的秘密活动。在党的领导下,当地人民逐渐觉醒,认识到只有组织起来进行革命斗争,才能改变被压迫被剥削的命运,才能求得翻身解放。

二、王步文回家乡秘密发展党员

（一）对五四运动的响应和马克思主义的传播

1919年5月29日，北京五四运动的消息传来，岳西境内的粹新、文蔚、店前三所高等小学师生纷纷响应，他们分别举行集会和游行示威，声援反帝反封建的学生爱国运动。1919年6月底，王步文①以省学生联合会的名义派储应时、储宏超等中学生回乡，到天堂、五河、店前河、河图铺、来榜河、主簿原地区宣传五四运动的重大意义。受五四运动的影响，在安庆、池州等地学校求学的岳西籍学生积极参加了安庆学生响应五四运动、提倡国货、驱逐省长李兆珍和反曹锟贿选等运动。

1921年6月，在安庆"六二"运动中，储应时作为省立第一中学的学生代表，率领第一中学100余名学生到省议会请愿，遭到军阀马联甲部队的镇压。储应时身负重伤，经安庆同仁医院抢救才挽回生命。6月3日，储应时参与"六二惨案后援会"，并被推举为一中学生代表，向怀宁法庭起诉，要求法办马联甲。9月，在驱逐省长李兆珍运动中，储应时组织20人的学生"循环队"，负责江

---

① 王步文（1898—1931），岳西县温泉镇资福村人。1930年7月担任中共安徽省第三届临委书记，1931年2月担任首任中共安徽省委书记。

▲ 王步文

岸巡守和联络,拒绝李兆珍入省城出任省长。

1920年8月暑假,王步文从安庆带回一批进步书刊,如《新青年》《资本论浅说》《共产党宣言》《共产主义ABC》等,在汤池畈的丽华商店内开办图书室,组织王效亭、储余、储纯一、储文朗等青年学生阅读,马克思主义在岳西境内得到传播。

(二)王步文在家乡发展第一批共产党员

1923年10月,王步文从安庆六邑中学毕业后,由柯庆施介绍加入中国共产党。王步文是岳西最早的中共党员。

1927年8月下旬,王步文到芜湖着手发展党员。王步文从芜湖来到池州,找到了省立池州师范的学生王俊。王俊是请水寨人,和王步文既是同乡又是同宗,彼此志趣相投。王步文告诉了

王俊自己的秘密身份,向他宣传党的八七会议精神,并且把王俊作为培养对象,发展他为中共预备党员。受到王步文的影响,王俊当年夏季从池州师范毕业回到家乡后,就投身革命。

1927年11月,王步文以怀宁县临委书记的身份,指派余大化、范笑山、柳文杰、王效亭、周兆璜到各县秘密发展党员,开展农民运动。12月前后,王效亭、吴介唐、刘梦科、储余、储纯一、储醉醒、王临川等一批进步青年,由王步文介绍秘密加入中国共产党。由于潜山县国共两党合作破裂,王步文召集王效亭、储余、储纯一、王临川等党员开会,决定在汤池畈建立一个图书馆,以图书馆为基地,秘密发展共产党员。由王步文指定,王临川负责管理图书馆,其间,王临川介绍了刘汉东、方振五、王俊、陈九四名青年积极分子加入中国共产党。1928年春节后,王临川被调到芜湖省临委秘书处担任秘书。

1927年12月底,王效亭卸任国民党潜山县党部临时委员会组织部长后,回潜山后北乡担任衙前粹新小学校长,聘请进步知识青年刘中一、刘得鑫、储余、李晶荣、金佐周等人任教。其间,刘中一由王效亭、储纯一介绍,秘密加入中国共产党。1928年2月,刘中一回到沙村河,在杨湾刘氏祠堂创办文蔚小学,聘请储永绵、刘凤梧(中关镇蔡畈人)、韩文然为教员,叶朗清、刘汝聪为工友。同年春,刘中一又在文蔚小学办起了农民识字班,讲解革命道理,吸收一批贫苦青年农民参加学习。

1927年冬天至1928年春,岳西境内共产党员有30余人,先后成立了五个党支部：(1)汤池支部，书记王效亭，党员有储醉醒、王临川、储文朗等；(2)请水寨支部，书记王俊，党员有方慕儒、王式钦、储藏珍(储东)、熊可楼、王焰才、王焰青、王子成、方乔南；(3)无愁支部，书记陈捷之，党员有陈履谦、陈九、陈时熔；(4)沙村支部，书记刘中一，党员有储汉仪(教师)、储永绵(教师)、叶朗清、刘国鼎等；(5)响肠支部，书记吴介唐(集成小学校长)，党员有储彼交、储咸五、方振五、杨天放。

1928年4月，王效亭以潜山县委书记的身份到和山庄(毛尖山乡平精村境内)，宣传马列主义，秘密发展党员。经王效亭、吴景澄介绍，吴汉清(中医)、吴乃猷(教师)、吴杰(教师)和学生刘汉章、吴汉卿、吴士正、吴世泮、吴国聘等加入了中国共产党。王效亭携带马克思、列宁的相片，在和山庄观音岩石洞里为新党员举行入党宣誓大会，参加宣誓的还有池州师范毕业生王俊和潜山县中学学生陈九、陈履谦。会上，王效亭宣讲马克思主义的真理和共产党人的光荣使命。王俊代表新党员讲话，他表示，入党后，要为革命事业奋斗终身。

三、党组织在岳西的建立

(一)中共潜山特别支部的组建

1927年10月,王步文受国民党潜山县党部委员余大化的邀请,从安庆回到潜山县梅城,参加余大化主持召开的国民党潜山县党部代表大会。王步文以中共怀宁县临委书记的身份,在梅城秘密介绍余大化、王效亭、周兆璜和县农会主席柳文杰加入中国共产党,并秘密成立中共潜山县特别支部,余大化任书记,王效亭为组织委员,周兆璜为宣传委员。出于安全考虑,他们以国民党潜山县党部委员的身份来掩护潜山特支的秘密活动。当时,潜山共产党员数量仅有七人,即余大化、王效亭、周兆璜、柳文杰、李维新、储醉醒、汪功时,他们都是知识分子出身。根据怀宁县临委的指示,中共潜山特支的任务,一是发展党组织和农会,二是组织暴动。

1927年12月6日,国民党潜山县县长储乙燃下令逮捕余大化和农会秘书范笑山。为了营救余大化和范笑山,1927年12月7日,王步文、王效亭组织潜山县农会200余人攻城劫狱,史称"梅城暴动"。12月8日,余大化和范笑山被分别杀害于梅城东西辕门,是为"一二·八"惨案。在与军警的战斗中,储余受重伤,柳文杰牺牲。柳文杰系潜山县前北乡人（现属岳西县田头乡柳畈村），他是为革命牺牲的第一个岳西籍共产党员。

1927年12月16日，尹宽向中央汇报了潜山梅城暴动情况。梅城暴动失败后，潜山县国共两党关系公开破裂，潜山中共组织于是转入地下活动。根据王步文指示，中共潜山特支迁到潜山后北乡汤池畈，王效亭接任潜山特支书记，潜山特支机关设于王家中屋的王临川家。血的教训使王步文认识到，没有革命的武装，就不能对付武装的反革命。1927年12月12日，王临川受王步文派遣到安庆，找到中共怀宁县临委委员姚佐元，请求派出军事人员和提供武器。怀宁县临委给后北乡派来了操球、储造时、吴克振、钱新嘉四人，提供了一支左轮手枪和其他一些武器，在汤池畈茶园庵设立据点。

1927年12月29日，王步文在汤池畈茶园庵主持召开潜山特支扩大会议，梅城暴动骨干分子和农会干部共计20余人参加会议。会上，王步文总结了"一二·八"惨案教训，并将郭沫若的《请看今日之蒋介石》一文散发给与会人员。他分析了革命形势，指出潜山地区的革命已进入低潮，还提出积蓄革命力量，组织武装暴动的计划。接着，王步文又在茶园庵主持召开中共怀宁县临委扩大会议。出席会议的有太湖、潜山、怀宁、桐城、宿松、秋浦（东至）、庐江、霍山八县党组织负责人。王步文在会上作政治报告，传达了党的八七会议精神和省临委指示，提出"组织工农，夺取敌人武器，武装工农群众，坚持武装斗争，以挽回大革命败局"的意

▲ 汤池畈茶园庵会议旧址

见。要求各县贯彻党的八七会议精神,研究制定贯彻落实八七会议精神的策略和措施。会议决定发展党组织和农会,领导农民开展抗租抗息斗争,有系统、有计划地准备农民暴动,开展土地革命。

(二)第一个党支部在汤池畈组建

1927年12月30日,按照王步文的指示,王效亭①组建中共汤池支部,党员有王效亭、储醉醒、王临川、储文朗、储纯一,王效亭兼任书记。这是岳西县境内建立的第一个中共组织。

1924年3月,王效亭转入芜湖省立农业第二甲种农业学校读

---

① 王效亭(1901—1931),原名王筱庭,化名洪朗光,岳西县温泉镇汤池村人。

◀ 王效亭

书,10月在芜湖由王步文介绍加入中国国民党。1926年夏毕业后,筹建国民党潜山县党部。1927年3月,王效亭当选为国民党潜山县党部临时执行委员,担任组织部长。1927年10月,王效亭由王步文介绍秘密加入中国共产党。11月担任中共潜山特支委员,12月担任中共潜山特支书记。

1928年春,王效亭担任衙前粹新小学校长,将"粹新小学"改名为"崇新小学",聘任共产党员刘得鑫、储余等担任教师。他注重对青年学生进行革命教育,撰写《生命的呼声》一文作教材,勉励青年人"要爱惜时光,努力学习,为社会之花,为创造世界之主人翁","做人类解放的主力兵,做革命浪潮中的先锋军"。他经常说:"国家已到衰亡时刻,军阀统治黑暗,官吏贪婪,财主盘剥,闹得国破家亡,民不聊生。为了振兴国家,解放劳苦人民,我们唯有起来革命,推翻军阀政权,建立新社会,才是出路。"为了培养有志向的革命青年,他发动学生组织"青年励进会",告诫青年"锐进其思想,抱定其目标,坚决其意志,奋斗其精神"。

(三)中共衙前区委在崇新小学成立

1928年1月,根据中共潜山特支的决定,王效亭以国民党衙前区党部书记的名义,在衙前崇新小学召开四个支部党员代表大会,16名党员代表到会。会议秘密地成立了中共衙前区委,王效亭任区委书记,委员有刘中一、储余、王德耀、汪樾、王俊、陈履谦。中共衙前区委成立后,积极发展工农党员,通过公开张贴标语、散发传单等形式进行革命宣传。每个支部秘密地组织农民协会,通过农会对农民进行教育,培养他们入党。当时,发展党员有两大特点:一是地下活动。由于1927年蒋介石发动"四一二"反革命政变以后,国民党对共产党进行残酷镇压,因此,共产党的活动是秘密进行的,入党要隐瞒父母妻子,党组织之间也只有纵向的联系。二是要求入党者必须具备五个条件:成分好;社会关系好;思想好;斗争坚决;对党忠诚。在培养对象上,主要是贫苦农民出身且在农民运动中表现积极的,以及经受了斗争考验的农民协会会员。关于入党程序,要求入党的个人必须填表,由两名党员介绍,经党小组通过,党支部批准才可成为正式党员。例如,请水寨的王焰才、王子成二人,就是通过吴介唐、王俊的严格考察,才加入党组织的。

当时,党员组织生活会有支部和小组两种。一般情况下,一个星期开一次小组会,半个月开一次支部会,会议内容有:上级领

导到会作报告,布置工作,或上党课,对党员进行政治教育。1927年11月,王效亭编印了《党员须知》小册子,书中系统地批驳了反动派诬蔑共产党"共妻""均产"的谬论,并阐明共产主义的真正含义。1928年5月,王效亭、刘中一、储文朗一起,先后到汤池畈支部、马家畈支部,给党员上党课,授课内容有《资本论浅说》《党员须知》《新俄国》等。在汤池畈党支部课堂上,王效亭指出,共产党是打富济贫的,共产党各国都有,俄国社会主义革命已经取得了成功。在中国,有毛泽东、朱德、贺龙,他们的坚决革命精神,我们要学习;有了共产党,革命一定能够胜利。在潜山,我们要听省委王步文同志的指示,打土豪,杀劣绅,革命则有前途。① 有一次,刘中一在沙村支部党员会议上所作的报告中指出,我们劳动人民是被剥削者,另外一种人是剥削者;所有被剥削者要想不受剥削,必须组织起来,走共产主义的道路……共产党是解放穷人的党,只有跟党走,闹翻身,革命成功后,才会过上幸福生活。

中共衙前区委成立以后,党的组织迅速发展。到1928年,衙前区有88名党员,其中响肠支部22人,无愁支部24人,请水寨支部9人,汤池支部13人,沙村支部20人。当时,衙前、汤池、响肠、请水寨、石关、五河、来榜、沙村、西冲、无愁、浒漕、菖蒲、湖响、余井等地都有党员秘密活动。

---

① 中共安徽省委党史调查组:《岳西革命史料》(1927—1937),内部资料,1958年,第14页。

(四)中共潜山县委在汤池畈成立

1928年1月,王步文和夫人方启坤回家过春节。农历正月初一,王步文以拜年为名,召集储文朗、储醉醒、储余、王德耀等党员在汤池畈王家中屋王效亭家开会,讨论筹备建立中共潜山县委事宜。

1928年3月,中共安徽省临委决定将潜山、太湖、英山三县划为第三暴动区(又称中心区),针对潜山党组织的发展情况,作出关于"潜山成立县委,兼管太湖、英山"的决定。于是,中共潜山特支在汤池畈召开会议,决定在特支基础上组建中共潜山县委,推举王效亭为县委代理书记,兼暴动总指挥,以后北乡为据点开展工作。1927年12月至1928年3月,县委下辖八个党支部,有党员30余人。八个党支部包括岳西境内的汤池、沙村、响肠、无愁、请水寨五个支部和潜山境内的梅城、东乡老岭头、野人寨三个支部。1928年4月,中共和山庄党支部成立,吴汉清任支部书记,委员有吴乃猷、吴杰、刘汉章、吴世泮、吴士正。

1928年6月,根据怀宁中心县委指示,在梅城召开潜山县第一次党员代表大会,正式选举出潜山县委,王效亭任书记,县委委员有王效亭、吴世芳、汪爱民、桂全胜、刘震、储醉醒、芮兰生七人。潜山县委机关设于潜北的汤池畈。潜山县委正式成立后,下辖11个党支部(岳西境内4个,潜山境内梅城内外4个,东乡老岭头、野人寨、古河洲各1个),党员发展到70余人。党员主要成分是教师、学生,其次是农民,只有少数是工人和士兵。7月,中共怀宁

中心县委改组,张经武任书记,王效亭被选为怀宁中心县委委员。怀宁中心县委下辖中共桐城、潜山、太湖、贵池、东流(东至)五个县委。

在中共潜山县委的领导下,1928年12月,在梅城成立了共青团潜山县委(1928.12—1929.7),潜山中学学生陈九、陈履谦、周汉美、刘汉章为县委委员,陈九担任书记。老岭头小学教师储文朗是党员,潜山县委指定他参加团县委,指导团的工作。1930年3月,遵照少共安徽省委指示,王俊在衙前汪润吾家里主持召开少共潜山县委成立会议,参加会议的有共青团员王俊、李亚、汪樾、刘超凡、汪润吾、刘汉章、方显明。会议决定成立少共潜山县委员会(1930.3—6)。通过提名、举手表决方式,选举王俊为书记,储余、汪樾、李亚、刘超凡四人为委员。同年6月,王俊当选为中共潜山中心县委书记,汪樾①接任少共潜山县委书记。1929年7月至1930年6月,潜山共青团员数量共计73人,其中,中学生占大多数,其余少数为青年手工业工人和青年农民。

(五)潜山六个区委会在衙前成立

1928年7月至1929年2月,为了适应天堂地区党组织迅速发展的需要,根据潜山县委指示,王效亭在衙前先后成立了六个

---

① 汪樾(1908—1935),化名徐君平,岳西县天堂镇城北社区人。1929年2月,担任中共衙前支部书记。1930年5月,担任红军第三十四师第三团团长。1932年3月,任中共歙县县委书记。1933年任黟县游击师师长。

区委会。六个区委会隶属中共潜山县委。县委委员储醉醒、刘震、芮兰生、王效亭经常到各区委所在地,以视察学校为名,检查党的工作。

为进一步加强对潜山县赤区的领导,领导赤区人民开展对敌斗争,潜山县委决定在衙前成立中心区委。1929年10月,王效亭从上海取道霍山回到天堂地区后,即在衙前崇新小学召开六个区委扩大会议,到会代表有刘中一、方振五、王俊、吴杰、吴介唐等20多人,会议作出成立中共衙前中心区委的决议,选举了衙前中心区委员会,王效亭担任书记,委员有储纯一、刘中一、储余、王俊、陈履谦、王德耀。中共衙前中心区委是当时组织农民武装暴动的领导核心,隶属潜山县委,下辖六个区委。衙前中心区委机关设在崇新小学。

(六)中共潜山县委的改组

1929年2月,中共潜山县委在潜北的汤池畈秘密召开全县党员代表大会,讨论改组县委。由于潜山县国共合作破裂,王效亭就被列为国民党县党部"清党计划"中的捕杀对象和县政府下令通缉的名单,因此他公开活动已比较困难。所以,会议决定由刘震(潜山东乡人,老岭头小学教师)接任县委书记职务。县委委员有刘震、储醉醒、王大中、胡绍瑗、储甲东、汪功时、苏先和。同时,县委安排王效亭到潜北山区集中精力组织武装暴动工作,由储纯一(岳西县天堂镇叶畈村人,1927年12月加入中国共产党)代理衙前崇新小学校长一职。3月,县委机关由潜北的汤池畈迁到县城梅城。此时,潜山县委下辖响肠、衙前、野人寨、东乡老岭头计4个区委,区委下辖特别支部计9个,共计21个支部,党员数量达143人。

1929年6月,中共潜山县委在天柱山马祖庵召开党员代表大会,因刘震身份暴露,奉调去上海,由陈履谦主持会议,选举储醉醒①担任县委书记,县委委员有王效亭(组织部长)、王贯之(原省临委委员,1928年任潜山中学教员)、徐勋(潜山中学校长)、操朗西、吴介唐、芮兰生、陈履谦、胡绍瑗、汪旭升、徐郊、储文朗。县委下面有梅城区委、黄山脚区委、汤池区委、沙村河区委(包括湖响、五河)、上逆水区委(包括马家畈)、东乡老岭头区委、响肠(无愁)区委、黄柏河(包括槎水畈)区委等八个区委。

1929年12月20日,潜山县委书记储醉醒被捕,县委改组,由吴介唐、储文朗、苏先和三人临时负责。吴介唐接任潜山临时县委书记。

---

① 储醉醒(1902—1978),岳西县莲云乡长生村陈冲人。1933年留学日本,1939年出任南岳中学校长。

(七)共产党人夺取潜山县教育权

▲ 储醉醒

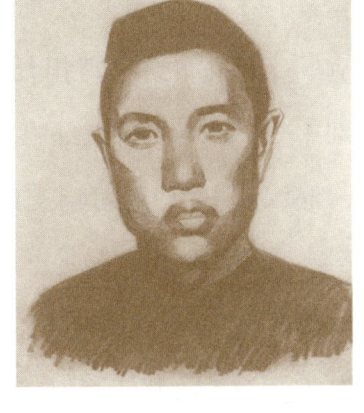
▲ 吴介唐

1927年12月,茶园庵会议后,王步文决定派共产党员储醉醒到安庆,找国民党安徽省党部委员王星拱(当过储醉醒的校长)出面,推荐储醉醒任国民党潜山县党部委员,以国民党县党部委员的身份来掩护共产党的地下活动。储醉醒利用老校长王星拱的关系,得到省党部颁发给他的国民党潜山县党部委员委任状。他取得了国民党潜山县执委的职务后,以执委名义,推荐共产党员刘梦科担任潜山县教育局长。刘梦科担任局长后,陆续撤换了潜山县中学、粹新小学、铭新小学等学校的校长,并派共产党人继任。1928年春,共产党员吴占春(响肠小学校长)、刘震(老岭头小学校长)担任县教育局督学,共产党员徐勋、王贯之分别当上潜山县中学的校长和教导主任。

王效亭回到后北乡工作后,针对当地文化落后的情况,决定

以学校为阵地,培养革命骨干,并在中小学校中秘密建立中共组织。1928年春,王效亭取得衙前粹新小学校长的公职,吴介唐①(中共响肠支部书记)应聘担任响肠集成高等小学校长。其他党员,如刘中一(中共沙村支部书记)公开身份是沙村河文蔚高等小学校长,储汉仪②(中共湖响支部书记)公开身份是湖响定成高等小学校长,程鹏(中共党员)公开身份是来榜开化高等小学校长,汪寅斋(中共青天支部书记)公开身份是霍山县南乡第二高等小学校长,陈捷之(中共无愁支部书记)公开身份是无愁大庙小学校长。

1928年上半年,潜山县中共党员成分中教育界占50%以上,潜山中学和各小学都建立了学校党支部。潜山中学、崇新小学、集成小学、铭新小学、老岭头小学都建立了共青团小组。由此,共产党人夺取了潜山县教育权,吸引大批青年学生跟着共产党走。

当时党组织发展的重点是潜山县第五区、第六区和第七区,由此界定了潜山县的红色区域(即天堂地区)。1928年潜山县委刚建立的时候,主要是在小学教师、中学学生中发展党员,知识分子出身的党员占绝对多数。1929年县委改组的时候,党员的成分

---

① 吴介唐(1910—1935),岳西县响肠镇独山村人。1929年担任潜山县教育局长。

② 储汉仪(1896—1935),岳西县中关镇秋千村人。1927年12月加入中国共产党,1930年4月任红三十四师师委委员、舒霍潜太游击大队大队长,1930年9月转移到皖南后,先后任中共石(台)青(阳)太(平)中心县委书记、苏维埃皖南分区江边特委书记、皖南苏维埃政府供给部部长。

开始有了变化,兼从农民协会中发展农民出身的党员。共产党员大部分分布在潜山县梅城和后北乡(天堂地区),集中分布点是中小学校。他们以教书、办学为掩护,以学校为阵地,在国民党白色恐怖下从事党的地下活动。因此,中小学校成为岳西这一时期革命运动的和共产党活动的大本营。

(八)中共潜山中心县委在衙前成立

潜山红军在六霍地区开展游击活动后,天堂地区地下党活动一直没有中断。1930年3月,根据安庆中心县委的指示,潜山县委在衙前崇新小学召开潜山县委和太湖、舒城两县临时县委扩大会议,决定成立中共潜山中心县委,选举郑志唐为县委书记,刘中一、储余、王俊、储文朗、储纯一、金仁义(太湖县临委书记)、储春贯(舒城县临委书记)等为县委委员,中心县委机关设在衙前崇新小学。中共潜山中心县委指导潜山、太湖、舒城三县的对敌斗争,扩大宣传,巩固了赤区。

1930年6月,党中央军事巡视员到天堂苏区视察工作时,提出党要向工农开门的观点。从此,大批工农积极分子被吸收入党。1930年7月,潜山党组织迅速发展,县委下辖支部党员总人数发展到500余人。

◀ 吴景澄生前照片

（九）吴景澄在宿松传播革命火种

吴景澄（1897—1962），岳西县毛尖山乡林河村界牌组人。1922年7月，于安庆省立第一师范毕业，1923年6月考入上海中国公学社会教育系。通过师范同学濮德治（陈独秀的表弟），吴景澄在上海结识了中央局委员长陈独秀。1923年9月，吴景澄从上海回安庆，经师范同学吴泰阶的介绍，到宿松县第二高等小学任教。他从安庆带来《共产党宣言》《新青年》《安庆学生》《独秀文存》等进步书刊，在学生中秘密传播马列主义。1923年12月，吴景澄由柯庆施、濮德治介绍，加入中国共产党。他在第二高等小学组织"同德会"（地下党组织）。1924年春节，吴景澄组织"自学小组"（共产主义小组），学习《新青年》上刊登的关于马克思主义、十月革命和无产阶级革命运动的文章，小组由九名高年级学生组成，吴景澄任组长。1924年冬，吴景澄筹资购买一批《民众课本》，在学校附近的风古屋和保障湾创办两所农民夜校,吸收贫苦农民青年入学。吴景澄通过识字教育,传授革命道理,提高农民的阶级觉悟,推动了宿松农民运动的开展。吴景澄是马克思主义传入宿松的第一人,是宿松革命火种的播种者。

(十)霍山、舒城划入区党组织的建立

在原属霍山的岳西地域内(头陀河、黄尾河),1928年12月,中共头陀河支部成立,胡祥仁任书记,蔡世钊、胡锡烺、汪恭谓为委员。

胡祥仁(1901—1932),头陀河人,1921年考入安庆第一师范,1926年毕业于黄埔军校四期,回家乡后在第三区(管驾渡)民团担任队长。1927年秋加入中国共产党,担任霍山县立第三高等小学(管驾渡)教师。他给学生们教唱自编的一首《穷人自救歌》,歌词是:"地主心肠狠,压迫我穷人;逼得穷人难生存,只得闹革命;穷人来商量,去找共产党;天下穷人变红军,大家一条心;打倒那土豪,杀掉那劣绅;土地归还我农民,穷人都翻身"。

1929年1月,中共霍山县委(书记舒传贤)成立后,在头陀河成立了中共霍山县南乡第四区区委,同年3月,下辖头陀河、黄尾河、石盆、黄羊、青天五个支部。高维奇(杨家河人)、蔡世钊(黄尾河人)先后任区委书记。此时,高维奇的公开身份是霍山县立第三高等小学校长,蔡世钊是该校语文教师。

▲ 胡祥仁

▲ 蔡世钊

蔡世钊（1899—1930），出生于黄尾河莲花地一个书香门第家庭，其祖父蔡华三系晚清秀才，父亲蔡荣树以行中医为业。1919年春，蔡世钊留学日本陆军士官学校，1926年回国参加北伐战争，在国民革命军第八军军长唐生智部任营长。由于参加反蒋抗日运动，被革职囚禁，出狱后考入安庆法政专门学校。1927年春，蔡世钊在安庆由安徽省总工会筹备委员会委员长舒传贤介绍加入中国共产党。同年9月回家乡任霍山县立第三高等小学教师，组织农民协会，开展农民运动。1928年担任中共霍山县南乡（头陀河）支部委员，1929年当选为中共霍山县委委员、中共霍山县南乡区委书记。

1927年12月，岳西境内青天乡原属霍山县南乡上青保。青天乡人汪全润（1909—1932）是在六安第三甲种农业职业学校读书时，加入中国共产党的。1928年暑假，他回到家乡上青保，宣传打土豪、分田地的革命主张,并将进步书刊赠送给要求进步的青年。当时,青天乡人汪寅斋从安庆省立第一师范毕业后,倡议在家乡办学校,以启发民智。于是,汪全润、汪寅斋在青天畈汪氏宗祠创办了霍山县南乡第二完全小学(上青小学),汪寅斋任校长,从霍山聘请共产党员王盛楷(燕子河人)、杜衡香(黄栗杪人)担任教师,在校学生200余人。当时汪氏宗祠大礼堂内撰有以"青天"为首字的醒目对联:"青少年立志,为民族求得解放红遍神州;天柱山可攀,愿我军振起精神登峰造极。"

1929年3月,中共青天支部在汪氏宗祠成立,汪寅斋任书记。10月在上青小学高年级班里秘密成立"共产主义青年团小组"。12月,正式成立团支部,发展团员7人,汪小川①任团宣传委,汪君烈任团干事。

1929年7月,汪全润参加在霍山县豪猪岭召开的中共六霍中心县委会议。9月,被六霍苏区党组织派到上海中央干部训练班学习。1930年夏,随同王步文到芜湖,担任《血花》报编辑,兼管印刷、发行等工作。1931年秋,到皖南太平、石台一带从事革命活动,在石埭建立了七个党支部。1932年春,汪全润回到潜山县北乡、霍山县南乡一带进行革命活动,担任中共潜北县委委员,5月30日被捕,6月15日在青天乡河口寺被霍山县小八团杀害。

---

① 汪小川(1913—2005),岳西县青天乡人。1930年2月参加中国工农红军第十一军第三十三师,1932年加入红四方面军,1935年参加二万五千里长征。

1929年12月,在原属舒城县的岳西地域内成立了中共沈桥支部,书记是姚河乡梯岭村人朱廷阶(1896—1935)。1929年,朱廷阶在沈家桥开了一个杂货商店,以杂货店为掩护,建立舒城、六安、霍山三县地下联络站。1930年2月,中共晓天区委成立(3月中共舒城县临委成立),书记储春贯(姚河乡上马石人)。晓天区委又称为"红三区委",范围包括岳西的主簿、姚河、沈桥和舒城的晓天。同年2月,潜山县委委员储余只身深入舒潜边区,同中共红三区委书记储春贯、区委委员储德纯、朱廷阶取得联系。接着,储余又到主簿原,建立中共主簿原支部,书记朱万松、许世标。同年4月,储德纯又建立中共香炉冲支部,由彭世荣(商城人)任书记。此时,中共红三区委下辖沈桥、主簿原、香炉冲三个支部。

第二章

请水寨农民武装暴动

　　为了贯彻中共中央八七会议精神,1929年11月至1930年9月,岳西境内党组织先后发动和领导了包家河、请水寨、头陀河、黄尾河、金龟畈五次农民暴动。1930年2月4日,潜北天堂地区爆发了震撼安徽的请水寨暴动。请水寨暴动是由安徽省临委、安庆中心县委和潜山县委周密部署和精心组织的一次农民武装起义,是土地革命战争时期安庆地区规模最大、持续时间最长、影响最深远的一次农民武装起义。请水寨暴动中创建了中国工农红军第三十四师和赤卫大队,诞生了安庆地区最早的县级红色政权——潜山县革命委员会,开辟了以天堂为中心的革命根据地,掀起了岳西土地革命的高潮。

一、请水寨暴动的历史背景

(一)天堂地区请水寨的战略地位

请水寨是岳西有名的一座山,因主峰有一古寨,寨内有一口终年不干涸的泉水井而得名,距岳西县城8公里,总面积8.6平方公里,主峰海拔956.4米。主峰有面积约8亩的坪地,东西两面是悬崖绝壁,南北各有一座4丈高的大石坝,只有一条小路蜿蜒而上可供出入。从峰顶极目远眺,可望到岳西、太湖、潜山、怀宁四县境界,是古代兵家必争之地。清末,为了逃避农民起义军的打击,清兵曾在寨上加修石坝和更鼓楼。据传,明末李自成、张献忠、罗汝才的起义军及清末洪秀全的太平天国起义军都曾攻占此处,扎营驻守。请水寨旧时是潜山县水吼岭通往天堂地区之要道。

民国时期,请水寨所在的区域称为"天堂地区"。据清朝康熙《安庆府志》记载,"潜山县西北一百四十里,四周山高岭峻,中间开敞如堂",所以称为"天堂"。天堂地区原属潜山县北乡,民国时期潜山县划为七个行政区,习惯上称为五个乡,其中天堂地区涵盖潜山县前北乡(第六区)、后北乡(第七区)、西乡和东乡各一部分。1936年元月,天堂地区正式划归新建立的岳西县,涵盖范围包括现在的响肠镇、中关镇、天堂镇、温泉镇、莲云乡以及菖蒲镇、来榜镇、石关乡、毛尖山乡的一部分地区,总面积300多平方公里。

▲ 请水寨

天堂地区作为军事要塞,为历代王朝所重视。据《潜山县志》记载,明清两朝均在天堂设置巡检司。明朝时"吴畅春为天堂巡检","史可法监江北诸军,守潜山之天堂"。巡检司是县级衙门以下的军事机构。因天堂地区"山深路辟,盗贼出没,离县遥远,卒难制驭",所以设置天堂巡检司,任务是巡逻盘查,缉拿作乱者,维护治安,保证商贩往来。清朝"天堂巡检司衙署,原建天堂衙前地方,距城(县治梅城)百里"。此后,天堂地区就有个"衙前"的地名。衙前即"衙门(公署)之前",清朝封建官吏设置衙门于大河(衙前河)前面,故称"衙前"。衙前在1936年以前隶属潜山县七区（后北乡）管辖。旧时天堂地区，在虎形山东面山脚下形成一条老街，俗称"衙前街"。它是上通湖北汉口、六安州，下通水吼、舒州、潜山县城和省城安庆府的要道。民国时期，衙前河北岸有个外地过往客商较多的"六家店"。1936年，在古南岳（皖公山）之西新设置岳西县，县政府就设在衙前中街的"关帝庙"。

（二）包家河暴动

岳西境内北部的包家河地处英山、霍山、潜山、太湖四县交界的山区，原属霍山县南乡（第四区第四乡）第十三保，是六霍苏区的组成部分。1928年4月，就读于霍山管驾渡第三高等小学的王仕斌、汪洋回二人在校长高维琦和老师蔡世钊、王世杰的教育培养下，加入了中国共产主义青年团。1929年9月上旬，受到霍山龙门暴动的影响，王仕斌、汪洋回决定回家乡包家河发动农民暴动，并向学校党团负责人高维琦、王世杰做了汇报，得到了批准。他俩于是回到包家河，成立暴动总指挥部，王仕斌和汪洋回分别担任正、副指挥。

1929年9月底，包家河农民协会在王氏宗祠成立，王仕斌当选为农会主席，并宣布正式举行暴动。随后又建立一支100余人的赤卫大队，王仕斌兼任大队长，下设3个中队、9个分队。包家河农会建立后，国民党军先后进行四次"围剿"。1929年12月，暴动总指挥部决定，由王仕斌再去霍山请求红三十二师支援。在返回包家河途中，王仕斌与霍山民团夏太和部遭遇，因众寡悬殊，不

▶ 王仕斌

幸受伤被俘,旋被押往霍山黄栗杪受审。在审讯中,王仕斌任凭敌人酷刑拷打,始终坚贞不屈。1930年春牺牲于黄栗杪。汪洋回带领赤卫队余部40余人突围到龙门,最后编入霍山游击队。包家河暴动历时3个多月,是岳西境内第一次农民暴动,揭开了请水寨暴动的序幕。

二、请水寨暴动的组织准备

(一)天堂地区农民协会的建立

1927年7月,王俊①受王步文派遣,从池州师范毕业后回家

---

① 王俊(1910—1930),字佐襄,岳西县响肠镇请水寨人。1930年5月担任潜山县革命委员会中心党组书记,6月担任中共潜山中心县委书记。

◀ 王俊

乡响肠河,联络同志,开展革命活动。那时,他才17岁,但"穷人的孩子早当家",他不仅有文化知识,而且思想比较成熟。他回乡后,通过王步文的介绍信,找到自强新塾校长吴介唐。王俊被吴介唐聘为教员。他还利用自强新塾开办平民夜校,吸收响肠河贫苦农民子弟入学。早在池州师范读书的时候,王俊就有计划地阅读了《新青年》《解放与改造》《向导》等进步书刊,接受了马列主义。王俊利用夜校教农民识字,同时向他们灌输马列主义,宣传革命思想,讲解穷人怎样改变命运的道理。

1928年9月,王效亭在崇新小学附设平民夜校,大量吸收贫苦农民子弟入学。王效亭新编了一套识字课本供学生阅读。王效亭从崇新小学、平民夜校的学生中挑选了一批政治热情高、有一定艺术才能的人,排练和演出《金老三逼租》《穷人恨》《顾正红被杀》等反帝反封建的革命戏曲,经常深入乡村演出。1928年下

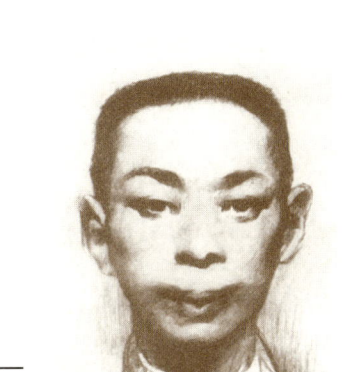

▶ 刘中一

半年,刘中一①在沙村文蔚小学办起了平民夜班,有六七十个贫苦农民入学,刘中一编写课文和革命歌曲,传播种革命思想。

1927年8月30日,在校长吴介唐的支持下,王俊以"做土地会"为名义,在请水寨东南山腰的黄毛窝山崖洞里秘密成立"响肠农民协会"。协会订立了章程,以打倒土豪劣绅为宗旨。响肠农民协会为请水寨暴动培养了革命骨干,首批入会会员后来都参加了请水寨暴动,其中的一些人后来成了潜山工农红军和县革命政权的主要领导人。

响肠农民协会成立后,王俊开始了自己的革命生涯。在王俊的积极联络和大力推动下,农民协会组织由响肠发展到无愁、金山、衙前、湖响、沙村、石关、来榜一带,涵盖天堂地区。

---

① 刘中一(1897—1937),岳西县中关镇沙村人。1934年担任中共皖南特委组织部长。

1928年春，程鹏在来榜开化小学、李亚在石关、王效亭在衙前崇新小学分别成立了农民协会。1928年6月，储余以教书为名，在汤池、东营秘密组织"农民自救会"。1929年2月，刘中一回到沙村，成立"穷人自救会"，首批会员有19人。1929年11月，储道珩在后山秘密组织"农民自救会"，会员有50余人。据1929年的统计，潜山县农民协会人数增加到480余人，其中天堂地区就有280人。

响肠农民协会成立后，就开始了反对地主阶级的斗争。1928年11月1日，王效亭、吴介唐、王俊在请水寨白果树召开28名农会骨干分子会议，决定将响肠地区农民协会会员编班，并设立持枪小组。1928年12月31日，王俊将响肠农民协会会员组织起来，秘密成立响肠"农民自救队"。

请水寨山脚西边的王家老屋东头是王俊的家，响肠党组织和响肠农民协会经常在王俊家里开会。每次开会时，王俊的母亲方小根就忙着烧水做饭，父亲王海波和哥哥王子青则在路口轮流站岗放哨，18岁的弟弟王子相、16岁的妹妹王菊香则爬上老屋前面几棵高大的松树上瞭望山下敌情，因树冠枝繁叶茂，敌人发现不了他们。他家门前的几棵百年老树因此被命名为"红军树"，当时有人为此作了一首诗："古树功劳不可没，树冠曾设望风台；树旁老屋造兵器，树下红军暴动束。"

(二)抗租抗息抗债的农民运动

当时,天堂地区农民协会开展了以抗租、抗债、抗息为主要内容的经济斗争。农会一方面张贴宣传抗租抗息的标语,一方面进行罢佃斗争。在斗争中,他们提出了"穷人不种富人田,穷人不还富人钱"的口号。慑于农民运动的浩大声势,沙村河、响肠河一带的地主被迫减租减息,将地租分成方法由"二八"改为"四六",将一百吊钱稻息两石五改为一石五。1929年6月,中共潜山县委在天柱山马祖庵召开扩大会议,县委书记刘震传达中共安徽省临委的政治报告,会议决定全面开展"三抗"(抗租、抗税、抗捐)斗争,提出了"从斗争中夺取群众,自暴动里取得政权"的革命口号,并布置各地成立秘密武装组织"摸瓜队"。

1929年8月1日,潜山县委在梅城召开全县支部书记以上扩大会议,参会者有王效亭、王俊、陈履谦等60多人。会议分析了国内革命形势,决定响应井冈山起义,开展抗租抗息斗争。

1929年秋季,潜山遭受旱灾,粮食歉收,地主豪绅趁机抬高稻价。10月,王效亭在响肠召开区委扩大会议,传达上级"打倒土豪劣绅""组织武装斗争"的指示,决定开展"抗谷价"斗争。农民运动令土豪劣绅们感到十分恐慌,他们联名上书国民党潜山县政府,控告农民协会。天堂地区的大地主共组织了四支团防(挨户团)武装,与农民协会对抗。

针对地主阶级的疯狂反扑,1929年10月,王效亭在沙村河大凸山召开衙前中心区委扩大会议,传达潜山县委马祖庵扩大会议

精神,决定在农民协会持枪小组的基础上建立秘密武装组织,名曰"摸瓜队"。任务是暗杀与共产党公开对抗的恶霸地主,为组织暴动打下基础。1929年11月7日,响肠地区的浒漕、无愁成立了两支"摸瓜队",共计73人,成员主要是潜山中学的学生和响肠农民协会的骨干。1929年11月上旬,沙村区委书记刘中一从沙村农民协会中挑选斗争勇敢的会员30余人,组建了沙村"摸瓜队"。

综上所述,1928年9月至1930年1月,从抗租、抗息、抗债、抗抬高稻价,到打土豪、杀劣绅,党领导人民对地主阶级的斗争,由经济斗争转向政治斗争,再上升到武装斗争。从1930年1月的"摸瓜运动",再到1930年2月爆发的请水寨暴动,党领导人民进行的革命斗争进入了一个新阶段,斗争性质发生了新的变化,就是共产党由秘密斗争转入公开斗争,建立了自己的武装,以武装的革命反对武装的反革命,并通过武装斗争,建立红色政权。

三、请水寨暴动的过程

(一)潜山县委决定武装暴动

1929年1月,王步文偕同夫人方启坤从六安返回资福寺老家。农历正月初五,他利用过春节的机会,在汤池畈参加潜山县委扩大会议,会场设在王德耀家,会议由王效亭主持,参加会议的有方启坤、王效亭、王德耀、吴占春、储余、储纯一、储醉醒等10余人。在王步文的指导下,会议作出三项决定:一是整顿党的组织,召开全县党员代表大会,选举县委;二是研究组织抗租抗税的农民运动;三是准备举行大规模的农民暴动。此次会议是王步文最后一次回家乡参加的会议,主要商讨请水寨起义问题,是一次筹备请水寨暴动的会议。

1929年8月,王效亭接到王步文的通知,到上海参加党中央举办的农民运动骨干训练班。9月,王效亭与刘淠西一道回到皖西,向六安中心县委学习六霍地区革命斗争经验。10月,王效亭从霍山回到潜山后北乡。根据潜山县委决定,王效亭担任中共衙前中心区委书记,在汤池畈茶园庵主持召开各区委负责人会议,介绍六霍地区农民运动的经验,要求各区配合六霍起义,积极准备武装暴动。

1929年11月,中共潜山县委决定由陈履谦、胡绍瑗(县委委员)和王俊(响肠区委书记)协助暴动总指挥王效亭,负责天堂地区的暴动准备工作。11月中旬,王效亭参加浮山会议回来后,积极贯彻浮山会议精神,部署武装暴动工作。

1929年2月7日,中共中央第一次派遣龙大道为中央特派员到潜山,视察天堂地区革命情况。1929年12月15日,中共中央第二次派遣曾中生为中央巡视员,到潜山天堂苏区视察。县委书记储醉醒在梅城三义庵主持召开潜山县委扩大会议。曾中生出席会议,并作了政治报告。会议作出在天堂地区发动暴动的决议,决定以潜山第六区(即天堂地区)为暴动中心,以请水寨为据点,择机举行武装暴动。会议还决定由王效亭担任暴动总指挥,兼管后北乡的实际工作。

王效亭参加三义庵会议时,住在梅城外面的汪永隆饭店。国民党潜山县党部得到消息,郑铁桥、陈汉君率部到汪永隆饭店搜查,企图逮捕王效亭。搜查人员赶到时,王效亭却已经回到了后北乡,正陪同中央巡视员曾中生视察天堂苏区。县党部在饭店里搜出一本社会主义讨论集的书,封面签有"继醒"二字,他们硬说这本书是储醉醒的。其实,这本书是王景(中共党员,字继醒)编写的。储醉醒受到郑铁桥、陈汉君二人的诬告。当时,储醉醒担任潜山县委书记的身份并没有暴露,他的公开身份是国民党县党部执行委员和潜山县义务教育师资养成所主任。1929年12月21日,国民党潜山县党部收到国民党中央从芜湖查抄的潜山共产党员名册,储醉醒随即被国民党潜山县政府正式逮捕。

(二)请水寨暴动的酝酿准备

1929年10月,潜山暴动总指挥王效亭派县委交通员程鹏到燕子河老赤区,争取六霍苏区的支援,以做暴动后方的准备工作。当时六霍暴动总指挥部设在燕子河的闻家店东岳庙,徐百川任总指挥,舒传贤任党代表。舒传贤是霍山县舒家庙人,时任中共六安中心县委书记。

1929年10月底,响肠摸瓜队侦探到大地主方廷献在响肠街同仁堂（公堂）藏有三支钢枪，准备成立"团防"，中共响肠区委书记王俊即派方乔南、方正先（农会会员）以同宗名义应征团丁。当上了团丁后，方乔南、方正先直奔同仁堂，把三支钢枪扛了回来。这三支钢枪是境内党组织从敌人手里夺取的第一批武器。中共湖响支部书记储汉仪选派湖响农民协会成员储有鹏、储应中打入湖响团防。1929年11月，储有鹏、储应中以值班名义从湖响团防（设在储氏宗祠）夺取了两支钢枪和一些弹药。刘国鼎、程鹏在来榜羊家河从被俘的一个敌人逃兵手里弄来一支手提冲锋枪。农会会员王松贤从沙村团防中缴获两支钢枪。12月，沙村摸瓜队组织铁匠刘崇德、锡匠王明言，在沙村秘密开设修械所，制造土枪。陈履谦又在响肠请来工匠，将几根粗大的泡树筒挖空，内装火药，当作土大炮。同年冬，陈履谦、王焰青来到潜山中学，把先前由地下党员陈松岩在潜中一个地主家做裁缝工时偷来的两支步枪扛了回来。沙村摸瓜队为了镇压大地主刘元启，又从一个逃兵手里买了一支枪。这些枪支存放在衙前老街"存心堂药店"里。存心堂药店（老板是地下党员汪镜天的父亲）是当时红军组织部的所在地。

1929年12月，中共衙前中心区委在斑竹（来榜镇境内）召开党军联席会议，讨论武装起义问题，潜山暴动总指挥王效亭在会上发表讲话，布置各区委准备枪支、弹药，会议由储余主持。会后，储余带领农民协会会员到汤池、东营、石关一带，搜集土豪劣绅家里的枪支并登记，为暴动做准备。

1929年12月,中共安庆中心县委秘密派遣操球到潜山县后北乡,协助制造枪支弹药。1930年4月,操球发动怀宁高河埠暴动,被国民党通缉。回到潜山后,协助东乡老岭头徐郊、汪旭升起义,组建了200余人的独立游击大队,操球、徐郊任正、副大队长,徐勋、汪旭升任正、副政委。1930年6月,独立游击大队编入红军中央独立二师第三团,操球任团长,徐勋任师政治部副主任。1930年9月,操球返回怀宁,1931年2月在安庆被害。

1929年12月下旬,潜山县委委员都到各区准备武装暴动。根据安庆中心县委指示,由吴介唐、储文朗、苏先和三人组成中共潜山县临委,由吴介唐任县临委书记,负责白区党的工作,县临委机关设在梅城。同时派中共梅城区委书记郑志唐以教书为掩护,侦察梅城内敌人动向。1929年农历大年三十,吴介唐回到老家过年,为了避免引起敌人怀疑,影响他的公开身份,春节当天晚上,吴介唐以"怕共产党赤化"为名告别亲友,提着一个灯笼返回梅城。他以潜山县委临委书记的秘密身份迅速在梅城召开中共党员会议,部署营救被捕同志,筹集粮食、枪支弹药,由周兆璜(潜山痘姆乡人)负责秘密运送到请水寨,并将梅城内敌人情况及时报告给王效亭。

1930年1月上旬,按照潜山县委的指示,王效亭、王俊、陈履谦到响肠、无愁、湖响、沙村、石关马家畈一带,将各地摸瓜队员和参加农民协会的会员改编为一支100余人的游击大队,王效亭任大队长,下设3支游击队,各队建立持枪小组。储翰平、方乔南担任响肠、无愁游击队队长,刘中一、刘智担任沙村游击队队长,李亚担任石关马家畈游击队队长。

中共安庆中心县委调派黄埔军校毕业生金赤、凌霄负责军事,协助王效亭领导武装暴动。1930年1月25日,遵照安庆中心县委指示,王效亭、储余、储纯一在霍山县第三高等小学,与中共霍山县南乡(头陀河、黄尾河)第四区委和舒城县红三区委负责人,秘密召开三县联席会议,商讨三县边区(舒、霍、潜)武装暴动问题,决定三县同时暴动,分工负责,相互策应,使三县边界苏区连成一片。会后,蔡世钊负责黄尾河,胡祥仁负责头陀河,方小五负责东流河,王效亭负责天堂,朱廷阶负责舒城西南乡,分头组织暴动。

(三)崇新小学会议

1930年1月27日(农历腊月二十八日),接近农历年关,王效亭通知党员到衙前崇新小学开会。为保密起见,他制作一批长4寸、宽2寸的黄绫子,派学生送到党员手中。王德耀、刘中一、陈履谦、储余、吴世良、储文朗、刘德卿、陈九、储筱园、金汤、储纯一、储新发、储殿升、吴永根等十几名党员都收到了崇新小学高年级学生汪樾送来的黄绫子。汪樾跟他们一个个说:"王效亭通知你开会,地点在学校,等人睡尽了去,千万保守秘密。"大年除夕前一天深夜,接到通知的人都按照通知的地点到会了。在一盏煤油灯光下,王效亭发表了讲话,他首先介绍俄国赤色革命的情况,接着

▲ 粹新（崇新）小学旧址

指出，中国要向俄国学习，也要搞赤色革命，穷人才有翻身出头之日。六安、霍山赤色革命搞起来了，我们潜山后北乡要做好赤色暴动准备，只要我们有坚强的革命意志，团结起来，革命是一定能够成功的，即使失败，也不要灰心。孙中山领导民主革命，经历了反复挫折，才推翻了清王朝。我们搞革命，也不能说没有失败，即使为革命而牺牲了，也是光荣的、伟大的……最后，王效亭宣布请水寨暴动计划，并要求各个人承诺，遵守纪律、保守秘密。散会时，已是拂晓，鸡都叫二遍了。

1930年2月2日，由储殿升负责将存放在"存心堂药店"的钢枪送上请水寨。同时，响肠游击队又将泡树筒土大炮，秘密抬上请水寨山口。为了不误暴动时机，1930年农历春节前后，王俊放

▶ 储筱园（储蓄谋）

弃在家过年的机会，不顾劳累，马不停蹄地奔波，跑遍整个天堂地区，进行秘密动员，将县委决定暴动的通知送到各地农民协会，保证了在春节过后会员能够集中请水寨，如期举行暴动。

(四)储筱园受命送信

1930年1月28日深夜，在崇新小学召开的会议上，王效亭决定挑选一名忠实可靠的党员给远在上海的王步文送信，向他报告请水寨暴动计划。潜山中学团组织负责人陈九向王效亭推荐做地下交通工作的储筱园①。王效亭找储筱园谈话："你忠诚勇敢，会做交通工作，因此组织上决定指派你将一份机密文件送到王步文手里。你到上海庆阳书店，就可联络上他。如果遇到军警盘查，你就说是到上海来讨要茯苓款子的。"叮嘱他："任务非常重要，半夜就要出发，相信你能够完成任务，万一遇到不测，一定要

---

① 储筱园(1905—1942)，又名储蓄谋，岳西县莲云乡平岗村人。

守住党的机密,作为共产党员,随时都要准备为党牺牲。"储筱园举手发誓:"宁死我一个,决不背叛组织。"储筱园不负重托,顺利地把请水寨暴动计划告知了王步文。从上海返回后,又把王步文写的亲笔信和赠送的一支手枪带回交给了王效亭。这样,在请水寨暴动时,通过储筱园,王效亭同远在上海的王步文建立了联系。

(五)请水寨暴动的成功

1930年1月29日(农历大年三十)晚上,潜山县长崔树龙派县保安团20余人穿着便衣,三三两两地从沙岭头抄小路潜入无愁、响肠,企图乘摸瓜队员回家过年的时机来抓捕他们。当天,摸瓜队员已经得到地下交通员送来的情报,大多躲到了山上。游击队长储翰平和队员崔南山、陈志贤三人不幸被捕,被押往梅城。区委书记王俊闻讯后,当即带领十几个人前往营救,结果追到水吼岭时,已经天亮,未能追上目标,为了不暴露自己,只得返回西冲黄毛窝。储翰平、崔南山、陈志贤三人最后被敌人杀害于梅城天灵寨。崔南山牺牲时非常惨烈,敌人用大刀砍了他多次,但他没有供出一点党组织和同志的情况,最后光荣牺牲。

1930年1月30日(农历正月初一),储翰平的胞弟储棣如和团县委书记陈九二人急奔汤池畈,将三名游击队员被抓走的消息向王效亭报告。形势骤然变化,王效亭偕陈、储二人星夜兼程赶到霍山拉队伍。霍山县委计划派遣红三十三师,约定在正月十八共同去劫狱。王效亭等人连夜赶回汤池畈,一昼夜往返360里。

县保安团抓走储翰平等三人后,又悬赏捉拿被通缉的其他党员。许多党员和农会会员担心自己的身份已经暴露,从1月31日(农历正月初二)起,三三两两进入响肠西冲黄毛窝大佛殿一带的深山老林里隐蔽起来。

1930年1月31日晚上,王效亭、王俊、陈履谦等在汤池畈王家中屋召开中共衙前中心区委扩大会议,会议作出三项决定:一是农历正月初六(1930年2月4日)举行武装暴动;二是布置各区委积极准备武器;三是根据王俊的提议,暴动地点选择在请水寨。会议指示与地主民团有亲戚关系的党员,要打入民团内担任团董或团丁,同时将豪绅家中的枪支进行秘密登记,一旦暴动有需要,立即倒戈。会后,王俊负责通知各区农会组织起来,挖出埋藏的枪支,三日内集合于请水寨。各区委分别通知所属农会会员,以拜年为名上寨,自备干粮,有枪支的一定要送上寨。

▲ 请水寨暴动油画

天堂地区各党组织将所收缴的枪支、弹药全部交给军需处,由军需处负责登记、保管。请水寨暴动的决定像春雷一样震动了贫苦农民的心,寂寥的山区顿时沸腾了。年轻的小伙子,有的在修理着土枪,有的在霍霍地磨着大刀,有的在试着梭镖。老年人把埋在地下的土炮挖了出来,交给年轻人:"这是当年太平军用过的大炮,你们抬出去为穷人打江山吧!"妇女们也忙碌起来了,有的在绣军旗,有的在赶做红军袖章……

▲　请水寨暴动漫画

1930年2月2日(正月初四),请水寨脚下的黄毛窝已集中有80多人,他们都不愿意回家,要求马上开始暴动,并于当天一齐上了请水寨。2月3日至4日,来自湖响、沙村、无愁、浒漕、响肠、汤池、衙前、菖蒲、来榜、石关、五河等方圆百十里内的天堂地区农会会员和革命群众,手提着糖糕年包,头带马虎帽,装扮成"拜年客",从四面八方像潮水般地涌向请水寨,两天内上寨人数达千余人。

▲ 请水寨暴动纪念碑

1930年2月4日(正月初六)晚,王效亭在汤池畈王德耀家里召开中共衙前中心区委扩大会议,出席会议的有王效亭、王俊、陈履谦、刘中一、王德耀、储纯一、王焰才、王子成、储文朗、方乔南、方振五、汪樾,协助王效亭组织暴动的军事顾问金赤、凌霄、操球三人列席会议。会议决定正式组建一支红军,命名为"中国工农红军潜山独立师",并推选独立师领导人,决定将师部设在请水寨。当天晚上,参会者全部上了请水寨,在请水寨召开群众大会,潜山县暴动总指挥王效亭宣布正式举行武装暴动。他说,我们要进行公开的革命斗争,打倒国民党反动势力。接着,他让人打开寨脚下胡家祠堂粮仓,将部分稻谷分给当地穷苦群众,其余运到寨上做军粮。当天夜里,王效亭在寨上泗洲口王家大屋召开衙前中心区委和各区委联席会议,宣布将原先秘密组织的三支游击大队整编为"中国工农红军潜山独立师",潜山县第一支工农武装在请水寨宣告成立。2月6日,红军和各地农会会员在请水寨举行群众大会,将绣有镰刀斧头的大红旗插上了请水寨山顶。于是,轰轰烈烈的武装暴动正式开始了,天堂地区成为安庆地区革命的摇篮。

四、头陀河暴动、黄尾河暴动

(一)头陀河暴动

原属霍山县南乡的头陀河、黄尾河地区,每年春茶上市,正值青黄不接,农民就靠卖茶叶来换取下锅米。可是,这里的土豪劣绅们不顾茶农死活,苛征茶课(茶税),垄断茶市,每年秋收又囤粮居奇,粮荒时节乘机抬高粮价。1929年春,头陀河大地主胡锡文、胡锡祜提出按"二八"比例征收茶课,同时勾结外埠奸商开茶行,垄断市场,巧取豪夺,这引起了广大茶农的强烈愤慨。中共南乡区委积极建立农民协会,开展抗茶课(租)、向豪绅"借粮"和开仓扒粮的斗争。中共头陀河支部决定设立茶农"合股茶庄",提出买卖公平、童叟无欺,现款现货。同时发动群众昼夜采茶,将茶叶卖给由蔡世钊经营的"合股茶庄",有力地打击了茶霸。当大地主胡锡文、胡锡祜征收茶课时,茶农们拒交茶课,而且集体提出"退佃"(不租种地主田地,不为地主种茶种粮)。经过农会的激烈斗争,地主按"二八"比例征收茶课的愿望落空,抗茶课斗争取得了胜利。

1929年7月,胡祥仁在头陀河胡家祠堂召开会议,会上他介绍了外地武装暴动经验,号召穷人们组织起来,打倒土豪劣绅。10月,中共霍山南乡区委召开农民协会骨干会议,决定在农民协会中组建头陀河、石盆、黄尾河三支赤卫队,做暴动准备。1930年农历正月初四,根据中共霍山县委指示,头陀河赤卫队正式成立,胡祥仁担任队长,下设石盆、头陀、计家河3个赤卫分队。因对勒索茶课的失败并不甘心,胡锡文、胡锡祜于1930年春组织"铲共团"(团防队),与四邻的地主武装相勾结,企图扼杀赤卫队。中共南乡区委召开各党支部会议,决定举行武装暴动。3月,头陀河暴动指挥部成立,胡祥仁被推选为暴动总指挥。暴动指挥部秘密搜集土枪100多支,钢枪两支半(因一支坏了,所以称半支枪)。之后,胡祥仁派队员储春畔到武汉购回一些硝磺,自己制造弹药,同时利用开铁匠铺作掩护创办地下兵工厂,日夜赶制刀枪,还组织妇女绣制红旗,为暴动做准备。

1930年4月1日(农历三月初三,俗称"鬼日")夜晚,大地主

胡锡文为保平安,在胡家祠堂演匾担戏(木偶戏),不少民众前来观看,头陀河赤卫队趁机杀掉了胡锡文父子,接着到许家饭店枪决了大地主胡锡祜。两个大恶霸被处决,标志着头陀河暴动正式开始。翌日,胡祥仁在石盆大河滩上召开大会,1000多人参加。胡祥仁肩佩红绶带,站在高台上宣布,霍山南乡第一(乐道冲)苏维埃政府和第一、第三赤卫大队成立,并宣读了乡苏维埃主席、委员和赤卫大队队长的任命名单,还介绍了中共六大发布的民主革命十大纲领。大会结束时,参会的群众将堆放在会场上的从土豪劣绅家里没收来的田契和借条等付之一炬。4月4日,两支赤卫队共计300多人(枪)奉命开到霍山管驾渡,与红三十三师会合。4月11日,参加攻打霍山县城战斗,随后回师头陀河。

(二)黄尾河暴动

1929年10月,黄尾河赤卫队组建,蔡世钊担任队长。1930年3月,黄尾河赤卫队发展到100多人,拥有钢枪3支、土枪100余支。同年4月15日,胡祥仁率领的第一、第三赤卫队来到黄尾河,与蔡世钊领导的赤卫队会合。这时,王效亭率领的潜山红军在配合红三十三师攻克霍山县城后,也来到黄尾河。当即在蔡世钊家召开骨干分子会议,决定举行黄尾河暴动,赤化霍南。4月18日,王效亭率领一支红军小分队,镇压了三大恶霸,即胡家河乡董蔡世和、龙井冲劣绅金雪稳和孙家畈地保陈信迁。4月20日,蔡世钊组织千余名贫苦农民集中莲花地开会,宣布成立霍山南乡第四区第二苏维埃政府和第二赤卫大队,由蔡荣周任主席,蔡世钊、朱竟义任正、副总指挥。第二赤卫大队有380多人,有机枪1挺,钢枪14支,土枪80多支,刀矛200余件。

1930年4月25日,胡祥仁、蔡世钊率领头陀河、黄尾河赤卫大队和扁担队,配合王效亭率领的红三十四师和肖方率领的红三十三师、三十二师各一部,共计1000多人攻打盘踞在青天畈、河口寺一带的国民党霍山县第五区联防队,俘敌50余人,缴获钢枪40余支、粮食2万余斤。4月26日,霍山县南乡第四苏维埃政府和第四赤卫大队在青天河口寺成立,汪忠常任主席,王世杰任大队长,汪小川任儿童团团长。4月28日,中共霍山县委宣布在头陀河胡家祠堂成立霍山县第四区苏维埃政府和赤卫军总指挥部,随后将总部迁至西美殿。徐坤任主席,胡祥仁、蔡世钊任赤卫军正、副总指挥。第四区苏维埃政府下辖黄尾河、乐道冲、石盆、青天畈、虎形地、白果树、黄羊殿(现属岳西县)、东流河、胡家河、孙家畈(霍山)10个乡苏维埃。至此,霍山县南乡全部赤化,六霍苏区与潜山天堂苏区连成一片。

1930年5月,第四区苏维埃政府在头陀河大河滩上召开有数千人参加的"五一"国际劳动节庆祝大会。会后,赤卫队、农会会员、妇女会员和童子团共1000余人举行示威游行,从头陀河出发,经乐道冲、计家河,到达南田后返回,一路上高唱《庆祝苏维埃》和《暴动歌》,高呼革命口号,气壮山河。

1930年5月中旬,胡祥仁、胡祥先(乐道乡赤卫队长)率领赤

卫队消灭了青天河口寺王昌三民团,击溃了石关马家畈李维甫团防队,俘虏团丁20多人,缴获步枪10余支。接着,胡祥仁率领第四区赤卫队计700多人出击北面的霍山东西溪联防队,活捉匪首金荣刚。1930年6月1日,蔡世钊、胡祥仁率领霍山四区赤卫队和扁担队(沈家桥农会会员编成)约千人,奔袭舒城晓天保安队和民团,缴获许多布匹和食盐。

第四区苏维埃政府在苏区进行土地改革,毁界毁契,按人口平分土地,使饱受地主剥削之苦的农民获得了自己的土地。霍山县苏维埃政府派妇女干部秦小玉到第四区指导妇女工作,建立了第四区妇女会。妇女会组织女青年参加赤卫队,号召妇女剪发放足,反对包办婚姻。1930年6月,还在头陀河胡氏宗祠创办了列宁小学,吸收农民子女40多人入学,其中女生占一半。

1930年9月,六霍红军主力西调,执行"进攻武汉"的军事计划,霍山苏区被敌军占领。黄尾河赤卫军孤军奋战,终因寡不敌众被击溃。蔡世钊被张国焘错误地指控为"改组派",被秘密杀害于霍山诸佛庵,时年31岁。1930年10月6日,安徽军阀陈调元调集数千兵力向头陀河"清剿",第四区赤卫军英勇抵抗,但伤亡惨重。胡祥仁率赤卫队退出头陀河,转移到霍山的诸佛庵、大化坪和舒城的晓天、主簿原一带打游击。1932年元月,霍山县赤卫队从诸佛庵撤至漫水河、管驾渡一带后,与胡祥仁率领的赤卫队会合,在管驾渡整编,成立霍山游击师,胡祥仁任师长,胡锡烺任师政委。霍山游击师成立后,转战于六、霍、舒、潜边区。

1932年6月，霍山游击师向金家寨转移途中，在霍山歇马台与国民党胡宗南第一师老八团遭遇，激战一昼夜，师政委胡锡烺不幸阵亡，时年32岁。师长胡祥仁身先士卒，在掩护主力转移时，身中数弹，伤重被捕，被敌人残酷地杀害于霍山东流河，牺牲时年仅31岁。

▲ 黄尾河暴动纪念亭

岳西境内头陀河暴动、黄尾河暴动持续7个月时间，建立了区、乡苏维埃政权，开辟了方圆百里的霍南地区革命根据地。第四区赤卫军在红三十四师的协助下，先后攻克了青天畈、河口寺、来榜河，向南扩展了红色区域，使六霍革命根据地与天堂革命根据地连成了一片，最终形成皖西革命根据地。

第三章

中国工农红军第三十四师的建立和演变

红三十四师于请水寨暴动时期创建,初称中国工农红军潜山独立师,1930年3月易名为潜山工农革命军,4月中旬改编为中国工农红军第三十四师,隶属红一军,6月改名为中国工农红军中央独立第二师。红三十四师几经改编,最后成为红四方面军的组成部分。

一、中国工农红军潜山独立师的建立

(一)潜山独立师在请水寨成立

1930年2月4日,中国工农红军潜山独立师在请水寨宣布成立。潜山游击大队总指挥王效亭(化名洪朗光)任师长,陈履谦任师党代表,凌霄(化名严宽)任师参谋长,金赤为军事总教练长。

▲ 红军潜山独立师司令部旧址(岳西县响肠镇请水寨村)

潜山独立师司令部设在请水寨南面的泗洲口王家大屋。当地有一户富裕人家，户主叫王兆平，是请水寨王姓氏族首事。王兆平是个开明人士，他常主动邀请摸瓜队员到他家里做客，热情接待，并且对起义者说："各位先生，如果不嫌弃，就到我家住下来。"于是，师长王效亭决定将师司令部设在王兆平的家里。当时，汪述先任师部秘书，李亚兼任警卫队长，王俊兼任司令部参谋，三支大队分别驻扎在以请水寨为中心的方圆十余华里之内，在请水寨东面沙岭头、南面浒漕大坳、西面寨门坳和北面碎石岭分别设立岗哨，各驻一班士兵守卫。部队活动范围近至五河、湖响、石关马家畈，远至百余里外的地方，潜山独立师开创的请水寨红色根据地逐渐形成。

（二）首战潜山水吼岭

1930年2月8日，即中国工农红军潜山独立师成立的第五天，陈履谦、方振五、胡绍瑗率潜山红军攻打潜山五庙，缴获地主民团钢枪4支。为了解决给养困难，师长王效亭于2月10日在师部召开党员代表大会，决定主动出击，攻打水吼岭。水吼岭位于潜山县城西部，是天堂地区通向潜山的要道。2月11日，王效亭指挥独立师及扁担队共计700余人，分兵三路进攻水吼岭，一路由王效亭率领从箱子石而下，一路由陈履谦率领从林家畈、栗树关而下，一路由李亚率领从白马潭而下。潜山县长崔树龙带领自卫团及各区团防计300余人前往水吼岭，抵御红军南下。红军在水吼岭与敌军激战三天。第一天未克敌,次日击溃黄土关敌军,第三天五更时,红军占领黄毛尖、栗树关和思茶岭三座山峰,终于攻破了水吼岭。崔树龙最后逃回梅城。

1930年2月下旬,红军独立师在请水寨周围打土豪,分粮食,攻打了天堂畈土豪刘会龙、独山谢仿东,接着又打击沙村河土豪刘则安、陈义从。由于红军在群众中有声望,一些匪徒冒充红军绑票,破坏了红军的名誉。例如,1930年2月18日,衙前石桥头的汪享一和一个算命先生,冒充红军绑架了一个姓汪的财主,向其家属勒索钱财。获知此情况后,王效亭命令红军战士们将二人抓了起来,由战士王六十押到衙前广顺祥房屋里给枪决了,并宣布决不允许任何人冒充红军,擅自绑票,否则一律处以极刑。2月24日(正月二十六日)晚,红军独立师又到马家畈(现属石关乡),打击大地主李维甫民团,缴获民团2支钢枪。

(三)县长崔树龙杀进请水寨

请水寨暴动的消息传到省会安庆后,国民党安徽省政府极为恐慌,急令潜山县长崔树龙率兵到天堂"剿灭赤祸"。1930年3月5日,梅城内地下党负责人吴介唐获悉此情报后,迅即派交通员送信给王效亭。3月6日,潜山县长崔树龙亲自率领县自卫团、区自卫大队及省保安大队1000余人,分兵三路进攻请水寨。崔树龙气势汹汹,声称"砍树砍心,刨竹刨根","进了水吼岭,见到石头也要砍三刀"。3月7日,团长李恢率县自卫团抵响肠清风岭后,用

◀ 火烧请水寨王家老屋（王俊故居）

迫击炮向请水寨师部攻击，红军以土大炮还击。黄昏时，敌军向请水寨逼进。面对强敌压境，为了保存自己的实力，师司令部决定向霍山转移，与六霍苏区红军会合。当天深夜，王效亭率领红军200余人撤离请水寨。

1930年3月8日，崔树龙率领国民党军占领请水寨，大肆烧杀掳掠。当时，请水寨四周散居着60多户人家，计有260多人。国民党军上寨后，首先把寨上王家老屋的大人小孩（老弱妇孺）全部赶出来，集中在门口的稻场上。一部分敌军涌入群众家里，翻箱倒柜，将财物洗劫一空，然后纵火焚烧。当地老百姓家家堆有干柴，刹时间风助火势，火趁风威，贫苦农民们几代居住的大屋被烧成焦土。老人和孩子们的哭声响成一片，惨不忍闻。请水寨周围十里之内的民房全部被烧毁，老百姓四处逃难。国民党兵屠杀请水寨农会会员10余人,关押红军家属150人,罚款7800元(价值15石稻谷),人均30元,掳走耕牛和肥猪计20余头。

1930年3月上旬,潜山县长崔树龙带领自卫队进入沙村河"清剿",由刘元启当向导。敌人在沙村河四处搜捕。红军游击队员刘国鼎、刘雨润家的房屋计6间被敌人烧毁,农会会员刘举时、刘孟春二人惨遭杀害。为了打击里勾外联的恶霸,以平民愤,沙村游击队长刘方奇率领20多名队员,于同年4月处决了刘元启。

(四)第一次退却霍山

1930年3月8日清晨,在师长王效亭带领下,潜山独立师首先抵达马家畈(石关乡境内)。此时,崔树龙派出的追兵已至汤池畈东北面的桃岭头。3月9日,王效亭率部在桃岭头与县自卫团激战一天一夜,最终击溃敌人,缴获敌军旗一把,步枪10支。随即退守石关口、马家畈、落马河一带。又在石关桥头埂,与敌军交战一昼夜,缴获三八式长枪一支。3月10日,崔树龙增调兵力包围红军。王效亭率部一边撤退,一边与敌周旋,到清郎沟后,与霍山苏区接上了头。最后赶到六霍暴动总指挥部所在的闻家店,与红三十二师、红三十三师会合。应中共六安中心县委书记舒传贤邀请,王效亭率部协助攻打霍山落儿岭,出兵50余人奇袭获胜,受到当地苏维埃政府和群众的称赞。

(五)改编为"潜山工农革命军"

1930年3月29日,落儿岭战斗后,根据鄂豫皖边区特委的指示,潜山独立师在闻家店进行了整编,改称"潜山工农革命军",由王效亭、陈履谦、严宽三人任军事指挥,王效亭任总指挥,下辖2个大队,共有战士100余人,长枪20余支。王效亭亲自指导红军操练,还制作了绣有镰刀、斧头的红旗,给战士们颁发胸章和袖章,使军容焕然一新,军威大振。部队整编以后,4月6日,王效亭与红三十三师商议,联合攻打英山。

1930年4月8日,潜山工农革命军与红三十三师共四五百人,攻打英山县城。当日清晨,红军分三路围攻东、西、北三城门。在与敌人相持不下的情况下,王效亭组织一支由李亚任队长的敢死队,冒着敌人火力,用人叠人的办法攀登城墙,打开了西门,红军进入城内。接着,东门、北门被三十三师打开,红军蜂拥而进,敌人从南门大桥仓皇逃却,红军追击十余里,傍晚结束战斗。是役毙伤敌数十人,缴获钢枪20支,迫击炮一门,分得布匹、绸缎数十担。红军占领县城后即撤返闻家店。此次战斗中,潜山工农革命军因冲锋陷阵,英勇杀敌,受到上级表扬。

1930年4月9日,中共六安中心县委书记舒传贤(化名夏唯宁)在闻家店主持召开军事会议,三十二师师长周维炯、三十三师师长徐百川和潜山工农革命军领导人王效亭、储余、储彼交、陈履谦参加会议。会议决定先打霍山,后打潜山,赤化皖西。会议结束后,王效亭派王子成(化名朱霞)返回衙前,执行恢复组织,迎接红军的任务。

1930年4月12日,潜山工农革命军与红三十二师、三十三师相互配合,攻打霍山县城,守城敌军闻风而逃,红军占领县城,是役毙俘敌200余人,缴枪80余支。

二、中国工农红军第三十四师的建立

1930年4月12日,根据中共中央指示,鄂豫皖边特委在红安县将中国工农红军第十一军第三十一师、第三十二师、第三十三师改编为红一军,许继慎(六安人)任军长,曹大骏任政委,徐向前(山西省五台县人)任副军长。红一军下辖三个师和一个独立旅。红三十一师改编为红一师,徐向前任师长,戴克敏任政委,下辖5个大队800余人;红三十二师改编为红二师,漆德玮任师长,王培吾任政委,下辖4个团600余人;红二师一部和红三十三师改编为红三师,周维炯任师长,姜镜堂任政委,下辖2个团300余人;红二师一部和豫南游击队合编为红一军独立旅,兵力300余人,廖业琪任旅长。红一军建立后,为完成整编的任务,军长许继慎、政委曹大骏率军部东进皖西,继续对红军进行改编。

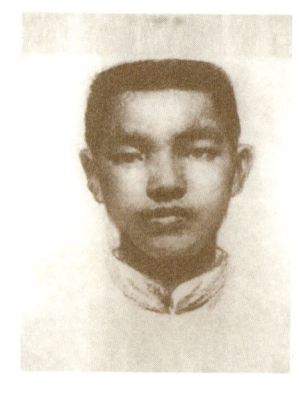

◀ 陈履谦

潜山工农革命军因配合红三十二师、红三十三师攻克两座县城,加上武器装备改善,人数增加,具备了成立整编师的条件。为了统一红一军建制,加强对皖西红军的统一领导,中共鄂豫皖边特委决定将潜山工农革命军改编为"中国工农红军第三十四师",隶属红一军。1930年4月15日,许继慎、曹大骏在金寨县闻家店红军总部召开军部会议,宣布潜山工农革命军改编的命令,正式成立中国工农红军第三十四师,王效亭任师长,陈履谦①任师政委,凌霄任副师长兼参谋长,下辖2个正规团,全师兵力200余人。至此,鄂豫皖特区红一军的改编工作完成。1930年6月中旬至7月中旬,许继慎出兵皖西,一个月时间收复了皖西苏区全部失地。

1930年4月25日,红三十四师在原红三十二师一个团、红三

---

① 陈履谦(1911—1930),岳西县响肠镇无愁人。1930年4月担任红三十四师政委,6月担任师政治部主任。

十三师一个营的援助下，共计300余人，由霍山分东、西两路，回师潜山衙前。一路大军由师长徐百川、王效亭率领，从霍山大化坪出发，经头陀河、南田、主簿原，攻马家畈、东界岭，打败地主武装李维甫团防，杀敌一人，接着开到硃屋庙休整。另一路由肖方、陈履谦率领，从金寨燕子河经黄尾河、河口寺、西界岭、来榜河，攻打地主武装来榜河民团，敌军败逃。接着，两路大军在硃屋庙（莲云乡境内）会师，召开大会，王效亭在会上宣布一条纪律：在未打下水吼岭之前，所有战士即使经过家门，也不准回家，如不遵守，即按军纪处分。

1930年4月28日，两路大军会师衙前。当时，衙前敌军正集结于水吼岭防守。两路大军经衙前，抵响肠河，在方家祠堂休整后，即分三路进攻水吼岭。由王效亭、凌霄率领的百余人从割肚栗树关而下，从东面直扑水吼岭；由肖方、匡桓、陈履谦率领的百余人，从白马潭而下，从西面进攻水吼岭；由李文健率领的撞钟河游击队，从五庙、菖蒲沿河而下，疾趋黄龛，断敌后路。不到半天，敌军溃败。红军缴获3支钢枪，并俘虏敌军1人。红三十三师的营长匡桓在水吼岭战斗中牺牲。

水吼岭一仗胜利后，红三十四师在衙前开了欢送会，欢送原红三十二师、红三十三师人马回师六霍苏区，并发给了他们一个月薪饷。红三十四师分三处驻守：一是黄土关，由方鼎（方木鱼）指挥；一是沙岭头、大关，由王龙元指挥；一是栗树关，由王焰青指挥。各处布置兵力大约为四五十人。

中国工农红军第三十四师从霍山回师天堂后,发展到1000余人,有长枪90余支,短枪数十支,土枪500余支。将士们身穿一色灰军装,手臂佩戴红袖章,袖章上印有金黄色的"红军"字样,脚穿红耳草鞋,腿上缠着绑腿,身背拴着红布的大刀,挎着枪支,成为一支威武雄壮的红军部队。因人数众多,武装充足,声势浩大,1930年4月29日,中共潜山中心县委在衙前崇新小学召开党政军联席会议,决定设立师司令部、师政治部,并进行了组织机构调整,任命王效亭(化名洪朗光)为师长,凌霄(化名严宽)为副师长,师政委先后由陈履谦、储余担任。

▲ 红三十四师司令部旧址(天堂镇东山社区汪氏宗祠)

师司令部设在衙前东山汪氏宗祠,内设参谋处、秘书处、组织部、宣传部、军需处、军医处、稽查处。师司令部在东山冲设立修械所,制造单发手枪、子弹和土炸弹等武器,并修理各种枪配件。在金家花屋背面设立红军被服厂,在打虎冲设有红军医院。

红军三十四师以衙前汪氏宗祠司令部为指挥中心,向白区游击,驻防天堂外围各地,所在防地建立区乡农会政权,恢复和扩大了天堂红色区域。

潜山县七个区中二区、三区、五区各一部分及六区和七区全部地区为红三十四师所控制。以第六区天堂为中心的天堂革命根据地最终形成,史称"天堂苏区"。天堂苏区范围东至潜山马石堰、源潭铺,东南至潜山水吼岭,南临太湖的北乡,北抵霍山县的南乡、舒城的西乡与桐城交界,西边和西北接英山边境。

当时潜山县人口 20 余万,除东乡、南乡约 5 万人口外,西乡、前北乡、后北乡均为红色区域。天堂革命根据地以衙前为中心,方圆 1500 平方公里,拥有 15 万人口。红三十四师回师天堂后,师长王效亭派员到河图、大岗岭、王程、上坊田、古坊、余家河一带活动,建立了一条潜山与英山之间的红色交通线。这样,天堂革命根据地与周围的霍山、舒城、英山、太湖四县连接,使天堂苏区与六霍苏区连成一片,成为皖西根据地的重要组成部分。

红三十四师打回天堂革命根据地后,一面进行对敌斗争,一面建立新政权。1930 年 5 月 3 日,潜山县革命委员会在衙前金家花屋宣布成立,由王焰才、王子成担任革命委员会正、副主席,下设军事赤卫、财政经济、粮食、文化教育、土地革命、青年、妇女等八个委员会。潜山县革命委员会行使县级苏维埃临时政府的职权,标志着安庆地区第一个红色政权的诞生。

三、红军第三十四师的改编和演变

(一)中央军委特派员朱瑞视察天堂苏区

1930年5月21日,中共中央第三次派遣中央军委特派员朱瑞到潜山,视察天堂苏区和指导红军改编。朱瑞视察天堂苏区的原因:一是原潜山县委书记刘震于1930年2月22日和2月28日关于潜山县党的组织情形,两次给党中央的报告,通过安庆中心县委送达上海,党中央均已收到。二是王步文当时正在上海中央训练班工作,于1930年2月直接向中央军委负责人汇报了请水寨暴动情况。因此,天堂地区作为一块红色区域,得到了中共中央的承认。

朱瑞来到衙前红军三十四师司令部时,看到这里红军兵强马壮,军容整齐,组织健全,连连称赞。接着,在衙前三十四师政治部(现岳西县政府所在地)召开了党政军联席会议。会上,朱瑞做了形势报告,传达中共中央在上海召开的全国红军代表会议精神以及中央军委关于调整红军建制的决定,宣布将红三十四师改编为中国工农红军中央独立第二师,改由中央直接指挥。并宣布王

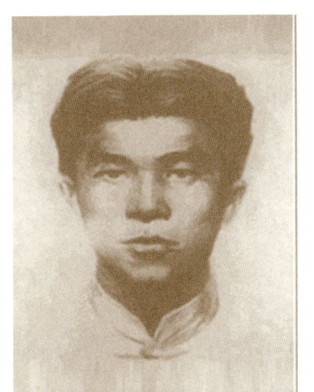
▶ 储余

效亭任师长兼政委,严宽(凌霄)任副师长,储余①任师委书记,苏明任政治部主任(同年6月改由陈履谦担任),徐勋(舒赤民)任政治部副主任。

衙前改编会议结束后,朱瑞在王效亭的陪同下,视察了红军政治部、红军医院、军事训练班。接着,朱瑞召集潜山县各级党组织负责人开会。在朱瑞的指导下,会议决定由王俊负责潜山县党的工作,由师组织部长改任中共潜山中心县委书记、县革命委员会党小组书记。

朱瑞在天堂视察十天之后,由中央独立二师派兵护送至六霍苏区。1930年7月上旬,朱瑞到六霍根据地视察后,与中共鄂豫皖边特委、红一军前敌委员会在金寨县燕子河举行党政军干部联席会议,决定将红一军第三师(红三十三师)一个连和六安、霍山、

---

① 储余(1905—1931),岳西县温泉镇西营村人。5月被任命为红三十四师政委,6月担任红军中央独立第二师党委书记。

英山三县游击队、赤卫队,改编为"中国工农红军中央独立第一师",徐百川任师长,梁仲明(即王文生)任师政委,下辖5个团(其中英山、霍山游击队编为第三团),计3000余人。改编后,中央独立第一师归六安中心县委指挥,活动于在六霍地区。

朱瑞将"第一师"的番号交给六霍根据地的红军及游击队,是因为红军的军事编制按照第三十三师、第三十四师的排序统一编制的。中央独立第一师、第二师建立后,主要担负皖西地区的武装斗争任务。这样,在7月上旬,鄂豫皖苏区红军整编的任务完成了。1930年9月8日,朱瑞向党中央提交了一份《关于组编中央独立第一、第二师的报告》。

1930年7月中旬,朱瑞将六霍红军改编成第一师后,返回潜山天堂苏区,准备由潜山到安庆乘船返回上海。此时,潜山中心县委书记王俊接到安庆中心县委的通知,准备前往上海参加鄂豫皖闽浙赣六省联席会议。中央独立二师司令部和潜山中心县委决定,由王俊、储述先掩护朱瑞出境,三人同行前往上海。三人从汪氏宗祠出发,经过塔儿岭、龙潭河,向安庆方向行走,取道余家井时,被设卡防守的民团发觉。朱瑞得以脱险,王俊和储述先被捕。1930年9月3日,王俊被杀害于天宁寨,时年20岁。

(二)中央独立二师攻打梅城

为了响应中央政治局以武汉为中心的全国总暴动计划,中共潜山县委制订"先打梅城,后攻安庆,截断长江"的计划,决定攻打潜山县梅城。当时天堂苏区被敌人封锁,物资匮乏,特别是油盐、布匹极为短缺。在这种情况下,中央独立二师执行了潜山县委提出的冒险军事计划。1930年6月17日,师长王效亭率领中央独立二师、赤卫队和扁担队计2000余人,分三路进攻梅城:第一路由王效亭带队,从野人寨经过坝埂,攻梅城的西门;第二路由严宽带队,由翠云庵、张发山攻北门;第三路由第二团团长金赤、政委兼副团长程鹏率领,从余家井攻东门。

三路红军约定于6月18日中午发起总攻。当时,盘踞在梅城内的国民党保安队、自卫团和民团残部等有2000余人。潜伏梅城内的县教育局长吴介唐收到攻城的消息,立即派地下党员县教育局吴占春给二师送了一封密信,信中说此刻不宜攻城。但由于敌人盘查过紧,吴占春未能及时赶到野人寨王效亭驻地。当日,第二团已按原计划向东门发起攻击,而攻西门和北门的两支部队还未到达。二团孤军迎战,自早晨至晚上打了一天,逼近县城。第二天上午,国民党独立十五旅一个营从安庆开到梅城解围,第二团团长金赤在战斗中不幸中弹牺牲,副团长程鹏①受伤。王效亭、严宽带领的两路红军因接到不宜攻城的情报,于是向北撤退,二团且战且退,三个团于野人寨会合,撤回衙前。至此,进

---

① 程鹏(1906—1931),岳西县和平乡九河村人。1927年由蔡世钊介绍加入中国共产党。1928年在和平乡石门冲创办开化小学,1929年3月担任中共东乡老岭头支部书记,1929年11月担任响肠集成高等小学校长,1930年4月担任红三十四师第二团政委、副团长。

攻梅城宣告失败。

6月19日,中央独立第二师被迫向天堂根据地回撤时,第二团攻打国民党安徽省前任省长余谊密的官庄民团,烧毁其门口的碉堡,缴获步枪20多支。二团副团长方乔南指挥战斗时牺牲。

当二团团长金赤、副团长方乔南阵亡的消息传来,师长王效亭悲痛得泪水泉涌,数日间寝不安枕、食不甘味。6月20日,王效亭率部回到衙前后,立即召开各团、营、连长会议,总结这次战斗失败的教训,并为金赤和方乔南开了追悼会,王效亭亲自在花圈上撰写了一副挽联:"青山埋忠骨,丹心映青山"。

(三)第二次撤退霍山

为了迅速扑灭天堂赤色革命,蒋介石手谕安徽省政府迅速派兵"清剿"天堂红军。1930年7月22日,国民党独立十五旅团长罗士奇率领桐城、怀宁、潜山、太湖、宿松、望江六县自卫团及省保安队共6000余人,进攻天堂革命根据地的中心衙前。中央独立二师在枪支弹药不足的情况下,坚持与敌军激战十余日。由于敌我力量悬殊,又无援军,中央独立二师决定撤离天堂革命根据地,将革命委员会所属人员和区乡农会主要负责人编入独立师各团营,再度向霍山苏区转移。

中央独立二师撤退时,潜山县革命委员会、各区乡农会、赤卫队及一部分红军家属共计3000余人随军转移。当红军退至包家河时,为了军事行动方便,师部动员有条件的老幼群众和家属疏散。共疏散1000余人,其余1000余人正式武装,随军转移。

国民党军占领天堂苏区后,强迫群众组织"挨户团",到处捕杀红军和农会会员。1930年7月,留在天堂苏区的中央独立二师政治部发布《告挨户团的书》,向挨户团宣传"共产党是我们穷人的政党,红军是我们穷人的武装",号召加入挨户团的穷人兄弟们投奔红军:"快快觉悟,穷人不打穷人,要打倒帝国主义和军阀"。

中央独立二师退到霍山后,在流波䃥、诸佛庵、落儿岭与敌军夏斗寅部激战一昼夜,伤亡惨重。接着,在金寨燕子河休整。之后,又在骆驼石埠与敌军潘善斋部1000多人打了两次仗,红军元气大伤。此外,还与地方民团作战达10余次。将士们行军也历尽艰苦,夜间多露宿山林。大别山地区雨季天气变化无常,有一天,在霍山的行军途中,风云骤起,顷刻间暴雨倾盆如注,全体指战员浑身淋湿,有的就干脆把上衣脱下来,赤膊上路。后来雨过天晴,晴空万里,王效亭即兴吟了一首诗:"欣逢惠雨降飞尘,一路风光分外新。战马欢腾迎捷报,挥戈返日照征程。"

(四)中央独立二师衙前溃败

1930年8月,红军中央独立二师(红三十四师)在燕子河休整时,再次改编为"中国潜山红军第三师"(即红一军第三师),师部驻扎霍山太阳乡杨家河(与岳西县包家河接壤),配合霍山的中央独立一师进攻磨子潭守敌。当时红军没有盐吃,就提出"打到磨子潭才有盐吃"的口号,但在磨子潭、黑石渡战斗中,红军伤亡惨重。时值青黄不接季节,红军给养困难,每人每天只能吃到一餐,即四两南瓜和二两糠米糊,加之天天作战,疲惫不堪。一些战士产生了"宁做家乡鬼,不做异域人"的思想,认为在霍山作战,是"为他人做嫁衣裳"。又听说国民党罗士奇团自7月占领天堂后,烧杀淫掳,无恶不作,进入汤池畈后,又将王效亭等红军家属的房屋放火烧光,幸免于难的红军家属被迫远逃他乡。所以战士们思归心切,盼望早日打回天堂。考虑到战士们的思乡情绪,王效亭来到金寨燕子河,向红军总部求援未果后,王效亭召开全师大会,宣布"一天打回天堂,收复根据地"。红军独立二师从黄尾河出发后,于9月3日抵达马家畈。其时,石关口由官庄"团练"(余谊密团防)和马家畈李维甫民团扼守。王效亭得到情报后,命令汪樾率领第三团一个营击溃了官庄"团练",但狡猾的李维甫不战而退,原来他率部到了衡前,还向国民党驻军秘密送了情报。入夜,王效亭在马家畈召开师部干部会议,计划次日会攻衡前。决定一团从桃岭、汤池直攻衡前,二团、三团经象形地、余安岭、山前冲,会攻衡前。战士们归心似箭,有人提出提前夜袭衡前,但是建议没有被采纳。当晚,红军留宿马家畈,却贻误了战机。

1930年9月4日清晨,红军向衡前开拔,先头部队抵汤池畈后,因误信衡前敌军已闻风而逃的传言,就直奔衡前。但刚过衡前河大木桥时,遭到敌军突然袭击,红军伤亡大半。原来,驻守衡前的敌独立十五旅罗士奇团获得情报后,已埋伏在衡前附近山林中,以逸待劳。王效亭率师部刚到汤池畈,得到了打头阵的队伍在衙前被打散了的报告。当日上午,二师主力分为左、右翼两路猛攻衙前守敌,敌独立十五旅奋力抵抗,并得到自卫团应援。双方激战4小时之久,终因寡不敌众,独立二师全师溃散,师部只剩下教导大队约100人。衙前一战失利,宣告红军中央独立二师解体。至此,历时7个月之久的请水寨暴动失败。据资料数据,在请水寨暴动中牺牲的烈士共计258人,其中岳西籍205人,潜山籍53人。

就在衙前失利的当天,战士们躺在汤池畈金狮冲大王庙后的山坡上,面对着黑沉沉的长空,泣不成声。师长王效亭倚着一棵合抱粗的大松树,内心悲伤,默默无言。战士们问王效亭怎么办?只见王效亭猛然转身说:"干部到庙里开会。"王效亭和教导大队的正、副队长刘智、吴乃献以及刚从前线溃退下来的第二团团长柳志杰、二团秘书陈九、县土地委员储文朗等达成共识,衙前失利后,要保存革命火种,只能分头隐蔽,不可集中行动。会议决定柳志杰、陈九由储文朗带到东山他的岳父家里做暂时隐蔽,师长王效亭带领教导大队去皖西寻找主力红军。面对剩下的队伍,王效亭站上一块岩石,右手扶了一下架在鼻梁上的眼镜,深沉地说:"同志们,我们暂时是失败了,可革命种子已经撒在人民心里,终究要开花、结果。目前的形势确实对我们不利,愿走的跟我走,不愿走的就回家隐蔽。无论怎样,都要做宁死不屈的好汉,时刻准备为革命献身。"

1930年9月15日,王效亭原计划去金寨寻找主力红军,但前进的道路被敌军重重封锁，只得中途折回向南进军，经过霍、潜交界的一条古道，来到金龟畈（河图镇境内）。9月17日，王效亭率领金龟畈农民队伍100多人，举行了金龟畈暴动。之后，王效亭带领30余人转移到鹞落坪。在鹞落坪休息了三天后，到达头陀河。此时，程鹏、储纯一率领一部分失散的红军战士到头陀河会合。由于伙食问题难以解决，有天晚上，王效亭召集战士们开会，决定再分散，设法到皖西寻找红军。王效亭掏出衣袋里的300多块银元，发给每人10块，让大家每人做一套冬衣。王效亭带着汪正南、王子南一行三人来到舒城县沈家桥（现属岳西县姚河乡），找到了舒城县临委书记储春贯和委员朱廷阶。据他们介绍，目前皖西形势严峻，去皖西已不可能。朱廷阶的公开身份是沈桥小学校长，他将汪正南、王子南安排在沈桥小学读书，将王效亭安排在沈桥小学当教员。为了保护王效亭的安全，1930年10月8日，朱廷阶以"送亲"为名，护送王效亭离开舒城，逃出了敌人的封锁圈。王效亭几经辗转，由武汉至达上海。到了上海后，他在"庆阳书店"（安徽地下党联络点）工作，通过王步文找到上海中央局，向党中央汇报了皖西苏区工作。

（五）红军三十四师的演变

请水寨暴动中创建的中国工农红军第一军第三十四师，于1930年3月由成立初期的100余人发展到200余人，4月设立司令部于汪氏宗祠时发展到1000余人，6月改编为中央红军独立第二师时人数为700余人。1930年9月,师政委储余、团长李亚、潜山中心县委委员王德耀转移到皖西活动,寻找主力红军。他们将失散的红军中央独立二师旧部收拢起来,改编为潜山独立团,计有100余人。不久,潜山独立团(中央独立第二师余部)编入红一军新的第三师(由红一军独立旅与中央独立第一师、第二师合编),师长肖方。至此,中央独立第一师、第二师编入了主力红军红一军。

1931年1月,王效亭由上海中央局派遣回到皖西,被安排在鄂豫皖特区苏维埃政府工作。此时,按照中央军委的命令,红一军和红十五军(1930年10月在黄梅县组建)在湖北省麻城县福田河合编为红四军,军部命令红一军第三师(潜山独立团)与红一军第三师七团合并,合编为红四军直属独立团,王效亭任团长兼政委,全团1100余人。

1931年2月,红四军直属独立团在金寨县麻埠扩编为红军中央教导第二师,师长肖方,师政委王效亭,下辖第一、二、三团,全师3500余人,活动于皖西苏区。4月,中共皖西北特委将中央教导第二师改编为红四军第十二师,许继慎任师长,肖方任副师长,曹大骏任师政委,王效亭任师委书记,储余任师部秘书。

1931年10月25日,红二十五军在金寨县麻埠第一次组建时,将红四军十二师改编为红二十五军第七十三师,当时红二十五军仅辖这一个师,师长为刘英,师政委为吴焕先,下辖3个团,第七十三师师部由红四军第十二师师部改编而来。

1931年11月7日，鄂豫皖边区红四军和红二十五军于湖北红安县合编为红四方面军，徐向前任总指挥，陈昌浩任总政委，王树声任副总指挥，曾中生任参谋长。1932年5月，红四方面军扩编为3个军（红四军、红二十五军、红九军）共6个师，总兵力3万人。第一次组建的红二十五军是在红四方面军编列内，参加了鄂豫皖苏区第三次、第四次反"围剿"斗争。1932年10月，第四次反"围剿"斗争失败后，红二十五军七十三师随红四方面军转移西征，12月开辟了川陕根据地。

1932年11月，红四方面军撤离鄂豫皖苏区后，根据中共鄂豫皖省委的指示，红二十五军在金寨县檀树村宣布第二次组建，军长为吴焕先，军政委为王平章，扩编了第七十四师（师长徐海东，师政委戴季英）、第七十五师（师长姚家芳，师政委高敬亭），坚持鄂豫皖边区斗争。红四方面军与中央革命根据地红一方面军（又称中央红军），并列成为土地革命战争时期两支主要革命力量。

（六）王效亭被红四军内部"肃反"错杀

1931年7月上旬，根据中共皖西北特委决定，中共英潜工委在红四军军部麻埠成立，红四军第十二师师委书记王效亭担任工委书记，储余、王德耀为委员，王效亭的胞弟王恩植担任通讯员兼警卫员。7月下旬，王效亭担任南下先遣队队长，配合红四军作战。8月1日，围歼英山县城守敌，俘敌军1800余人，缴获大批枪支弹药。占领英山县城后，英潜工委在金家铺改组为英山中心县委，王效亭任县委书记，领导皖西的潜山、太湖、宿松和鄂东的英山、罗田、浠水、蕲春、黄梅、广济9县党的工作。8月中旬，王效亭主持召开英山中心县委会议，决定建立英山各级苏维埃政府，红十二师师长许继慎、政治部主任熊受暄出席会议。8月26日，王效亭主持召开英山县第一届工农兵代表大会，改英山县为"红山县"，选举了县苏维埃政府，王效亭担任县红军武装总指挥。同时，开办供销合作社、经济公社（即银行）和兵工厂，粉碎了敌人对苏区的经济封锁。

1931年8月，红四军主力攻克英山县城后，鄂豫皖苏区军委主席张国焘与红四军领导人曾中生、徐向前、刘士奇等，在红四军是东进还是南下的问题上产生了严重的分歧。结果，曾中生被免职。9月下旬，张国焘到河南省光山县白雀园，将红四军高级干部集中，开展"肃反"运动，捕杀红军内部所谓"第三党"（国民党左派集团）、"AB团"（指反对苏维埃政府）、"改组派"（国民党一个政治派别）分子。张国焘以"肃清红四军中的反革命分子"的名义，在鄂豫皖苏区剪除异己，企图建立个人的家长制统治。从9月中旬至11月中旬，"白雀园大肃反"牵连1000余人，红四军中有团级44人、师级35人、军级17人被杀害。其中，红四军十二师师长许继慎、副师长肖方、师委书记王效亭、政治部主任熊受暄等成为"肃反"对象。

1931年10月，王效亭调任中共光（山）、麻（城）中心县委书记，中共鄂豫皖临时省委委员曹大骏接任英山中心县委书记。陈

昌浩按照张国焘的旨意，将王效亭逮捕关押。同年11月，王效亭在光山白雀园被无辜杀害。临刑前，王效亭对被捕入狱的难友们说："不论在任何情况下，都不要忘记巩固苏维埃，扩大红军，坚决和国民党斗争到底。"并且说："历史将宣判我无罪。张国焘虽然杀了我，但我还是一个忠贞的共产党员。"①

1931年11月9日，曹大骏到英山县任职后，执行"肃反"的屠杀政策。英山县、区级以上干部全部被列为"肃反"的对象。英山中心县委委员、县苏维埃政府秘书储余、王效亭的堂弟王德耀、胞弟王三槐在英山被杀害。同年12月，曹大骏诬陷李亚（时任英山独立团第三营教导员）是"第三党"，将其杀害。

（七）刘正北②回沙村河恢复潜山县委

1931年3月农历元宵节，流亡皖南的岳西籍共产党员刘中一、刘正北、储汉仪、储高扬、储希文、刘国鼎等数十人在九华山化成寺秘密召开会议，决定派遣共产党员刘正北回家乡恢复党组织。储汉仪立即掏出300块光洋交给他作经费。第二天，刘正北打扮成学生模样，通过敌人层层封锁线，于3月20日回到了沙村河。沙村是上村、中村、下村的统称，旧时习称"沙村河"，原属潜

---

① 中共岳西县委党史资料征集小组：《岳西英烈》第1辑（王效亭烈士传略），内部资料，1986年，第48页。

② 刘正北（1910—1936），岳西县中关镇沙村人。1928年加入中国共产党，1930年6月毕业于池州师范。

▶ 刘正北

山县第六区西北乡,面积24平方公里,四面环山,地势险峻。

1931年7月,刘正北通过中共地下党员程慕濂①的关系,到省会安庆找到国民党安徽省教育厅长余奉先(中共地下党员),余奉先就亲笔写下了一道委任令,任命刘正北为潜山县第六区第三十八初级小学(原文蔚小学)校长。于是,刘正北以校长的公开身份,吸收贫苦农民子弟入学,培养革命骨干。1932年2月,刘正北在沙村李畈回龙庙秘密召开党员会议,决定成立中共潜北县委,刘正北任书记,县委委员有刘寅宾、刘汝聪、叶朗清、王云山、刘在宏五人。

1932年6月,刘正北与刘寅宾、刘福昌在回龙庙合伙开设"大

---

① 程慕濂(1898—1952),岳西县田头乡人。1930—1932年任清真乡得才小学校长,1942—1946年先后任岳西县参议会副参议长、岳西中学及简师两校校长、县教育会理事长,1948年任国民党岳西县党部副书记长。

同商店",并雇请储云①、刘盛起②二人当通讯员,以开店为名,秘密联络原来的党员、赤卫队员和农会会员。

  1933年1月,中共徽州工委书记金汤③从皖南回到家乡衙前。叶朗清、刘雨润找到金汤,持金汤开具的组织证明信,到熊家河(金寨县)与中共皖西北道委接上了组织关系。9月皖西北道委书记郭述申派巡视员来沙村河召开县委会议,决定改潜北县委为潜山县委,刘正北任书记,叶朗清、刘汝聪、王云山、韩彦修、刘寅宾、刘雨润、郭质彬为委员。同时,潜山县委在岳西境内建立了和山庄、太平、沙村、叶河、响山、蜜蜂岩6个区委。1933年10月,潜山县委召开会议,决定成立少共潜山县委,刘雨润任书记。1935年11月,刘国鼐接任少共潜山县委书记。

---

  ① 储云(储毓庭)(1914—2006),岳西县中关镇请水寨村人。1934年11月参加红二十五军,1935年参加红二十八军,1955年被授予上校军衔。

  ② 刘盛起(1911—1971),岳西县中关镇沙村人。1935年参加红二十八军,历任红二十八军通讯员、班长、排长、连长,新四军团长,中国人民解放军三野六纵第十七师参谋长、副师长,空军第十五师师长,空军第一航空预备学校校长。

  ③ 金汤(1907—1933),岳西县天堂镇世畈人。1931年2月担任中共安徽省委特派员到皖南整顿组织,1932年4月担任中共徽州工委组织部长,9月担任徽州工委书记。

第四章

中国工农红军第二十八军在岳西的重建

1932年2月至1935年2月,中共潜山县委、中共潜、霍、舒、桐四县特委、中共潜山工委及其游击队和便衣队先后在岳西境内开展革命活动。1932年10月,红二十七军进入岳西境内。1934年9月,红二十五军进入岳西境内开辟游击根据地。1934年11月,红二十五军主力长征后,鄂豫皖省委常委、皖西北道委书记高敬亭率红八十二师坚持皖西北苏区游击斗争,于1935年2月在岳西重新整编部队,将部队第三次取名为"红二十八军"。红二十八军重建后,开辟了以枯井园、鹞落坪、大岗岭为中心的舒城、霍山、潜山、太湖四县边区(即岳西地区)游击根据地。1935年,在岳西境内先后成立了中共皖西特委,在鹞落坪设立红二十八军大本营,组织了8支游击队、10支便衣队,建立了山林医院、修械所、被服厂、红军商店和红军小学等。红二十八军以岳西根据地为中

心,开展了艰苦卓绝的鄂豫皖边区三年游击战争,在中国革命史上赢得了"大别山红旗不倒"的美誉。

一、红二十八军在岳西重建的历史背景

(一)红二十七军进入岳西境内的活动

1932年10月2日,中共鄂皖工作委员会在英山县金家铺正式宣布成立中国工农红军第二十七军,刘士奇(湖南岳阳县人)担任军长,郭述申(湖北省孝感县人)担任政委,全军4500余人。红二十七军成立后,遇到国民党纠集的7个师和地方武装的合围。为避敌锋芒,红二十七军开始了三千里转战,掩护2万多名地方干部和红军伤病员及其家属(时称"避难团")随军转移。1932年10月上旬,红二十七军转战到太湖县弥陀寺。10月中旬,刘士奇、徐海东(七十九师师长)率领红二十七军进入岳西境内店前河、河图铺,10月20日到达湖响(中关镇境内),当晚军部在湖响凤形组储淡如家宿营。第二天早晨,刘士奇、徐海东率部进入沙村河,与中共潜北县委书记刘正北会面,并召开联席会议。农民小组立即送粮、送款、送肉,慰劳红军。刘士奇翘着大姆指说:"刘县委,你们在敌人夹缝中,把农民组织得这样好,真没想到。"临行

时,红二十七军一批伤病员和体弱的妇女被安置在沙村河,刘正北将"大同商店"的药品、电池、食盐送一部分给红二十七军。

1932年10月21日,红二十七军到达衙前时,遭遇国民党郝梦龄五十四师截击。全军被敌人压缩到在衙前东面的山前冲、打虎冲里,红二十七军迅速抢占了衙前东面的几座山头,与数倍于己的敌人展开了殊死战斗,激战3个多小时,反复冲杀10多次,打退了敌人的进攻,毙伤敌数百人,红二十七军则伤亡300余人,一团一营政委、二营营长和政委、3个连长、6个指导员均在衙前战斗中壮烈牺牲。战后,随军伤病员纷纷要求归队,先后有300多人补充到一团。

衙前遭遇战后,红二十七军从舒霍边界的头陀河转战到舒城晓天地区。储德纯领导的晓天游击队与红二十七军取得联系,掩护红军转移。红二十七军经舒城、霍山、金寨,到达鄂东北根据地,找到鄂豫皖省委。1932年11月底,鄂豫皖省委及各主力团在湖北红安县七里坪会合,红二十七军番号撤销,同时撤销鄂皖工委,恢复皖西北道委,红二十七军部队分别编入红二十五军和红二十八军。

(二)红二十五军军部驻扎上坊田

1934年9月3日,红二十五军从英山县袭击太湖县城以后,在鄂皖边界陶家河地区(湖北省英山县陶河乡与安徽省岳西县古坊乡交界)建立了一块纵横30公里的游击根据地。9月10日,军

▲ 红二十五军军部旧址（岳西县河图镇皖源村上坊田张家老屋）

长徐海东、政委吴焕先率领红二十五军到达上坊田，将军部设在上坊田张家老屋。上坊田位于岳西县河图镇皖源村与古坊乡上坊村交界地区，四面环山。红二十五军驻扎上坊田后，发动群众打土豪，分田地。10月，陶家河区苏维埃政府成立，岳西境内的凉亭、河图、双畈、古坊、前进等乡苏维埃政权也建立起来。红色根据地范围沿着皖鄂两省交界向西南扩展，远至英山、岳西两县边界的羊角河。

1934年10月28日，国民党集中四十七师3个旅又1个团的兵力，向陶家河根据地进攻，红二十五军在陶家河和上古坊交界的牛背脊骨山与敌军激战三昼夜，击退敌军一次又一次的冲锋，消灭敌人数百人。终因敌众我寡，红二十五军伤亡280余人，于

11月1日撤出了陶家河。大批伤员由林维先率领苦工队负责安置。苦工队背着伤员,经过陶家河和上古坊交界的关口,沿朱家冲而上,将伤员护送到岳西境内的朱家山、林家山、周家冲、金龟畈、凉亭坳和英山境内的桃花冲一带安置。11月2日,敌人占领了牛背脊骨后,才发现红二十五军军部不在陶家河,而是在上坊田。当四十七师师长上官云相命令部队扑向上坊田时,军长徐海东率红二十五军军部已经提前一日撤离了上坊田,只剩下熊大海率领的政治部和林维先率领的苦工队,他们在敌人进攻上坊田的时候,已经转移到金龟畈的深山密林中隐蔽起来。最后,敌人撤离了上坊田。留下运送伤员的苦工队和担负掩护的第七十四师二营四连、三营九连完成任务后,由境内上坊田回到皖鄂边界的陶家河,因找不到红二十五军大部队,由熊大海率领,于11月中旬转战到赤城根据地。

陶家河战斗是红二十五军在鄂豫皖根据地的最后一次战斗,上坊田是红二十五军最后一次撤离前的军部驻扎地,上坊田军部旧址因此被称为"红二十五军长征起源地"。

鄂豫皖省委率红二十五军自陶家河、上古坊撤离后,11月4日,由皖西北进入鄂东北。11月11日,在光山县西南部的花山寨与鄂东北道委会合,在花山寨召开鄂豫皖省委第十四次常委会议,由中央派来的代表程子华传达中央军委副主席周恩来的指示:中央决定红二十五军主力作战略转移,留下部分武装坚守老根据地。会后,省委决定率红二十五军主力离开鄂豫皖根据地,

◀ 吴云霞

进行长征。

(三)四县特委及其游击队在岳西境内的活动

1932年10月,红二十七军打到潜山境内时,军部派红二十七军政治部干部吴云霞①留下来恢复地方党组织。1933年1月,根据红二十七军指示,成立中共板舍中心区委,隶属潜北县委,吴云霞任区委书记,下辖龙潭河、逆水畈、板舍、和山庄(毛尖山乡境内)、后河山(温泉镇境内)5个区委。

1934年9月,红二十五军攻打太湖县城时,下派了一支便衣武装工作大队,汪礼廷任大队长。便衣武装工作大队从太湖游击到潜山境内后,在马家畈成立中共潜、霍、舒、桐四县特委,汪礼廷

---

① 吴云霞(1908—1937),岳西县毛尖山乡林河村人。1930年2月参加请水寨暴动,同年3月加入中国共产党,5月参加潜山县革命委员会响肠区农会,6月加入中央红军独立二师,1932年10月加入红二十七军。

▶ 储道珩

任书记,委员有彭基伍、余海清、陈明江、吴云霞。

1934年11月,师长周世觉率红二十五军八十二师和三路游击师到天堂地区打游击,在逆水畈召开会议,成立中共潜山工作委员会,选举吴云霞为书记,储道珩①为副书记。

1934年11月,红二十五军撤离皖鄂边区后,四县特委隶属中共皖西北道委(书记是高敬亭)。四县特委的主要活动区域是潜山、霍山、舒城、桐城四县边区。四县特委成立后,组建一支59人的舒霍潜边区游击大队,刘学成(霍邱人)任大队长,彭基伍任军政指导员,吴汉卿(又名李柏林)任指导员,全队六七十人,下设6个班。

1935年2月,中共皖西特委成立后,取代四县特委的工作。

---

① 储道珩(1906—1937),岳西县温泉镇榆树村人。1928年3月加入中国共产党。

1935年3月,汪礼廷领导的59人舒霍潜边区游击大队,改属皖西特委领导,直至1935年11月,活动于马家畈、象形地、上逆水一带。

(四)红二十五军八十二师进入岳西境内的活动

1934年4月17日,鄂豫皖省委在金寨县汤家汇将原红二十八军留在皖西北地区的二四四团一个营、军部特务营以及六(安)霍(山)第三路游击师合并为新的红八十二师,红二十五军七十四师二二二团政委林维先任师长,三路游击师师长江求顺任师政委,下辖3个营约1000余人,隶属中共皖西北道委。

自1934年11月4日以后,皖西北道委书记高敬亭率八十二师和三路游击师就以赤城根据地(金寨县境内)为立足点,领导赤城、赤南、潜山的三个县委和六安县第三区、六区以及霍山县第六区的三个区委,开展皖西北地区的反"清剿"斗争。红二十五军主力撤离后,鄂豫皖苏区仅存皖西的赤城、赤南、六安三区、六区和鄂东北五小块残缺不全的根据地。蒋介石、张学良担任鄂豫皖"剿共"正、副总司令,以正规军56个团和地方保安团共计17万人的兵力,对皖西、鄂东北根据地进行重点"清剿"。

1934年11月上旬,高敬亭令红八十二师和三路游击师约900人,由师长周世觉指挥,到舒城、霍山、潜山、太湖边境试探性地开展游击活动。周世觉率两支部队从赤城根据地熊家河出发,经过霍山县,进抵岳西境内的天堂畈、小河南地区(原属潜山县),

一举攻克衙前镇,歼灭了国民党潜山县保安团一个中队,俘虏中队长以下官兵30余人,缴获长短枪30余支。接着,在沙村河与中共潜山县委书记刘正北接上了关系。红八十二师和三路游击师在天堂畈打土豪,没收地主的粮食,分给当地穷苦人。11月下旬,周世觉率部攻克舒城县的晓天镇,全歼舒城县保安队及民团90余人,缴获长短枪80余支和大量银元。12月3日,在返回赤城途中,在霍山县长山冲遭到国民党第十一路军和老小八团的包围伏击,师长周世觉壮烈牺牲,突围出来后只剩下200余人。

1934年12月21日,高敬亭在熊家河主持召开中共皖西北道委会议,决定迅速建立一支主力部队。于是,在金寨县沙河店将红二十五军留在皖西北地区的不同建制的红军、游击队、便衣队,与长山冲突围出来的八十二师、三路游击师余部合编组成一个团,正式成立中国工农红军第二十五军第七十三师第二一八团,罗成云任团长,熊大海任政委,全团约700人,下设三个营:第一营由原红二十五军七十四师二营四连、三营八连、九连三个连组成,第二营由原红八十二师和三路游击师200余人组成,第三营是原红二十五军经理部苦工队,多是"肃反"中"自首"过的团营连排干部,他们专门从事挑粮、抬伤员、打粮等任务。

1934年11月17日,中共鄂东北道委在罗山成立,书记为王福明,常委有王福明、徐成基、何耀榜、吴光陆、罗厚福。鄂东北道委将罗山教导营、河口特务营、光山战斗营和部分痊愈的红军伤员以及要求参加红军的群众,合编组成鄂东北红军独立团,熊先

春、陈守信先后任团长,徐成基任政委,全团共300余人,活动于大悟山、老君山、天台山、仰天窝一带老根据地。

根据鄂东北道委决定,少共鄂东北道委书记方永乐、鄂东北独立团团长陈守信、团政委徐成基率领鄂东北独立团,从鄂东北转战到皖西北,寻找高敬亭,向他转交鄂豫皖省委写给他的指示信。12月下旬,鄂东北独立团从经扶县(1947年12月改名新县)的茅草尖出发,经潢州、商城、罗田、霍山,经过艰苦转战,冲破敌人重重封锁线,于1935年1月31日到达金寨县抱儿山。

二、凉亭坳会议,重建中国工农红军第二十八军

(一)抱儿山会合

1935年1月8日,蒋介石向豫鄂皖"剿匪总指挥部"下达命令:"务于三个月内将豫鄂皖边区东区残匪负责肃清"。梁冠英部署"三个月清剿"计划,其中抽调19个团的兵力向赤城、赤南苏区合围,重点进攻皖西北道委和赤城县委所在地熊家河,企图消灭红二一八团和一、二路游击师。红二一八团在皖西北地区终日苦战,腹背受敌,时值严冬,饥寒交加,有随时被敌人消灭的危险。

▲ 红二十八军重建会议旧址凉亭坳（岳西县河图镇凉亭村）

为了保存革命力量，高敬亭命令赤城县委书记石裕田带路，率领红二一八团撤出赤城苏区，转移到外线打游击。1935年1月31日，高敬亭率红二一八团到达金寨县抱儿山，遇到少共鄂东北道委书记方永乐和团政委徐成基率领的鄂东北独立团。会合后，方永乐传达了中共鄂豫皖省委光山（花山寨）会议精神，并带来了省委给高敬亭的指示信。信中介绍了党中央指示鄂豫皖省委率领红二十五军撤离鄂豫皖苏区，实行战略转移的情况。在信中省委责成高敬亭重新组建鄂豫皖边区党的领导机构，并以红八十二师和地方武装为基础，重新组建红二十八军，继续坚持鄂豫皖边区武装斗争。接到鄂豫皖省委的指示信后，高敬亭深感形势严峻，责任重大。年仅27岁的高敬亭作战经验丰富，是一位久经沙场的军事指挥员、具有较强组织能力的领导者，他和方永乐、徐成基等领导人商量后，当天就带领部队向皖东南方向转移，于2月1

日(农历腊月二十八日)经皖鄂交界的英山县陶家河,顺着英(山)太(湖)交界的石板古驿道,到达凉亭坳,摆脱了敌人的"追剿"。

(二)凉亭坳会议,宣布红二十八军重建

凉亭坳原属太湖县西北乡,现属岳西县河图镇。凉亭坳地处英山、霍山、潜山、太湖四县交通要道,位于皖、鄂两省边陲,地形险峻,东西两山衔接,构成马鞍形大坳,四周山高林密,坳内绿树掩映,气候凉爽。2月1日当天,凉亭坳上空正下着鹅毛大雪,北风呼号,天寒地冻。当地群众见到红军又回来了,立即推举曾给红军跑过交通的汪顺洪为代表与红军接头。汪顺洪带着乡亲们的重托,帮助红军安排住宿。高敬亭、徐成基、罗成云等住在坳上的寿春园药店,方永乐等住在汪胡氏宗祠,周边村庄都住满了红军战士。

1935年2月2日(农历腊月二十九),当地群众争相送来粮食和柴草慰劳红军,凉亭坳铁匠店老板翟海洲主动献出木炭8000斤,给红军战士烤火取暖。2月3日,正值农历大年三十,汪顺洪领来十几个乡亲们到红军驻地,要求接红军首长到他们家过年,说年饭已准备好了。高敬亭以晚上要开会研究重要的事情为由,一一婉言谢绝。

1935年2月3日大年除夕,高敬亭在凉亭坳汪胡氏宗祠主持召开紧急干部会议,出席会议的有高敬亭、方永乐、徐成基、梁从

▶ 高敬亭

学、林维先、罗成云、吴克元、徐贤才、刘远臣、詹化雨、熊大海、余雄、陈守信等红军干部。会议传达了鄂豫皖省委的指示，经过讨论研究，作出了三项重要决议：一是成立鄂豫皖边区新的领导机构，由高敬亭统一领导鄂豫皖边区党政军的全盘工作。二是整编部队，将皖西北红二一八团与鄂东北独立团合编，重新组建中国工农红军第二十八军，高敬亭任红二十八军政治委员，下辖八十二师和手枪团，由方永乐代理军长兼八十二师政委，原来的二一八团团长罗成云调任八十二师师长，熊大海任政治部主任（石裕田接任），吴克元任经理部主任。将方永乐的两个手枪分队和原红二十五军手枪团合并，成立一个手枪团，余雄任手枪团团长（詹化雨接任），刘远臣任团政委，军部直属手枪团下辖3个分队。八十二师下辖红二四四团（3个营）和特务营。徐贤才任红二四四团团长（梁从学接任），徐成基任团政委。师直属特务营由鄂东北独立团大部改编而成,陈守信任营长,梁从学任营政委。三是根据鄂豫皖边区新的斗争形势,提出在老根据地大部被敌人占领的情况下,必须大胆、积极地寻找新的立足点,创建新的游击根据地。

会议一致认为,今后我们要依靠三种武装——主力部队、地方武装、便衣队,主要采取三种斗争的形式——公开游击战争、半公开的便衣斗争和秘密的地下斗争。三种武装和三种斗争形式密切配合,主力部队公开游击战争是主要斗争形式。会议认为,在战略上我们要依靠群众,发动群众,坚持灵活机动的游击战争;在战术上,必须采取以奇袭和速战速决为特点的游击战术。

1935年2月4日上午,全军大会召开。全体红军指战员齐集在凉亭坳西侧的一个竹林湾里,高敬亭登上高坡,向全体人员讲话。他分析了红二十五军长征后的斗争形势,提出了今后斗争的方向、任务和方法。大会传达了中共鄂豫皖省委对红军坚持鄂豫皖边区斗争的指示信,宣布了凉亭坳会议重建红二十八军的决定。大会通过了高敬亭任红二十八军政委和红二十八军各级干部任命的决定。会后,全体军人热血沸腾,斗志高昂。

值得一提的是,在重建后的红二十八军领导人中,有5人当过红二十五军的师级干部。他们分别是红二十八军政委高敬亭、八十二师政委方永乐、二四四团副团长林维先、二四四团团长梁从学、八十二师参谋长丁少卿。

红二十八军在凉亭坳重建时,全军约1000余人。在鄂豫皖根据地史上,这是第三次组建红二十八军。第三次使用"红二十八军"的番号,这在中国军事斗争史上是罕见的。凉亭坳会议标志着鄂豫皖边区统一领导、统一指挥的再次形成,标志着大别山区三年游击战争的开始,成为鄂豫皖革命根据地从失败走向胜利的重要转折点。

在岳西诞生的红二十八军,不仅在鄂豫皖三年游击战争中是一支打不散、拖不垮的红军部队,而且成为抗日战争中力量最强的一支新四军主力部队,她在解放战争、抗美援朝战争、新中国和平建设过程中立下了无数战功,她是人民解放军陆军第二十一集团军第六十一师的前身,是人民解放军中一支历史悠久、功勋卓著、作风优良的"红军师"。因此可以说,岳西是人民解放军陆军第六十一师的诞生地。

三、中共皖西特委成立,开辟岳西新的游击根据地

(一)翻越大别山高峰白马尖,跳出敌人的包围圈

红二十八军在凉亭坳重建后,国民党十一路军和二十五路军以6个团又5个营从西北、东北、南面三个方向合围过来,开始了对红二十八军的"追剿"。刚组建的红二十八军开始转移。红二十八军原先计划在岳西境内开辟新的苏区,但是,敌十一路军三

八四团在后面紧追不舍。1935年2月5日,红二十八军在境内分水岭王家屋(河图镇境内),与敌三八四团发生遭遇战,歼敌100多人,这是红二十八军重建后的首次战斗。2月6日,红二十八军1000多人与国民党十一路军张学良部在汤池畈罗墩交战,缴获敌人重机枪2挺,轻机枪18挺,步枪70多支。

汤池畈罗墩战斗后,红二十八军除留一个班牵制敌人外,其余部队经过来榜河,向包家河转移。刚转入霍山县境内的太阳畈,碰上了执行"堵剿"任务的敌二十五路军三十二师。在太阳畈附近的黄泥塝与敌军激战,八十二师师长罗成云在战斗中壮烈牺牲。前有堵截,后有追兵,红二十八军千余名指战员被10000名敌军围困在一条狭长的山谷中。在此危急关头,高敬亭把手枪团一分队队长詹化雨找来,询问他突围方向。詹化雨是金寨人,被红军指战员称为"老向导"。他认为目前唯一的生路就是从南面翻越白马尖,才能突出重围,从绝境中杀出一条生路。高敬亭当即令詹化雨当主力部队的向导,由一营一连、二连顶住敌人三十二师,三连堵住十一路军游击团,其余部队迅速从金竹坪翻越白马尖,向马家河方向转移。白马尖是皖西最高峰,海拔1700多米,又陡又险。为方便行军,许多挑子、行李以及军师首长的马匹都丢掉了,他们顶着风雪,搭着人梯,顽强向山上攀登。留在太阳畈的一营,力抵数十倍之敌,两边敌人越攻越近。一营边打边向主力部队靠拢,待敌人两方火力比较接近时,迅速从两军结合部撤出了阵地。红二十八军翻过白马尖,次日凌晨又踏着深雪向山下疾行30里,拂晓时到达马家河(霍山县东南与岳西县黄尾河相接),终于摆脱了敌人。

(二)中共皖西特委在枯井园成立,开辟新的舒霍潜边游击根据地

1. 潜山白果树会议,决定成立中共皖西特委

1935年2月16日,红二十八军行至潜山县上龙山,被敌梁冠英部包围,激战中,手枪团副团长蔡泽礼牺牲。突围后,进至潜山县驼岭附近的白果树。2月16日晚上,全军干部会议在白果树召开,高敬亭总结了红二十八军重建十几天以来的行动,分析面临的形势,着重研究建立游击根据地问题。高敬亭在会上说:"十几天来,部队遭到敌人的'追剿''堵剿',没有一天不行军战斗,枪弹得不到补充,伤员得不到安置,给养没有来源。当前,在老苏区(皖西北和鄂东北)被敌人占领的情况下,我们必须大胆地、积极地寻找新的立足点,创建新的游击根据地。"会议决定成立中共皖西特委,任命徐成基为皖西特委书记,陈明江、鲁工人、汪金亭为委员。同时抽调二四四团1个连和手枪团2个班作为骨干,加上部分年龄较小的战士,共200余人组成二四六团,由徐成基兼二四六团政委。高敬亭交给皖西特委和二四六团的任务是:在舒城、霍山、潜山、太湖四县交界地区恢复和发展地方党组织,发动和组织群众,建立地方武装,开辟新的游击根据地,并统一领导和发展皖西各便衣队。之所以选择在四县边区开辟新的根据地,是

因为舒城、霍山、潜山、太湖四县边区地处大别山腹地,山脉纵横,森林茂密,有利于红军立足扎根;四县边界地区属鄂皖两省交界,是"两不管"的地方,具备开展游击战的有利条件;同时,这些地区于1930年爆发过共产党领导的农民暴动,建立过县区乡红色政权,群众基础好,红军容易在这里扎根。白果树会议作出的决定是十分正确的,从某种意义上说,为红二十八军找到了生存的出路。

2. 创建新的舒霍潜边游击根据地

1935年2月17日,即白果树会议的第二天,徐成基率中共皖西特委和二四六团转移至舒城、潜山交界的枯井园(现属岳西县主簿镇)。枯井园是一片纵横三四十华里的深山老林,皖西特委选择茨茅尖下的偏僻山沟作为特委机关驻地,在当地农民的帮助下很快在山沟里搭起五个大草棚,每个棚可住20余人,并将红军伤病员安置在枯井园。其后,皖西特委便以枯井园为中心,运用亲串亲、邻连邻的办法,在四周做群众工作,宣传红军,宣传革命。徐成基率二四六团在方永乐率领的红二十八军主力掩护下,首先来到舒城、潜山交界的沈家桥、主簿原(岳西境内)、彭家河(潜山境内)一带,寻找当地组织,发动群众,打土豪,歼民团。由汪礼廷领导的59人游击队和从二四六团中抽调的20多人组成的舒霍潜边便衣大队,在舒城、霍山、潜山边界的主簿原、南田、马家畈、黄羊殿、巍岭、头陀河、沈家桥一带创建游击根据地。3月又在舒城、霍山、潜山边界的松山寨、杨旗岭、南田、张深沟、管山、大枧

冲,建立了五支小便衣队。

在皖西特委书记徐成基的领导下,红二四六团和四路游击师分别在舒城、霍山、潜山、太湖边界山区,发动与组织群众,广泛开展游击战争,打击反动民团势力,开辟新的游击根据地。为了扩大游击范围,皖西特委紧紧抓住"便衣队"这种游击斗争的新形式,大力开展工作。当时,一支七八个人的红军便衣队能拖住敌人一个营,甚至一个团。他们有时化装进入敌军驻地,烧碉堡,毁寨栅;有时趁黑夜到敌驻点外围放一阵枪,扰得驻敌彻夜惶惶不安。农民小组和为我所用的两面派政权,常常给敌人送真真假假的情报,把敌人搞得昏头转向,给主力红军创造了歼敌的机会。1935年3月底,皖西特委组织皖潜游击大队和四路游击师一举歼灭马家畈民团。反动民团被消灭后,皖西特委在舒霍潜边区站稳了脚跟,开始由秘密发动群众转变为公开的游击活动。经过两个月的奋斗,到1935年4月,皖西特委率领二四六团和便衣队开辟了一块以主簿枯井园、石关马家畈为中心的舒霍潜边游击根据地,活动范围东至舒城晓天,西至霍山鹞落坪(现岳西境内),南至潜山驼岭、源潭铺,北至霍山黄尾河(现岳西境内),面积约200平方公里。

1935年4月30日,中共皖西特委在潜山县象形地(现属岳西县石关乡)召开群众大会,宣布成立"舒霍潜边苏维埃政府"。设主席、秘书、交通委、财粮委各一名,下设交通站、运输队、内勤工作组。选举当地人李清明任政府主席,刘云飞任秘书,李德本为交通委员,李德佩为财粮委员。政府机关驻象形地竹林湾余屋。

与此同时,皖西特委在舒城境内的平田建立了乡苏维埃政府,管辖范围包括舒潜边界的平田、驼岭、张田、小涧冲一带。接着,皖西特委又建立了中共桐(城)舒(城)工作委员会,负责舒桐边区游击根据地的开辟。

在皖西特委领导下,大家齐心协力投入根据地的各项建设,舒霍潜边苏维埃政府组织农民小组贩卖杉木、茯苓、茶叶、生漆、桐油、皮纸,以换取红军所必需的一些物资。为安置治疗红军伤员,汪礼廷率便衣队在象形地的九道河、大强湾搭建了两个大棚,作为红军医院,一次可安置十几名伤病员。为解决军衣紧缺问题,便衣队将游击师从桐城青草塥打土豪缴获的一批布匹,送到舒霍潜三县交界的茨茅坪、浪家山、老虎坳、枯井园,分别挖了山洞,开办红军被服厂,为红军秘密制作服装。

为了分化、瓦解敌人,皖西特委讲究斗争策略,改打土豪为向土豪征粮征款。粮款交齐后,当地便衣队或苏维埃政府给予收条,注明该户粮款已交。对于国民党的保、甲政权,中共皖西特委也采取了积极争取的方针。只要对方不是十恶不赦之人,就努力争取为我所用。大多数保、甲人员都能接受红军的约法,明里为敌人跑腿,暗地为红军办事。有的联保主任在情况紧急时,还能主动为红军送情报、养伤员。正因为如此,皖西特委及其便衣队在根据地活动时,当地保、甲人员一般情况下均能为其保守秘密,使国民党"清剿"部队难以掌握红军行踪。这样,中共皖西特委开辟的舒霍潜太游击根据地日渐稳固。

3. 游击根据地向外围的扩展

在1935年2月至4月不到两个月的时间里,皖西特委开辟了以主簿枯井园、石关马家畈为中心的舒霍潜边游击根据地,皖西特委机关由枯井园迁移到鹞落坪门坎岭后,这块根据地继续扩大。1935年6月,赤城、赤南地区的一、二路游击师转战到皖西,与皖西游击队配合作战,使皖西游击根据地扩大到1500平方公里,特别是在以大岗岭、鹞落坪为中心的区域内,地方党组织和便衣队可半公开行动,红军指战员甚至可以穿军装单独行动。1936年春后,根据地范围扩大到宿松和鄂东的英山、蕲春、黄梅、广济四县边区。

1935年9月,皖西特委书记徐成基将汪少川、夏云(又名夏应龙)组建的鹞落坪便衣队10余人调到宿松县,开辟宿松罗汉尖游击根据地。此时,八十二师政委方永乐转战湖北蕲春,路过罗汉尖时,将连长李发之带领的二四四团第三连70余人留下,配合汪少川领导的便衣队开展游击活动。1935年12月20日,皖西特委在罗汉尖成立一支红军游击队,对外称"大中华抗日救国军",对内称红军,计200余人,朱育祺任司令,朱国璋、李发之、梅景先任副司令,活动于蕲春、宿松、黄梅、太湖四县边界地区。皖西特委建立了"鄂皖边区工农民主政府",开展根据地建设。

1936年春,红二十八军将岳西境内后河山便衣七分队调到宿松,由戴普能任队长,曹俊梧任指导员,称为"宿松陈汉沟第七便衣分队"，隶属皖西特委。陈汉沟第七便衣分队活动于以湖北黄梅塔儿畈、安徽宿松陈汉沟为中心的地区。1936年2月，"抗日救国军"在蕲春改编为"第六路游击师"，朱育祺任师长，转战于蕲春、黄梅、宿松、太湖一带。1937年2月，六路游击师编入红二十八军八十二师。

四、红二十八军的大本营在鹞落坪设立

（一）鹞落坪游击根据地的开辟

1934年11月5日，红二十五军政委吴焕先、军长徐海东即将离开鄂豫皖苏区时，派遣一支30人的便衣队留在皖西，由夏云（又名夏应龙）任队长，汪少川任指导员，便衣队的任务是收容伤病员和掉队人员，侦察敌情，发展地方武装。1935年3月15日，夏云率便衣队20多人到金寨县熊家河见到高敬亭，并跟随高敬亭率领的二四四团二营和手枪团一分队，于3月22日在金寨县鸡冠石同国民党二十五路军激战，毙伤敌300余人。鸡冠石战斗后，高敬亭率部转移到岳西境内的来榜河休整。高敬亭命令夏云带上便衣队十几个人到鹞落坪，恢复党的组织，开展武装斗争，建立红军立足点。

1935年5月初,高敬亭率领红二十八军主力转战包家河时,即看好鹞落坪这一处于两省三县的结合部,高山环抱,进可攻退可守,适合游击战的特殊环境,产生了在此建立红二十八军游击根据地的想法。当时,国民党十一路军六十四师三八四团2个营跟踪而来,高敬亭即指挥红军在鹞落坪西边的金岗岭伏击尾追之敌。此次战斗取得胜利,红二十八军以伤亡30余人和损失步枪7支的代价,击溃了敌一个营,缴获子弹数千发、步枪数十条,为红二十八军挺进鹞落坪打响了第一枪。

金岗岭战斗后,红二十八军向境内黄柏山(和平乡与包家乡交界)转移。高敬亭在黄柏山召开营以上干部会议,总结战斗经验,决定从红二十八军中抽调王子清、董升平等20多名优秀指战员,组成一支便衣队,负责开辟鹞落坪根据地。随后,在鹞落坪建立了便衣二分队,归皖西特委直接领导,王子清任队长。

1935年6月,根据高敬亭的指示,中共皖西特委机关从枯井园迁到鹞落坪,特委机关设在鹞落坪门坎岭的沈家老屋,书记徐成基常住门坎岭,主持皖西根据地全面工作,特委秘书罗志达(金寨县人)及其夫人方立明(女)留守皖西特委负责日常工作,并直接领导鹞落坪便衣二分队。便衣二分队以鹞落坪为中心,活动于英山境内桃花冲和岳西境内包家河、青天畈、烧鸡窝(主簿镇境内)一带。

1935年7月,便衣二分队在鹞落坪建立了农民小组和妇女小组,负责为红军办给养、送情报、养护伤员、监视土豪劣绅。同时出资开办了红军山洞被服厂,专门为红军制作衣服、布鞋和军帽。此外还建立了小型修械厂。鹞落坪成为红二十八军坚强可靠的中心游击根据地。

(二)红二十八军的大本营在鹞落坪设立

鹞落坪是一块动植物聚集地,飞禽走兽出没,奇花异木遍布。传说古时有只雄性鹞鸟从大别山多枝尖北面飞到西面的一块坪地上栖居,吞噬害虫,保护庄稼。有一年秋季,鹞鸟飞到坪地西北角山上觅食时,被一只豺狼捕获,经过搏斗,鹞鸟的尾巴被豺狼咬断了,在勉强飞到一棵树上后,随即掉到地上摔死了。当地老农夫非常思念鹞鸟,时隔不久,此坪地西北面高山上长出了一块大石头,其形如鹞身,颜如鹞色,因此这块坪地被称为"鹞落坪"。

1935年8月21日,红二十八军在敌九十五旅的尾追下,由霍山向鹞落坪游击。高敬亭在游击途中突发疾病,被鹞落坪地下党组织负责人聂在忠背回聂家老屋,由几个警卫战士护卫。在养病期间,高敬亭看中鹞落坪这块群众基础好的地方,产生了在此建立红二十八军的大本营、皖西游击根据地中心的想法。有一天,高敬亭把红军扎根鹞落坪的想法告诉了聂在忠,得到了聂在忠的大力支持。聂在忠向他提出一条建议——"鹞鹰不打巢下食",即要想立足鹞落坪,就不要在这里及其周围乱打乱杀,以免孤立自己,高敬亭接受了聂在忠的意见。1935年8月,军政委高敬亭正式将红二十八军的大本营(即军部)设在鹞落坪,但是没有成立红

▲ 20世纪30年代红二十八军的大本营鹞落坪（岳西县包家乡）

二十八军司令部，对外称"红二十八军政治部"。军部和政治部合二为一，政治部下设组织科、宣传科、民运科，并设有党委和少共团委。

红二十八军后方机关进驻鹞落坪受到当地群众欢迎，他们为红军提供各种支持和服务。当时，鹞落坪及其周围地区只有17个村庄、30多户、200多人口，其中便衣队员、交通员、采购员、情报员占60多人。整个鹞落坪参加便衣队的有50人，担任山林医院护理人员的有30多人，男女老少100多人为红军服务。军部遵照高敬亭的指示，按月给为红军服务的群众发放粮款。鹞落坪群众以各种方式为红军筹集粮食、物资和子弹，保障军需。鹞落坪根据地成为红二十八军可靠的大后方。

为了保护鹞落坪根据地，红二十八军主力转战鄂东北、豫南边区，把敌人从鹞落坪引开。高敬亭又指示潜山战斗营活动于舒城、霍山、潜山、太湖四县山区,打击土顽和小股国民党军队。1935年9月至1937年7月,红二十八军以营为单位分散行动,转战鄂豫皖边区,各营大约每月集合一次,到鹞落坪与高敬亭会合。高敬亭以鹞落坪为鄂豫皖边区游击根据地中心,指挥红二十八军、地方游击队和各地便衣队坚持游击战争。

第五章

红二十八军在岳西的游击斗争

自从红二十八军重建以后,国民党军队就一直没有停止过对红军的军事"清剿"。1935年3月至9月,为了摆脱敌人的"清剿",红二十八军主力有时分散、有时集中,时而北上时而南下,主要在金寨、英山和舒城、霍山、潜山、太湖四县边界地区(即岳西境内)开展游击斗争。红二十八军主力与敌军在岳西境内发生过多次战斗。由于军事"清剿"消灭不了红军,于是国民党政府新设置岳西县,企图以军事"清剿"和行政治理并举的手段来解决"剿共"问题。1936年1月以后,红二十八军主力转入外线作战,留在境内的主要是便衣队和地方游击队,他们扎根于群众之中,打击敌人,支援主力红军,保卫根据地。岳西根据地人民积极支援红军,送情报、抬担架、缝军衣、做军鞋、安置伤病员,在三年游击战争中发挥了重大作用。

一、红二十八军在境内的游击战斗

（一）界岭战斗，歼灭敌人一个营

1935年2月16日，潜山白果树会议后，军政委高敬亭率红二十八军主力向西转移，经境内的香炉冲、包家河和霍山的深沟铺，于2月21日到达黄毛山（霍山县漫水河镇境内）。高敬亭在黄毛山召开干部会议，决定部队分散行动。此后，在50余天的时间里，红二十八军主力经历了一次北上又南返的过程。军政委高敬亭和师政委方永乐先后率部北上，进入原赤城、赤南苏区（金寨）境内，试图在老苏区坚持游击斗争。但由于老苏区已被敌人占领，难以长期立足，红二十八军又先后南下，返回了舒城、霍山、潜山、太湖边界地区。

1935年3月19日，高敬亭率二四四团二营和手枪团一分队到达金寨，进入原赤城苏区。3月22日，在鸡冠石和赤城县委书记石裕田率领的二路游击师会合。由于遭到国民党独立五旅六一三团阻击，3月25日，又由金寨向南转移，至英山境内雷家店、陶家河，再经岳西境内的来榜河、沙村河，于4月6日到达太湖县李杜店。

黄毛山分散行动后,方永乐率一营、特务营和手枪团两个分队由黄毛山南下,转战霍山、英山、潜山。1935年3月2日,在路过英霍古道时,遭到国民党九十四旅一八八团跟踪追击,一九一旅在前面拦截,方永乐部兵分两路突破了敌人的堵截。八十二师政治部主任熊大海在霍山深沟铺战斗中牺牲。以后的半个月中,方永乐部在岳西境内的冶溪河、河图铺、上五河、分水岭、总铺河一带活动。

1935年3月16日,方永乐率部北上,进入原赤南苏区后,因没有找到高敬亭,在金寨、商城、麻城三县边界活动数日后,又绕过敌人碉堡封锁线,返回霍山、潜山交界地区。

1935年3月29日,方永乐率领红二十八军一营、特务营和手枪团二、三分队400余人自九河一带进入石门山(岳西县和平乡境内),爬上来榜河东北面500米高的山峰,中午到达界岭(青天乡境内)。到达界岭后,就地休息吃午饭。但就在此时,国民党十一路军六十四师一九二旅团长朱瓒率三八四团追了过来,其前卫营已经到了大路排。方永乐当机立断,决定以最快的速度吃掉敌前卫营。为了吸引敌人上钩,故意把勤杂人员和少量部队暴露给敌人,佯装撤走,而将主力埋伏在树林深处。果然,敌前卫营发现红军部队转移,立即追赶过来。当敌人进入了伏击圈,红军突然向敌人开火,敌群中顿时浓烟滚滚,爆炸声、惨叫声响成一片。战斗中,师政委方永乐指挥在界岭制高点以大柳树作掩护架起2挺机枪,以猛烈的火力阻敌前进。同时部队迅速抢占界岭与青天畈

之间的长安岭,与敌短兵相接,进行肉搏战。战斗天黑时结束,共歼敌1个营100多人,俘敌50余人,缴获步枪80多支、轻机枪两挺。战斗结束后,部队旋即安全转移到石门山休整,方永乐率部转向潜山,于4月6日到达太湖县李杜店,与高敬亭会合。此时,由三营改组的六、七路游击师也来到李杜店。

红二十八军各部在李杜店会合后,高敬亭对部队进行了整编。六、七路游击师恢复三营番号,二路游击师编入三营,任命二路游击师师长徐德先为二四四团副团长,吴先元为八十二师经理部(即后勤部)主任。

(二)桃岭伏击战,粉碎敌人的"三个月清剿"计划

1935年4月12日,李杜店整编后,红二十八军决定先奔袭驻敌较少的宿松县城,再转至黄梅、宿松、蕲春三县交界的罗汉尖地区建立游击根据地。当部队行至离宿松县城不远的二郎河时,发现敌人在宿松县城增加了一个主力团,并与敌三十二师九十五旅一九〇团遭遇。高敬亭当即决定放弃攻城计划,摆脱敌人后,向西南方向转移。4月14日拂晓,部队到达蕲春县毛家嘴休息,准备转移时,遭尾追之敌九十六旅一九二团和太湖县保安团袭击。由于对敌情不了解,加之部队准备不足,形势十分被动,尽管奋勇拼杀,突出重围,但伤亡70余人,丢失轻机枪一挺。

毛家嘴战斗的当天,红二十八军主力在毛家嘴东南的红花尖会合。因特务营没有及时回援,军政委高敬亭改任林维先为特务

营营长,并改变了去罗汉尖的计划,决定重返舒城、霍山、潜山、太湖边区。部队经蕲春张家榜、宿松两河口、太湖寺前河等地,于19日晚到达潜山县汤池畈(现属岳西县温泉镇)。

1935年4月19日晚上,红二十八军在汤池畈附近的树林里召开大会,参加大会的有军政干部和党团员积极分子共500余人。会议总结了红二十八军重建三个月以来党的工作,部署今后的任务。高敬亭作了关于当前形势和今后任务的政治报告,报告多半是对敌我斗争形势的分析,教育和鼓励指战员坚持斗争的正确方向。本来计划第二天上午继续进行讨论,但是当晚零点左右,敌人二十五路军来袭。会议虽然没有圆满结束,但是基本达到了统一认识、明确任务的效果。

经过一阵激战后,红二十八军兵分两路安全转移出了汤池畈。4月20日中午,红二十八军越过来榜河,顺着古皖道,于当天下午登上汤池畈东北面的桃岭(岳西县温泉镇桃岭村)。桃岭山高坡陡,地势险峻,易守难攻,从山上往下看,汤池大河在山下蜿蜒流过,河的一侧是一片田畈。4月20日下午2时许,红二十八军登上桃岭头时,尾追之敌九十五旅一九〇团还未过汤池大河,正累得七零八落地散在河对岸。军政委高敬亭见桃岭地形有利,便决定在此伏击敌人。于是召开营以上干部队会议,分析敌情,研究打法,决定由特务营坚守桃岭坳口及其两侧,诱敌上山并加以阻击;手枪团及二四四团一、二营由师政委方永乐率领,隐藏在伏龙寨南侧山凹部,待机从侧后方出击,断敌退路;三营为预备队,配置在桃岭西南侧;军指挥所设在伏龙寨南侧。自毛家嘴战斗失利后,红二十八军全体指战员都憋了一口气,求战心切,士气高昂。战斗任务明确后,大家不顾疲劳,立即投入战前准备。由于守住山坳口是成功歼敌的关键,特务营到达坳口后做了具体部署,以一连在山坳口下侧展开,紧守坳口,二连一个排占领坳口东侧高地,两个排隐蔽在高地后侧,三连为营预备队,在坳口后侧隐蔽待命。尔后,各连迅速到达指定位置,抓紧时间抢修工事,部署火力,并派出观察哨,监视敌人行动。

4月20日下午4时半左右,敌九十五旅一九〇团进入红二十八军伏击阵地。当敌一、二营先头部队进到坳口南侧红二十八军特务营一连前沿阵地时,一连即居高临下突然开火,将其压制在山坡上。敌军以为是红军小部队在此阻击,又连续发起两次攻势,均被击退。敌后续部队到达后即加入战斗,分三路向桃岭山坳口和东西两侧制高点发动猛烈进攻。红二十八军特务营预备队三连和二连的两个排遂投入战斗,坚守阵地。在特务营阻击敌人将近2个小时后,军政委高敬亭见敌军大部已被引入我伏击阵地,时机已到,即命令司号员吹响冲锋号。师政委方永乐立即率领主力部队迅速出击,从侧后方将敌前面的两个营和后续的一个营拦腰斩断。特务营各连亦乘机出击,同敌人短兵相接。在红二十八军前后夹击之下,敌先头两个营被全歼,后续一个营被击溃,毙敌营长乜士信,击伤敌营长苏桂攀,毙伤敌连级军官12名,并缴获了一批枪支弹药。红二十八军也有一些伤亡,其中手枪团团长徐贤才在战斗中牺牲。当敌九十六旅一九二团闻讯赶到桃岭时,红二十八军已撤出战斗,经伏龙寨向马家畈转移了。

桃岭战斗歼敌两个营的重大胜利,使蒋介石于1935年1月8日部署的"三个月内消灭鄂豫皖边区红军"的计划落空,补充和改善了红二十八军的武器装备,增强了红二十八军的战斗力,有效地打击了敌人的气焰,极大地提高了红军的士气。

(三)黄尾河会议,红二十八军西进东返

桃岭战斗的胜利,震惊了国民党反动当局。1935年4月24日,蒋介石下令豫鄂皖"剿总":重新部署"两个月清剿",采取分片负责的划区"驻剿"和竭泽而渔的"追剿""堵剿"手段,"限6月终完全肃清",否则以"纵匪论罪,以重军令"。在国民党军新的攻势下,红二十八军辗转作战,于1936年5月7日到达岳西境内黄尾河,与中共皖西特委领导的红二四六团会合。

红二十五军长征之后,刚重建的红二十八军孤军奋战在大别山区,物资匮乏,兵源稀缺,伤病员医治困难,处境异常艰难。高敬亭于5月7日在黄尾河莲花地主持召开会议。会议肯定了皖西特委和红二四六团创建舒霍潜游击根据地、组建游击队和便衣队的成绩,同时肯定了红二十八军前期转战皖西的成绩和战果。接着,重点分析了敌人重点"清剿"皖西的严峻形势。会议作出两项决定:一是由高敬亭率红二十八军主力离开鄂豫皖边区,西进桐柏山,向陕南挺进,寻找红二十五军。二是决定皖西特委和红

二四六团留在舒霍潜边游击根据地,并以此为依托,向西南发展,进驻鹞落坪,用全部力量发展便衣队组织,扩大游击根据地。会后,高敬亭率红二十八军向鄂东行动,西征桐柏山,开始了小"长征"。

实际上,红二十五军因为没有无线电台,自从离开鄂豫皖苏区后即与党中央失去了联系,直至1935年7月15日才获悉中央红军和红四方面军在四川懋功会师和准备北上的消息。当红二十八军西进寻找红二十五军的时候,红二十五军已沿陕甘边界北进,目标是与陕北红军会合。

1935年5月28日,红二十八军抵达河南省泌阳县东南五道岭时,遭到张学良"东北军"五个师堵截,而背后又有国民党二十五路军独立第五旅的追击,如果按照原来的路线西进陕南,已经是不可能了,于是决定杀回大别山,继续坚持鄂豫皖边区的游击战争。5月28日,高敬亭率红二十八军开始从五道岭东返,6月底重返大别山。红二十八军西进桐柏山、东返大别山的军事行动,历时约2个月,行程700余公里,进行了一次"未完成的长征",虽然没有达到北上陕南寻找红二十五军、联系上级的目的,但是,"小长征"打乱了敌人的"两个月清剿"部署,并在回师途中取得桃花山、王园、段水山三战三捷,共歼敌五个营两个连,使国民党独立第五旅旅长郑廷珍因指挥不力被撤职。

(四)店前河会议,制订游击战争的战略战术

1935年5月27日,赤南县委书记陈振松率第一路游击师从赤南根据地转战到潜(山)太(湖)边区,到达岳西境内的上河南与四路游击师会合。6月8日,赤城县委书记石裕田率第二路游击师200余人游击到岳西境内,在黄尾河与敌九十五旅一八九团遭遇后,向潜太边境地区转移,活动于小河南。7月初,一、二路游击师在店前河编入红二十八军。

1935年6月上旬,红二十八军皖潜独立营和一路、四路游击师合攻腾云庙(莲云乡境内)国民党驻军。在激烈战斗中,一路游击师政委林承祥①身负重伤。皖潜独立营将林承祥抬到沙村横山冯冲屋抢救,林承祥因流血过多而牺牲。

1935年7月1日,红二十八军抵达店前河,与中共皖西特委、红二四六团、一路游击师以及中共赤城县委书记石裕田率领的二路游击师(原商北大队)会合。

▶ 店前河会议旧址

---

① 林承祥(1910—1935),安徽金寨人。

1935年7月2日,高敬亭召集红二十八军、皖西特委、二四六团及一、二、四路游击师的营以上干部,在店前河老街火神庙召开会议,史称"店前河会议"。军政委高敬亭和八十二师政委方永乐等总结两个月来的反"清剿"斗争经验,创造性地提出"敌情不明不打,伤亡过大不打,地形不利不打,缴获不多不打,反之则打"的"四不打""四打"作战原则,明确了"拖垮二十五路军,相机打十一路军和东北军,向保安团要补给"的方针,提出以游击战为主,辅以必要的伏击战,不仅在根据地内打仗,而且能到根据地外围的游击区、敌占区去打仗,每战集中比较优势的兵力,利用有利地形,或击其头,或断其尾,采取突然迅猛的手段,穿插分割围歼敌人等战略战术。

会议认为,在皖西坚持斗争的二四六团在特委领导下,充分发动群众,扩大武装力量,创建并发展了游击根据地,工作很有成就。为加强主力,会议决定,从二四六团抽调2个连,从手枪队抽调2个班,分别补入一、三营和手枪团,将一路、二路游击师编入红二十八军。会议任命石裕田为八十二师政治部主任。店前河会议总结了鄂豫皖边区游击战争的实践经验,集中全体智慧,提出了一整套游击战争的战略战术,解决了鄂豫皖边区游击战争中遇到的一些难题,丰富了红军的军事理论。店前河会议以后,红二十八军以皖西游击根据地为依托,广泛开展游击战争。1935年7月7日,红二十八军在姚河歼灭国民党安徽省保安团一个营,俘敌100余人。7月12日,红二十八军途经莲塘冲时,在砾屋庙吊棺畈伏击国民党十一路军东北范支队(由敌一二〇师六五六团编成)的一个运输队,俘虏敌官兵60余人,缴获轻机枪2挺,六轮手枪2支,步枪48支以及其他军用物资,红二十八军牺牲了一名连长。

(五)冶溪河战斗,巧歼敌别动队

1935年7月15日,红二十八军进至岳西境内冶溪河东南的刘龙湾,准备在天黑前越过碉堡封锁线。这时侦察员向军政委报告:敌九十六旅昨天晚上进驻冶溪河。军政委决定从南面绕过冶溪河,命令手枪团二分队迅速占领东面山头,监视冶溪河的敌人动向,掩护主力向南转移,命令手枪团一、三分队担任前卫,顺着南面山坡而下。手枪团一分队发现山脚下小村庄里驻有敌三十二师别动队。为了不惊动敌人,手枪团一、三分队采取乔装战术,化装成敌九十六旅部队,由团长余雄带领,来到了山脚下的小村庄。敌人见红军战士们的着装与他们基本一样,并没有产生怀疑。手枪团战士们将枪口突然对准敌人,敌人没来得及反应过来即被缴枪。冶溪河战斗俘虏敌别动队130余人,缴获长短枪80余支,轻机枪2挺,红军顺利绕过冶溪河封锁线。

冶溪河战斗后,红二十八军向南转移。1935年8月13日,红二十八军进至金寨县燕子河地区,获悉国民党第六十五师第一九五旅第三九〇团一个营移驻太湖县花凉亭。于是,红二十八军长途奔袭花凉亭,突然袭击敌一九五旅三九〇团,毙敌伤敌200余人,俘敌100余人,获步枪200余支,轻机枪3挺,迫击炮1门,子弹1万余发。第二天拂晓,部队主动撤出战斗。

  1935年8月30日,红二十八军由沈家桥转战桐城县境内,歼灭桐城县保安大队270余人,随后又在桐城县纸棚全歼县常备队。接着,又巧扮国民党部队,于桐城青草塥将安徽保安团一个连全体缴械。8月31日,转战潜山、太湖县境内。1935年9月10日,红二十八军前卫手枪团进至境内店前河东南的寺前河附近,被驻防该处的国民党三十二师特务团七连一个排哨发现。手枪团一分队将其包围。该哨排长魏良臣率两个班向手枪团射击,该连副连长马鸣勋也率巡查兵一个班赶到,双方激战一个小时后,又展开肉搏战。在红军猛烈的攻击下,敌军全部被歼灭,毙敌副连长以下官兵30余人,缴获机枪2挺,手枪10支,步枪25支,大刀9把。当敌三十二师九十六旅赶到时,红二十八军即向焦家山(岳西县店前镇前河村)转移。

(六)妙道山战斗,掩护军政委安全脱险

  1935年9月13日,高敬亭率领红二十八军由枫树坳(店前镇境内)进抵妙道山(五河镇境内)时,遭到国民党三十二师九十五旅的追击,被压迫在陡峻的山岭上。高敬亭因患病坐担架行军,为了防止敌人活捉高敬亭,八十二师政委方永乐命令二四四团二营担任前卫,阻击敌人,掩护主力部队翻越山顶。在攀登途中,已听得清敌人的人喊马嘶。营长林维先率领二营一次次打退敌人的冲锋,最后双方在山岭展开肉搏战,这时,林维先营长和六连副

连长邓少东率领一个排咬住敌人,命令另外两个排火速转移。拼杀中,林维先率领20余名战士迅速撤退到另一个山头上,但敌军人数不断增多,紧追不舍。林维先见主力已经安全转移,决定退出阵地,但已被敌人逼至山崖边上。悬崖有三四丈高,崖下杂草丛生,这时,唯一的出路是跳崖。敌人渐渐逼近了,战士们甩出最后一排手榴弹,随着浓烟在敌群中腾起,战士们发出了石破天惊的怒吼声,一个个地从悬崖上跳了下去。结果,林维先和20余人幸免于难,有4名战士壮烈牺牲。当天晚上,林维先将失散的战士们收拢集合,在茅山找到了主力部队,军政委高敬亭、师政委方永乐喜出望外,都称赞他们是英勇顽强的战士。

(七)茅山会议,决定部队分散活动

1935年9月13日,妙道山战斗的当天晚上,高敬亭抱病在茅山(岳西县五河镇境内)召开会议。鉴于英山、太湖、潜山、霍山四县边区,敌人都筑有碉堡封锁线并实施重点"清剿",造成部队集中行动十分困难,加之军政委高敬亭患病,需要休养治疗,会议决定部队分散行动,留下红二四四团第二营掩护高敬亭养病,并在罗田、英山、潜山一带打游击,红二十八军主力则由八十二师政委方永乐率领,到潜山、霍山、六安、舒城一带活动。

茅山会议及随后的三角山会议和柴家山会议,逐步丰富了红二十八军的作战策略和战术,如"主力红军与便衣队结合,山区作战与平原作战结合,内线与外线结合""敌上山,我下山""化装偷

袭""杀回马枪"等等,使得红二十八军散得开、收得拢、打得赢、拖不垮,不断有效地打击敌人。

茅山会议后,高敬亭由二营护卫,转移到穿心庵高岩洞(岳西县五河镇河南村大塘组)养病。9月26日,敌独立五旅三团在五河镇境内小河南"清剿"时,营长林维先率领二营掩护高敬亭从小河南转移到田头乡宁家河。当晚,经纱帽尖向西南进至泥潭(田头乡泥潭村)。9月27日早晨,敌独立五旅六一三团抵达田头畈。军政委高敬亭知悉敌情后,命令二营在泥潭西南侧树林中隐蔽待敌。敌六一三团三营到泥潭东北纱帽尖搜山扑空,便折向泥潭西南约二里之山林内。这时林维先率领战士们向敌群连续投掷手榴弹,继而跃出树林,与敌人展开肉搏战。泥潭一仗,重创敌军一个连,生擒敌连长王万忠,缴获步枪22支,手枪1支。

1935年10月上旬,方永乐率主力在舒城境内与红二四六团会合,并进行了整编。整编后,第三营交由徐成基带领,缩编为两个连,改称"第五路游击师",在潜山、太湖一带活动,方永乐则率领最强的一营到岳西境内头陀河和包家河及霍山、英山、罗田、金寨一带打游击。

1935年12月9日,方永乐令红八十二师参谋长丁少卿率特务营和手枪团一个分队与高敬亭会合。方永乐率领二四四团一营和手枪团主力,进军浠水、黄梅。丁少卿与第五路游击师会合后,对跟踪而至的国民党第三十二师第一八九团第一营杀了一个回马枪,手枪团分队迂回敌人侧翼,突然开火,击毙敌一八九团团长,特务营从正面冲击,击退了增援的敌独立第五旅第六一五团5个连。经过一小时激战,共毙伤敌军300余人,缴枪200余支。12月底,丁少卿率部到达湖北省蕲春县三角山,与高敬亭会合。

二、国民党安徽省政府设置岳西县

(一)国民党对霍、舒、潜、太四县边区的重点"清剿"

1935年2月4日,国民党第十一路军、第二十五路军分别从霍山、英山、太湖三县进入岳西境内。4月24日,蒋介石电令豫鄂皖"剿匪"总指挥部:重新部署"两个月清剿"计划,将鄂豫皖边区划为三个防区,调集十一路军和二十五路军61个正规团,共计25万余人,紧紧盯住红二十八军,疯狂地进行"驻剿""追剿""堵剿"。霍、舒、潜、太四县属国民党第三防区,有敌二十五路军一部、一〇八师、六十四师大部,统归二十五路军总指挥梁冠英指挥。其兵力部署是:独立五旅、九十四旅及特务团二营为"追剿"部队;九十五旅、九十六旅、一九一旅、一九二旅和特务团三营为"驻剿"部队,九十五旅旅部驻皖鄂边界的陶家河,负责岳西境内金龟畈、大岗岭、鹞落坪一线;九十六旅旅部驻太湖县城,防守岳西境内店前河、小河南、菖蒲潭、沙村河、来榜河地区;一九一旅旅部驻岳西境内乐道冲(现属头陀镇),防守磨子潭、黄尾河、包家河、河口寺;一九二旅旅部驻岳西境内衙前镇,防范潜山官庄、岳西境内主簿原、沈家桥地区。

由此可见,豫鄂皖"剿总"将第三防区的"清剿"重点放在潜山、太湖、舒城、霍山四县,而四县边区(即岳西县境内)是敌人"清剿"重中之重。1935年9月,国民党二十五路军指挥部从英山县陶家河,先后移驻岳西境内店前河、宝藳河、衙前镇。

1935年5月20日,敌一九一旅旅长邢清忠在主簿原召开舒城县三、四区联保主任及保长共200余人参加的会议,会商"清剿"区域和办法。会后,各地驻军驱使当地百姓拆民房庙宇,日夜修筑碉堡封锁线,企图以此阻挠红军活动。所筑碉堡有:霍山磨子潭至岳西境内河口寺一线11座;岳西境内河口寺至横河21座;岳西境内横河至店前河7座。岳西境内以头陀河为中心的东西10公里、南北宽6公里的地区内就有碉堡14座,而以主簿原为中心的东西8公里、南北宽5公里的地区内却有碉寨19座。潜山、霍山、舒城、太湖四县共建碉堡1092座。1936年春,岳西县长韦孝儒曾赋诗道:"河带两条皖潜绕,城楼千座碉堡稠。"

为了阻止革命群众与红军的联系,国民党军又不断地实行"清乡"。1935年6月1日,国民党安徽省政府下令在境内衙前镇设立"皖西保安司令部办事处",负责办理舒城、霍山、潜山、太湖、桐城五县"清乡"事宜。"清乡"中逐村搜捕红军便衣队和伤病员,不少地方干部和人民群众在"窝匪""通匪""济匪"的罪名下惨遭杀害。

(二)岳西县因红色革命而设置

1935年4月,中共皖西特委和二四六团开辟了以主簿原枯井园、石关马家畈为中心的舒、霍、潜边区游击根据地,在象形地(石关乡境内)成立了舒、霍、潜边区苏维埃政府。与此同时,中共潜山县委和皖潜游击大队开辟了以沙村河(中关镇境内)为中心的潜山西北乡根据地。1935年6月,中共皖西特委由枯井园迁移到鹞落坪的门坎岭(包家乡境内),创建了以鹞落坪为中心的皖鄂边区游击根据地。1935年8月,红二十八军便衣第五分队开辟了以小河南(五河镇河南村)为中心的潜、太边区游击根据地。至此,舒、霍、潜、太四县边区(即岳西地区)游击根据地形成。

舒、霍、潜、太四县边区游击根据地形成后,革命活动频繁,渐成燎原之势,震动国民党当局。国民党南京政府十分恐慌,不得不将四县边区宣布为"赤色恐怖区",部署重点"清剿"。但是,国民党对四县边区采取的军事行动无法消灭红二十八军。1935年4月,桃岭战斗在鄂豫皖三年游击战争中第一次打破了国民党的"三个月清剿"部署;1935年5月,红二十八军西进桐柏山、重返大别山(返回舒、霍、潜、太四县边区)所进行的一次被称为700公里行程的"小长征",又一次打破了敌人的"两个月清剿"部署。于是,国民党当局决定采取"行政治理"与"军事清剿"的双重手段来打击红二十八军,镇压红色革命。在加强军事部署的同时,又加强了对该地区的行政治理。1935年5月下旬,国民党中央政府决定:"中央为彻底绥靖地方",将皖省"潜岳之西"即潜山天柱峰以西,设置为"岳西县","以办理善后",即彻底解决红二十八军的问题。1935年5月31日,国民党安徽省政府颁布"皖西清剿善后办法",指出:"查皖西立煌、六安、霍山边境,为赤匪过去盘踞区域,舒城、霍山、潜山、太湖交界等处为赤匪最近流窜之区。故特勘酌情形分别订定计划,现已分别切实施行,以期军事、政治兼施并进,早收彻底澄清之效。"6月1日,国民党十一路军总指挥兼安徽省政府主席刘镇华下令于衙前街设立"岳西县设治筹备处",筹设岳西县治。

1935年11月18日,国民党安徽省政府下文:"安徽省属之舒城、霍山、潜山、太湖四县边境与鄂省之属英山边境,界域从错,且属弯远,政令素所难及。因此,皖省主席刘镇华为规划整理,藉期复兴政治起见,特商同鄂省各村以及将各县错乱区域,另设新县治,定名为'岳西'。鄂省府即派省政府委员范照绩前往勘察,认为此种计划妥善。"于是,经过两个月的筹备,国民党安徽省政府划出皖西的舒城、霍山、潜山、太湖四县边境山区及湖北英山数十个村落,设置为岳西县。县域范围包括原舒城县的西乡、霍山县的南乡、潜山县的第六区和第七区(前北乡、后北乡)、太湖县的北后区和北中区的一部分。其中,省政府将潜山县第六区和第七区(前北乡和后北乡)计1000平方公里土地和10万人口划归岳西县。1936年1月1日,岳西县正式成立,县治设在衙前镇(即今天堂镇),下辖3区、19乡、21联保、177保、1795甲。总面积2315平方公里,总户数27364户,人口21.9万人。

岳西县诞生于红二十八军重建的第二年。国民党划四县边区设置岳西县,主要目的是"清剿"红二十八军,扑灭革命火种。所以,岳西县因国民党镇压红二十八军而设置。岳西县的建立包含着鲜明的"红色基因",是红色革命的产物。

岳西县成立后,蒋介石将梁冠英撤职,任命第十四军军长卫立煌为豫鄂皖边区"剿共"总指挥,调集了44个团,限于5个月内肃清红二十八军。1936年2月,国民党中央军事委员会于六安设立豫鄂皖边区主任公署,任命卫立煌为主任。卫立煌接受"督办"的任职以后,立即重新布置"清剿"事宜。具体做法是:在岳西县利用碉堡封锁线对红二十八军层层围困,进行"围剿";抽调精锐部队组成五个纵队,进行"追剿";所在防区内的部队伐木搜山,实行经济封锁,进行"驻剿"。针对卫立煌的部署,红二十八军避开敌军主力,跳出包围圈,到外线作战,以营为单位分散活动,缩小目标,寻机歼敌,于1936年12月打破了敌人的第三次"清剿"。

(三)三年游击战争时期的岳西党组织

1.潜山县委书记叶朗清[①]

1935年3月,刘正北调任皖潜游击大队指导员后,叶朗清接任中共潜山县委书记,县委委员有刘汝聪、刘寅宾、王云山、刘雨润、韩彦修、郭质彬,潜山县委隶属中共皖西特委。

---

① 叶朗清(1897—1935),出生于岳西县中关镇沙村李畈。

◀ 叶朗清

担任潜山县委书记后,叶朗清领导游击队、便衣队开展游击战争。1935年5月上旬,国民党第十一路军三八四团驻扎五河宕,团长朱瓒派一个连驻扎沙村,连长张国俊坐镇沙村"清剿"。5月下旬,三八四团在沙村昼夜搜山。当时,在燕子窑山林医院里住有20多名红军伤病员。5月25日,敌人上山搜捕,叶朗清在掩护伤病员撤离时被敌人抓住。敌人用镰刀,惨无人道地把叶朗清的头颅割下,悬挂在沙村北山九龙庙木梓树上示众。县委委员刘汝聪带领几名党员乘夜色抢回了叶朗清的头颅,掩埋好他的尸体。

2.首任岳西县委书记刘汝聪①

1935年5月下旬,潜山县委书记叶朗清被害后,刘汝聪宣誓接任潜山县委书记。县委委员有刘寅宾、王云山、吴国聘(潜北区

---

① 刘汝聪(1898—1936),出生于岳西县中关镇沙村。

▶ 刘汝聪

委书记)等。刘汝聪就职后,立即召开县委会议,决定以山林、山洞为掩护,打破敌人的"清剿"计划。同时决定增选汪镜天(衙前区委书记)、刘重阳、刘祥富三人为县委委员。

1935年12月30日,潜北区委书记吴国聘被国民党第十一路军三八六团拘捕,在被押送至舒城后叛变,并亲自带领国民党第十一路军特务大队到沙村抓捕红军。1936年1月1日,中共潜山县委改称中共岳西县委,刘汝聪任书记。1月22日,刘汝聪正在沙村窄岭背后山洞里主持召开县委会议,被特务大队堵在山洞内,刘汝聪等人被捕。敌人将刘汝聪和县委委员王云山、汪镜天、刘重阳、刘祥富共五人送到在五河的国民党第十一路军三八四团团部关押。

三八四团勒令刘汝聪等自首,并诱惑刘汝聪说:"只要供出共产党名单和交出红军,要官给官,要钱给钱。"刘汝聪对敌人的伎俩嗤之以鼻,始终对党的机密守口如瓶。敌人无可奈何,对他施以各种酷刑,企图使刘汝聪屈服,但得不到任何口供。1936年1月23日(农历腊月二十九),刘汝聪、王云山、汪镜天、刘重阳、刘祥富五人被敌人同时杀害于五河沙滩。临牺牲时,刘汝聪振臂高呼:"打倒国民党反动派!""中国共产党万岁!"

刘汝聪兄弟四人先后参加革命。二弟刘汝明于1929年11月参加沙村游击队,1930年2月参加请水寨暴动,并加入红三十四师,1934年11月在衙前的一次战斗中牺牲。三弟刘汝炽于1935年加入红二十八军,担任机枪班班长。新中国成立后任沙村乡人民政府首任乡长,于1985年病逝。小弟刘保炉于1936年任红二十八军特务营秘书,1937年任新四军第四支队七团一营二连排长,1941年任新四军二师四旅十团保卫股长,1945年任二纵四师政治部科长,1946年2月在山东枣庄战斗中壮烈牺牲。刘汝聪四兄弟齐参军的事迹,被誉为"一门四红,三名忠烈"。

3. 刘寅宾①接任岳西县委书记

1936年1月,刘汝聪被国民党三八四团杀害后,刘寅宾接任岳西县委书记,刘荣钦、赵竹松、韩斌、刘智为县委委员。

1936年7月,刘寅宾带领沙村游击队攻打来榜三河坪民团,返回沙村途中,被敌人埋在地下的炸弹炸伤了大腿。他率领游击队到五河配合潜山战斗营攻打三八四团团部时,被碉堡守敌埋在地下的炸弹再次炸伤,由战士们搀扶着行走,战斗未打响即退回。

---

① 刘寅宾(1903—1936),出生于岳西县中关镇沙村横山。

他先后两次大腿负重伤致残,被群众称为"大跛子县委书记"。当时红二十八军内部进行"肃反",有个外号叫"熊傻子"(熊桐柏)的大队长带领四五十人来到沙村检查工作时,诬陷刘寅宾事先通敌,造成攻打敌团部失败,于1936年7月16日以"通敌罪"将刘寅宾逮捕关押,9月1日将他杀害于沙村北山头瓦屋。

刘寅宾被错杀引起了红军战士和游击队员的极大不满。红二十八军军部秘书储道政将此情况如实地向军政委高敬亭和皖鄂边区特委书记何耀榜报告。当高敬亭决定立即查清刘寅宾被杀一案真相时,熊傻子即携枪械带通讯员逃走,叛变投敌了。

4. 刘荣钦①接任岳西县委书记

1936年9月,刘寅宾被错杀后,刘荣钦接任中共岳西县委书记,赵竹松、韩斌、刘智为县委委员。

接任县委书记后,刘荣钦组织沙村各支便衣队为四县游击师筹粮,组织被服厂为红军缝制棉衣500多套,制作米袋、被条、背包、鞋袜共计1000余件;组织山林医院将红军伤员20多人治愈归队;动员100多名青年农民参加红二十八军。

1937年2月26日,国民党湖村乡联防队到沙村杨岭头搜捕时,从山洞中搜出负责救治红军伤病员的张姓医官,把张医官解送到沙村的马坳八斗畈碉堡里关押。刘荣钦得知后立即送信到马园,向红军便衣六分队队长黄荣清和潜山游击队副队长吴农新

---

① 刘荣钦(1902—1948),又名刘荣清,出生于岳西县中关镇秋千村(原上村杨口)。

报告了敌情。为了救出张医官,便衣队和游击队分兵两路向八斗畈进攻,围歼了湖村乡联防队。1937年5月,国民党发动对鄂豫皖边区的"秘密清剿",刘荣钦在沙村被捕,被以"政治犯"身份押送到衙前,关进了国民党岳西县监狱。刘荣钦入狱后,刘国鼐①负责中共岳西县委工作。

1937年7月,何耀榜代表红二十八军与国民党代表刘刚夫在岳西达成停战协议,协议中有"释放一切政治犯"条款,于是,刘国鼐代表中共岳西县委到县监狱,将刘荣钦保释出狱。

1938年11月,刘荣钦负责湖村乡抗战动员委员会全面工作。1939年4月,刘荣钦组建沙村农民抗敌协会、沙村妇女协会和抗日儿童团。同年,刘荣钦担任中共沙村特支委员。1947年3月,刘荣钦在菖蒲参加刘昌毅部队,编入胜利游击大队,储茂林任大队长,刘荣钦任指导员。6月14日,刘荣钦策动岳西简师、岳西县中的学生开展反对国民党抓壮丁斗争。

1947年7月上旬,刘荣钦在潜山五庙同中共潜太县委书记刘秀山取得了联系。他率胜利游击大队收缴了湖村乡公所20多支步枪和1支手枪,交给潜太县游击大队。7月中旬,在沙村茅屋岗组建了一支20余人的游击队,储国栋任队长,刘荣钦任指导员。刘荣钦当即率茅屋岗游击队到茅山,向刘秀山汇报。刘秀山发给步枪5支、子弹50发。7月下旬,刘荣钦、储国栋率领沙村茅屋岗

---

① 刘国鼐(1915—1938),岳西县中关镇沙村北山人。

 ▲ 刘雨润　　　　　　　　 ▲ 刘荣钦

游击队到汤池街,收缴了汤池商民自卫队队长刘越家中的步枪40支、子弹1200发。1947年9月,刘荣钦领导的沙村茅屋岗游击队在潜山五庙(潜太县委所在地)被改编入皖西支队第二大队(又称潜太县大队),随潜太县委活动于潜、岳、太三县交界地区。1947年9月,刘邓大军解放岳西后,刘荣钦调任五河区政府副区长。12月,国民党二十五师反攻岳西后,刘荣钦跟随县长李正乾于岳西南部的五河、沙村、菖蒲一带开展游击斗争。

1948年2月,国民党二十五师第二次反攻岳西时,刘荣钦被沙村还乡队逮捕关入衙前监狱,8月惨遭杀害。

5.少共潜山县委书记刘雨润

刘雨润(1913—1936),出生在沙村河北山的一个豪绅家庭。其父亲刘用其担任过国民党潜山县第六区区长、沙村联保主任。刘雨润幼年时入沙村私塾,1928年春,就读于刘中一创办的文蔚小学,1929年就读于池州第五职业学校。1930年,刚满16岁的

刘雨润担任沙村儿童团团长,参加了请水寨暴动。由刘中一介绍加入中国共产党,并担任中共沙村区委委员。1930年9月至1931年7月,在皖南的黟县,与韩斌、韩锦侯、储汉仪等共产党员一起进行革命活动。1932年在沙村开展抗租斗争。1933年9月,担任中共潜山县委委员。1933年10月,潜山县委召开会议,决定成立少共潜山县委,刘雨润任书记。1934年2月,刘雨润转移到皖南的黟县。8月,刘雨润和韩锦侯、韩斌等参与领导柯村暴动。柯村暴动以后,刘雨润和韩斌一起又从皖南回到沙村。他在沙村为红二十八军筹粮筹款,并在深山密林中搭草棚、挖地洞,安置红军伤病员。1935年7月,刘雨润担任少共潜、太、舒、霍四县特委书记。1936年1月12日,红二十八军四路游击师将一批伤病员交给刘雨润。刘雨润带领游击队把这些伤病员安置在沙村山林医院,给他们提供食物和药品。随后,在沙村刘氏集成堂召开游击队员会议,布置斗争任务。一个叛徒获悉后向三八四团告密。团长朱瓒亲自带领一个营到刘氏集成堂搜捕。因寡不敌众,刘雨润和游击队员被捕,送到五河团部审讯。1936年1月,刘雨润被敌三八四团活埋于湖北罗田。

(四)沙村河游击根据地的开辟

1. 高敬亭两次游击到沙村河

中共潜山县委建立后,一直活动于沙村河一带,领导游击队与敌人周旋。1935年2月下旬,中共潜山县委与中共皖西特委接上了组织关系。3月30日,军政委高敬亭率部转战岳西境内,从来榜河转战到沙村河,并与潜山县委和沙村游击队取得联系。当晚,高敬亭主持召开县委会议,会议通报了红二十八军重建、坚持鄂豫皖边区斗争的情况,分析了当前敌我斗争的形势。潜山县委书记刘正北汇报了县委成立后,沙村游击队袭击白军土匪、镇压恶霸劣绅的情况。高敬亭听了汇报后,对潜山县委开展革命斗争取得的成绩表示十分满意,指示潜山县委发动群众,配合主力,坚持游击斗争,建立根据地,并决定扩大沙村游击队。会后,高敬亭命令教练长张作汉和两名班长留在沙村河,协助潜山县委发展地方游击队。3月31日,组建了"皖潜游击大队"。

1935年7月12日夜晚,军政委高敬亭率红二十八军手枪团来到沙村河的横山。7月13日,高敬亭、方永乐、林维先在横山冯冲屋与中共潜山县委委员刘寅宾、四县游击师政委刘正北、少共英霍潜太四县特委书记刘雨润会面,听取他们关于潜山县委的工作和沙村革命斗争情况以及国民党三八四团"清剿"情况的汇报。高敬亭充分肯定了潜山县委领导游击队、便衣队进行游击斗争所取得的成绩,并指出团结和依靠广大人民群众,战胜敌人的"清剿",是当前和今后工作的主要任务,希望大家增强斗志、充满信心、克服困难。高敬亭语重心长地说:"沙村是红军的革命根据地,潜山县委领导沙村游击队、便衣队,坚持艰苦斗争,战胜了困难,捍卫了一块红色根据地。这些成绩的取得是非常不容易的,是非常了不起的。"最后,他鼓励潜山县委和游击队坚守沙村河根

据地,直到革命胜利。

听了高敬亭的一席话后,潜山县委和游击队领导人感到心里亮堂堂的。他们表示,决不辜负首长的关怀和希望,一定把县委和游击队的工作做好,誓死捍卫红色政权。方永乐、林维先就开展游击斗争的战略和战术问题作了具体指导。高敬亭当即从部队中调拨一批武器,交给游击队和便衣队。

2. 沙村河游击根据地的建立

皖潜游击大队成立后,活动于沙村河、来榜河、五河地区。同时,潜山县委所属便衣六分队先后在沙村河、来榜、黄花冲、五河建立了8支小便衣队。1935年4月,开辟了一块以潜山县委所在地沙村河为中心的潜山西北乡游击根据地,范围东到茅山,西接莲云,北到来榜河,南到菖蒲。

为了解决红军游击队的后勤问题,中共潜山县委建立了被服厂和修械所,在沙村河的横山大湾、燕子窑、寨湾建立了三所红军山林医院。潜山县委又成立沙村妇女委员会,下设六个服务小组,负责为红军养伤员,做军鞋,送情报,洗衣服,供茶饭。据统计,1935年3月至1937年7月,沙村河"红军洞"养护的伤病员多达100人以上。红军医院设在石洞中,环境冬暖夏凉,有人为此编了一首顺口溜:"高山密林是我们的房,山棚石洞是我们的床,野果累累是我们的粮;当地群众胜亲娘,栉风沐雨不怕苦,热水热饭暖心肠,养好伤口返战场,恩情似海记心上。"

三、中共皖鄂边区特委在鹞落坪建立

（一）中共皖鄂边区特委会在鹞落坪成立

1936年7月，林维先率领特务营插进豫东南，找到豫东南特委书记何耀榜，传达了鄂豫皖省委书记、红二十八军政委高敬亭的命令：调何耀榜到皖西北任道委书记、红八十二师师长兼政委，豫东南特委书记由光麻中心县委书记张家胜接替。

1936年8月，何耀榜随同特务营在商城县辛店与高敬亭会合。高敬亭准备召开干部会议，研究恢复皖西特委、解决部队的补充等问题。但是敌人不给红军喘息之机，敌二十五路军一个团、十一路军两个团向我军驻地围攻。高敬亭命令团长詹化雨带领的手枪团和营长杨克志率领的一营与敌人周旋，林维先率领特务营跟随高敬亭、何耀榜转移，约定一个月后各路部队到鹞落坪会合。

1936年9月，红二十八军手枪团、特务营转战到了预定的集合点鹞落坪。高敬亭在鹞落坪西南边的桃花冲主持召开鄂豫皖省委扩大会议。会议总结了红二十八军的游击战争经验，决定将"中共皖西特委"改称"中共皖鄂边区特委会"，下辖舒城、桐城、望江、潜山、太湖、岳西、宿松、霍山、英山、罗田、蕲春、黄梅、广济等

10余个县;任命何耀榜担任特委书记,鲁金瑞、徐文初为常委,徐文初、罗志达为特委秘书,罗志达留守特委机关,徐文初随特委行动;各工委、县委书记为特委委员,皖鄂边区特委机关设于鹞落坪。会议决定发展游击队、便衣队,以补充正规军,每个营到翌年秋天都要扩大一个团。

(二)中共皖鄂边特委第一次会议在小河南召开

1936年10月中旬,皖鄂边区十几个县的30多名代表化装来到了小河南(岳西县五河镇河南村境内)。中共皖鄂边特委书记何耀榜在小河南的蒋氏支祠(六行堂)主持召开干部会议,史称"小河南会议"。参加会议的代表有舒城、桐城、潜山、岳西、太湖、宿松、望江、霍山、英山、罗田、蕲春、黄安、广济等县委、工委的书记

▲ 蒋氏支祠六行堂

和30余个便衣队长。会上,何耀榜传达红二十八军桃花冲会议精神,宣布中共皖鄂边特委成立,并详细分析皖鄂边区的目前形势,布置了筹集粮款、建立根据地、扩大武装、成立中共岳(西)霍(山)工委、开展统战工作等任务。会议调整了从干部培养到对敌等一系列政策。此次会议是红二十八军三年游击战争时期的一次非常重要的会议,对于坚持皖鄂边区游击战争的最后胜利发挥了重要作用。

小河南会议后,何耀榜回到鹞落坪门坎岭特委机关,不久接到了高敬亭的指示信:令特务营回到皖鄂边区进行休息和补充,何耀榜着重处理皖鄂边的地方工作。根据高敬亭的指示信,皖鄂边区特委将潜山战斗营补充编入特务营,并且组建了潜太游击队。皖鄂边区特委恢复了失去联系的地方党组织,成立了中共岳西、霍山工委,何耀榜兼书记。接着,何耀榜在大岗岭的石壁沟召开岳、潜、太、英、霍各便衣队队长会议,讨论便衣队工作。特委通过便衣队和群众从敌占区买来布匹、雨伞、西药等军需物品。

1936年10月,国民党皖西保安司令部办事处主任王锡钧发布公告,在总铺河、鹞落坪大搞移民并村,强令鹞落坪、瓦砾裴、猫耳垅一带居民迁入包家河,道士坪、烂泥坳一带居民迁到青天畈,黄柏山、乌金冲一带居民迁至宝藁河。自公布之日起,一个月内搬迁完毕,如有违者,格杀勿论。中共皖鄂边区特委机关不得不从鹞落坪迁至大岗岭。各地便衣队领导群众开展"要饭吃、要种田"的反移民并村的斗争。10月中旬,高敬亭从国民党的报纸上

看到鹞落坪人民搬迁的消息后,特地从鄂东北赶回到鹞落坪,在瓦砾裴召开了群众大会,研究安置红军伤员和处理好移民善后等问题。为了让群众搬家后生活有着落,高敬亭叫罗志达背出一袋银元,亲自发给群众每人3块。11月,鹞落坪人民迁入包家河后,国民党任修林团开进了鹞落坪,放火将散落在鹞落坪17个村落的300多间房屋烧成灰烬。

四、红二十八军的战斗生活

三年游击战争是鄂豫皖根据地最困难、最艰险的斗争阶段。红军在与敌人周旋过程中,虽然每天都在山沟里或高山上,常常是一天吃一餐野菜加点米的稀饭,甚至两天吃一餐,但是战士们斗志昂扬,作战勇敢。为了克服困难,激励斗志,他们编出了一首反映战斗生活的顺口溜:"山林岩洞是我房,青枝绿叶是我床,野菜葛根是我粮,党是我的爹和娘,任凭白匪再"围剿",红军越打越坚强,一颗红心夺不去,头断流血不投降。"

(一)红二十八军具有吃苦耐劳的廉政风范

第一,在部队内部以救护伤病员为先。红二十八军最大的问题是伤病员的救护安置问题。无论战争环境多么险恶,只要前线伤员送来了,后方医院就积极接收抢救。红二十八军老战士林维先说:"在我们的部队,对伤病员非常爱惜和关注,不论战斗环境如何险恶,也不论是官是兵,都不准随意抛弃,这已成了不成文的规定。"[①]军政委高敬亭每次检查工作时,总要去看望伤病员,一些老战士负伤后,对于养伤地点,他都要亲自过问,亲自安排,还嘱咐看护长要精心调治,并派便衣队保护。1936年夏,有一次战斗结束后,高敬亭到一个山林医院视察时,语重心长地对医护人员说:"我们仅有1000多人了,而敌人是10余万正规军,还有三省的地方反动武装。我们红军指战员一个人要抵敌人几十个用。我们的战士牺牲一个就少一个,你们抢救活一个可就多一个,你们的工作太重要了!"[②]并且指示:"全心全意为伤病员服务。"[③]行军途中,他看到有战士生病,就跳下马来,把战士扶上马,自己走路,有时还抬着战士行军。有一次,在攻打恶霸圩子时缴获了两只燕窝,高敬亭自己舍不得吃,而是煨成汤,让伤病员喝。高敬亭指示便衣队,为了保证伤病员的安全,白天将伤病员背着、抬着到大山里隐蔽,天黑后再送到山下群众家里。

---

① 皖西革命斗争史编写组:《皖西革命回忆录》(第二次国内革命战争时期),合肥:黄山书社,1984年,第76、134页。

② 皖西革命斗争史编写组:《皖西革命回忆录》(第二次国内革命战争时期),合肥:黄山书社,1984年,第134页。

③ 皖西革命斗争史编写组:《皖西革命回忆录》(第二次国内革命战争时期),合肥:黄山书社,1984年,第134页。

第二,在部队生活中以关心战士为先。三年游击战争中,红二十八军领导人与战士们生活在一起,战斗在一起,同甘共苦。高敬亭的警卫员万海峰说:"身为红二十八军政委的高敬亭和普通战士一样,过着缺衣少食的艰难生活。"①高敬亭穿的衣服在长途跋涉中被荆棘刮得破损不堪,警卫员将他的衣服细针密线地缝补整齐。在断粮时节,警卫员就钻进深山密林里,采摘野果,挖掘野菜,煮熟后端给高敬亭。由于生活十分艰苦,高敬亭得了胃病、疟疾。因为长期疾病缠身,"部队特为高敬亭同志绑扎了一副担架,由同志们轮流抬着,跋山涉水,随军行走"。② 1935 年 9 月 13 日,红二十八军上妙道山时,高敬亭因病睡担架,部队在山路上行走的速度减慢,被敌人追上来了,高敬亭险些被敌人活捉。在此危急时刻,营长林维先率领战士们奋不顾身地阻击敌人,把敌人引开,最后纵身跳下悬崖,使部队安全翻越妙道山,保护了高敬亭的安全。

冬春季容易发生伤风,部队每到一个宿营地,军首长就设法让后勤人员弄些辣椒、生姜,熬成热汤给战士们喝。战士们编了一个顺口溜:"喝上一碗热辣汤,全身暖和又舒畅,无病喝了保身体,有病喝了当药方。"夏秋季容易流行痢疾,高敬亭总是提醒战

---

① 六安市新四军历史研究会:《纪念高敬亭将军》,内部资料,2004 年,第 286 页。

② 六安市新四军历史研究会:《纪念高敬亭将军》,内部资料,2004 年,第 286 页。

士们注意饮水卫生。1936年盛夏,部队在急行军、强行军途中,战士们走得又累又渴,看到路边一眼泉水,都跑过去牛饮起来。高敬亭上前制止,他说:"用凉水润润喉可以,但敞开肚子喝,是不行的,易得病。病了,因缺药没办法治疗。"后部队走到一个村庄烧开水止渴。

(二)红二十八军具有英勇顽强的革命风格

三年游击战争中,红二十八军指战员饱受饥饿、疲劳和疾病的折磨,他们不畏艰难,不怕牺牲,锻炼和形成了一种坚忍不拔、顽强拼搏的革命风格。红二十八军中相当一部人来自红四方面军和红二十五军,他们经历过许多战斗的锻炼和考验,继承和发扬了红军的优良战斗作风。战斗最能显示红二十八军的英勇与顽强。指战员们作战非常勇敢,进攻时迅速、勇猛,解决战斗干净利落;防御时,能顽强抗击敌人的进攻,并适时组织反击,大量杀伤敌人;转移时,行动敏捷,日夜行军,能吃大苦、耐大劳;化装进入敌人据点时,沉着机智,应付自如,随机应变能力强。这种优良的战斗作风是一种无形的巨大力量,指战员们凭借这种力量,利用大别山区层峦叠嶂、沟深林密的有利地形,辗转游击,保存和发展了革命力量。

军政委高敬亭担负起边区党政军的领导重任,他不顾身体有病,坚持三年游击战争的指挥,领导红二十八军在敌人的"清剿"中求生存、求发展,在鄂豫皖边区先后粉碎了敌人四次大"清剿",

◀ 方永乐

使得蒋介石三次撤换"剿匪"总指挥。

1935年2月,红二十八军刚成立,就在霍山县遭到国民党重兵围堵,红八十二师师长罗成云英勇牺牲,全军面临覆灭的险境。高敬亭果断地决定,以小部队阻击敌人,他亲自率领主力攀登白雪皑皑的大别山第一主峰白马尖,他鼓励战友们说:"翻过白马尖就是胜利。"经过一夜的攀爬,终于跳出了敌人的包围圈。

1935年4月,红二十八军在岳西县汤池畈东北侧的桃岭伏击敌人,高敬亭手执大刀亲自在阵地指挥,是役全歼敌两个营,击溃敌一个营,第一次打破了敌人的"清剿",使蒋介石在1935年1月8日部署的3个月内消灭鄂豫皖边区红二十八军的计划落空。

方永乐(1916—1936),安徽六安人。1935年2月,担任红二十八军八十二师政委,他骁勇善战,枪法高明,被战士们称为"小师政委""神枪手"。在几次危险的关头,他挽救了红二十八军,保

▶ 林维先

护了军政委。1935年5月,红二十八军西进桐柏山,前面有张学良东北军八个团的阻击,如果从桐柏山越过平原,就会与敌人遭遇,方永乐命令部队停止前进,并且力主返回大别山,才使红二十八军避免了全军覆灭的危险。1936年3月,红二十八军在太湖县柴家山召开会议,总结了师政委方永乐创造的分散在敌后活动的经验,决定以营为单位分散活动,加强便衣队的建设,深入敌后开展游击战。3月15日,方永乐率部在太湖县九田陈华冲,成功伏击敌二十五路军先遣队,方永乐亲自挥舞大刀杀敌。1936年5月14日,红二十八军在湖北护儿山被敌军包围,方永乐率领手枪团抢占护儿山雾露塘制高点,阻击敌人,掩护军政委高敬亭和主力突围,他亲自端着马步枪,冲锋杀敌,最后身负重伤,牺牲时年仅19岁。

林维先(1912—1985),安徽金寨人。1929年参加中国工农红军,1932年加入中国共产党。三年游击战争中,林维先身先士卒,出生入死,八次负伤。1934年因红二十五军内部"肃反",林维先被免除红八十二师师长职务,被罚到苦工队抬担架、当挑夫。1935年2月,红二十八军在岳西重建,他被任命为军部参谋。他在游击战争中屡立战功,先后被提拔为红二十八军二四四团营长、副团长。他几次为保护高敬亭而舍生忘死,奋不顾身。

(三)红二十八军具有自律严明的红军纪律

三年游击战争中,红二十八军战胜敌人的最重要因素不是武器,而是指战员自身的廉洁与律己,他们赢得了民心,赢得了人民群众的支持。在紧张的战斗生活中,红二十八军总结和形成了一套红军纪律和政策,全体指战员都严格遵守,这些纪律和政策统称为"红军纪律"。1935年2月3日,红二十八军在凉亭坳整编时,高敬亭就下令不许到老百姓家里过年,不准打扰老百姓。如今岳西县五河镇境内蒋氏祠堂的墙壁上,还保留着当年红军战士书写的红军纪律,如规定部队要服从命令听指挥,对友邻部队、游击队、便衣队等都要尊重,团结互助等,宿营、行军、打仗等都有严格的军政纪律。大家都能自觉地遵守这些规定,基本上没有发生过违抗命令、闹不团结、扯皮的现象。

红二十八军对待群众的纪律规定得很严格,如:不拿群众一针一线;损坏东西要赔偿;买卖东西要公平;大小便、洗澡要避开女人;不准调戏妇女,不许进妇女的房间;优待俘虏;一切缴获要归公;等等。指战员们自觉地遵守执行,真正做到了秋毫无犯。

1935年秋季，师政委方永乐率部经过潜太公路时，被敌人几个师的兵力包围。两边埋伏着敌军，背后是高山，前面是一片长满金黄色稻谷的田野，无路可退。方永乐毅然下令：部队从稻田里穿过去。虽然跳出了包围，但是，很多稻谷被战士们踩倒，方永乐边走边嘱咐：记住这个地方，记住这一片稻田，回头给老百姓赔偿，不能损害群众利益，不能违反红军纪律。不久，部队又经过这里，照价赔偿了这一片稻谷的损失，受到了当地群众的赞扬。群众说，国民党到我家里抢东西，共产党军队踏坏地里的庄稼还赔偿，共产党一定能胜利。

红二十八军吃了或借用了群众的东西，都一定付钱或归还，不乱拿群众的东西。部队每到一个地方宿营，采购柴、米、油、盐，都要分文不少地付钱，如遇老乡因害怕而逃跑了，就写上条子说明用了他多少东西，付给他多少钱，把钱放在所用过的东西原处；凡是借老乡的东西如门板、卧草、脚盆等用完后都要归还原处，如损坏要按价赔钱；临走前，要把水缸挑满，把房子、院子打扫干净。由于纪律严明，坚持维护群众利益，红二十八军深得群众拥护和支持。例如，群众见红军来了，就将粮食卖给红军，把锅拿出来给红军烧菜做饭，并为红军当向导，送情报，掩护伤员。例如，1935年冬，红二四四团六连副连长邓少东在湖北将军山作战负了重伤，没有随部队撤走，隐蔽在山上松树林里，饥饿、寒冷和伤痛交加，后被一位大娘及时发现，大娘送给他吃的、穿的和睡的，他得到了营救，最后找到了部队。

红二十八军重建后,最先在皖鄂边界的舒城、霍山、潜山、太湖、英山五县边区开辟了一块新的中心游击根据地,在红二十八军主力的掩护下,皖西特委领导地方游击队和便衣队又将皖鄂边区游击根据地由5个县扩大到鄂豫皖边区45个县。三年游击战争中,红二十八军以鹞落坪为大本营,以岳西游击根据地为中心,以不足2000人的兵力转战于鄂豫皖三省,拖住国民党正规军最多时达68个团约17万人,粉粹了国民党四次大"清剿",共计与敌军发生大小战斗243次,共歼敌18个营又15个连和大量小股民团,取得了辉煌的战绩。

红二十八军坚持游击战争,使鄂豫皖根据地的革命力量得以保存和发展,1930年6月形成的鄂豫皖革命根据地并没有因为红四方面军和红二十五军转移而丢失,建立了中国革命的一个战略支点。事实证明,红二十八军是一支打不散、拖不垮的红军部队。

五、岳西人民支援红二十八军

三年游击战争中,红二十八军转战于鄂豫皖三省边区各县,甚至越过平汉铁路,战斗在江汉平原上,也曾远离大别山腹地,逼近省城安庆,袭击过太湖县的徐桥、潜山县的黄泥镇、怀宁县的高河埠、桐城县的青草塥等城镇的敌军据点,还回师过赤城、赤南等老苏区,但是这些地区大都是红二十八军一战而过、打了就走的游击区域,红二十八军的立足点在岳西,红二十八军的大本营在岳西,正如红二十八军老战士、原武汉军区副司令员林维先所说的那样:"鄂豫皖边区的三年游击战争,岳西是重点,是中心,是大本营。"①据资料统计,三年游击战争中,岳西县共有500多名便衣队员补充到红二十八军中。

三年游击战争时期,红二十八军的给养来源除了缴获之外,主要靠便衣队筹集。岳西便衣队、农民小组为主力红军源源不断地提供物资。便衣一分队一次就给红军提供土布120匹,布鞋80双,银元1200块。三年中,鹞落坪农民小组提供粮食500多担,食盐30多担,军衣300多套,布鞋400余双。有的农民小组还在敌人控制区开设商店为红二十八军筹集物资,通过红军商店,红二十八军得到了大量的日用品和弹药。包家河"鼎新商店"在半年时间内,就为红军和便衣队采办了食盐30担,手电筒600把,胶鞋300双,子弹1000多发。凉亭乡农民查永安一家,三年中支援大米50斗,食盐30斤,猪油20斤。主簿镇南田村农民陈敬书一家先后为红军献大米2担,肥猪1头,银元262块。岳西人民自己节衣缩食,慷慨地支援红军,即使在移民并村期间,也身在移民点,心向着红军,寻找机会将食物和鞋袜送给红军。

---

① 中共岳西县委党史资料征集小组办公室:《岳西党史资料》(林维先同志谈岳西党史资料的收集整理),内部资料,1983年第1期,第3页。

三年游击战争中,岳西的党组织、便衣队、农民小组,利用山棚石洞,为红军养护伤病员。敌人封山时,群众事先给伤病员留足干粮;敌人搜山时,群众背着伤病员跟敌人捉迷藏。在人民群众的精心护理下,大部分红军伤病员得以康复,重返战场。

1936年1月,国民党二十五路军为割断人民与红军的联系,企图饿死、困死红军,逼迫鹞落坪人民搬家,搞无人区。在搬家时,鹞落坪人民把粮食、衣物埋藏起来,等待红军回来时取走。当敌人用枪逼着老百姓搬家时,老百姓互相安慰说:"只要红军安全,留得青山在,何愁没柴烧。"

宁可牺牲自己,决不牺牲红军一人。1935年10月的一天,国民党军到皖鄂边界"清剿"时,古坊乡毛垅组的徐大娘正坐在家门口缝补衣服,突然见到两名红军战士匆匆忙忙朝她家跑来,远处有一队人马在后面追。见此情景,徐大娘心里明白,两名红军战士正遭遇敌人追捕,处境十分危急。当两名战士跑到她的跟前时,她二话没说,立即放下手中的针线活,转身将两名红军指引到她家屋子后面,让他俩钻进窖藏红芋的洞里躲藏起来。然后,徐大娘回到家门口,继续做她的针线活。不一会儿,敌人就追到了,见红军战士没了踪影,便向徐大娘查问。徐大娘坚持说没看见,敌人随即对她的家进行了彻底的搜查,但一无所获。尽管如此,敌人仍怀疑徐大娘窝藏了红军。为了迫使她交出红军战士,敌人把她9岁的独生儿子抓走了,并声称:"三天内不交出红军,即杀你儿子示众。"面对敌人的威逼,徐大娘内心里进行着激烈的思想斗争，最后作出了艰难的抉择：宁可牺牲自己的儿子，也要保护红军战士。

徐大娘几天没有儿子的音讯，担心儿子经不住敌人严刑拷问，就借送饭为由，到牢房里探望。她语带双关地对儿子说："我徐家人世代善良，不该说的不说，不该做的不做。"最终，两名红军战士活了下来，而徐大娘的独生儿子却被敌人杀害了。闻此噩耗，两名红军战士抱住徐大娘泣不成声。徐大娘却强忍着悲痛，以沉缓的语气安慰着他俩："孩子，别哭，死一个，活两个，值得！"

1936年10月，鹞落坪农民聂长荣为了养护红军伤员，敌人三次烧了他家房屋，最后他只得住在石洞里。皖鄂边特委书记何耀榜派秘书罗志达去安慰他，他却豪迈地说："烧了瓦屋住茅屋，烧了茅屋住山棚，烧了山棚住山洞。"

1937年4月，国民党三十二师团长潘桃万、营长王善如亲自到凉亭乡金龟畈（河图镇金杨村）布置"清乡"。家住金龟畈的胡定发参加了红军便衣一分队，被敌人探知。因找不到胡定发，敌人将他家的猪牛鸡犬全部杀光，还把他的母亲余翠花捉去捆绑吊打，逼她找儿子回来"自新"。余大娘忠贞不屈，没有向敌人交出儿子，深夜逃到董家河投河自尽。这些事迹可歌可泣，感发人心。

第六章

岳西谈判和第二次国共合作

鄂豫皖边区三年游击战争时期正值中央红军长征时期。自1935年2月至1937年7月,红二十八军在鄂豫皖边区开展了四次反"清剿"。由于处在国民党17万大军的包围封锁中,红二十八军与党中央长期失去联系,在大别山区处于孤军奋战状态。

为了打通与党中央的联系,皖西特委通过皖西北特委向党中央转交红二十八军的报告,通过地下党组织寻求与党中央的联系,并且三次派交通员直接寻找党中央。长征结束后,红二十八军终于与党中央取得联系,并得到党中央的指示,与国民党进行停战谈判。

1937年7月22日,红二十八军的代表与国民党豫鄂皖边区督办公署及安徽省政府的代表在岳西成功地举行了鄂豫皖边区和平谈判,史称"岳西谈判"。岳西谈判自1937年7月15日至7月28日,经过蛇形岗接头、衙前会晤、青天谈判、九河签字,历时

13天,达成停止内战、联合抗日的谈判协议。

岳西谈判结束后,进入了第二次国共合作的新阶段。1938年4月,成立"岳西县民众总动员委员会",省民众总动员委员会所属抗日工作团第九团、第十一团、第十四团、第二十六团和第三十一团共100余人到岳西开展抗日救亡运动。在国共合作的有利政治环境中,岳西县党组织得到恢复和发展;随着抗日救亡运动高涨,岳西县建立了人民抗日武装力量,同时新四军七师和五师的游击部队进入岳西活动。1939年12月以后,国民党新桂系转向反共,县政府和各团体中的共产党员和抗日工作团撤离岳西。在反共摩擦与反摩擦的斗争中,岳西国共合作局面一直维持到抗日战争结束。

一、岳西谈判的背景和内容

(一)岳西谈判的历史背景

1. 第四次反"清剿"

三年游击战争中,红二十八军在战斗中不断减员,又陆续将地方游击武装补充进去。1934年12月,高敬亭将在霍山长山冲突围出来的一部分三路游击师战士编入红军主力部队。1935年

7月,一路游击师200余人和商(城)北大队(又称二路游击师)200余人也编入了红二十八军。1935年9月,四县游击师200余人再次编入红二十八军。这样,红二十八军共补充了800余人。

1936年1月以后,红二十八军二四六团(徐成基)、二四五团(梁从学)、特务营(林维先),以营为单位分散活动,并深入到敌后打游击。西安事变爆发后,蒋介石采取"北和南剿"的方针,对南方八省进行秘密"清剿"。到1937年上半年,由于战斗频繁,加上内部高级将领或牺牲或离去,红二十八军人数锐减。

1937年4月27日,国民党豫鄂皖边区主任公署改设"豫鄂皖边区督办公署"(设在金寨),任命卫立煌为督办,下设岳西、信阳、经扶3个办事处。1937年5月,国民党集中14个师2个旅(皖西6个师2个独立旅),以岳西为重点,部署豫鄂皖边区"三个月秘密清剿"。卫立煌采取"剿抚兼施""三分军事七分政治""军政并进"的政策,对重点"清剿"地区,一方面采取步步为营的碉堡"围剿"政策,另一方面实行移民并村、"五户连坐"和物资禁运。当时,红二十八军集合于鄂东北麻城县境内。高敬亭部署营长雷文学率领一营跳出敌人的包围圈,到平汉铁路以西打游击,牵制敌人。又派军部秘书胡继亭、营长林维先率领特务营和手枪团第三分队,到麻城、罗田、英山、潜山、太湖一带活动。高敬亭亲自率手枪团(团长詹化雨)一、二分队转战鄂东北,检查各地便衣队工作。红二十八军主力离开岳西后,鄂皖边特委书记何耀榜在大岗岭脚下的磨刀坪召开皖西各地便衣队队长会议,讨论反"清剿"的措施。参会者一致认为,在当时形势极为险恶的情况下,各地便衣队和游击队应避敌锋芒,转移外地,以保存革命力量。会后,各便衣队转移到霍山、潜山、太湖等县境内活动。

1937年6月9日,营长林维先率二四四团特务营(营政委漆德庆)和手枪团第三分队计400余人向湖北红安县天台山转移,准备与高敬亭会合,但在红安县瓜儿山遭国民党重兵合围,激战七昼夜,伤亡200余人,190余人冲出重围。在瓜儿山被打散后,潜山战斗营编入特务营第三连。7月5日,特务营与手枪团三个分队在黄冈县白羊山歼敌一个营,缴获步枪200余支。

1936年6月12日,按照高敬亭"到外线去游击"的指示,林维先率二四四团第一营(营长倪德寿,营副陈德茂),营政委吴绍先率新二营(由黄冈战斗二营改编)200余人,向平汉铁路以西活动。正当跨越铁路时,遭敌一〇二师截击。一营向西冲过了平汉铁路,但新二营被敌人阻隔,遂撤回到鄂东北一带。为了加强新二营领导力量,高敬亭命八十二师政治部主任石裕田、宣传员朱国栋跟随二营行动。

新二营返回鄂东北后,向东南方向转移,经罗山县,至孝感县菲菜崖时,遭敌一〇二师、一〇三师重重包围。二营损失惨重,只有30余人突了围,之后多次遭到敌十一路军的伏击。石裕田、朱国栋率领剩余部队,到了岳西境内鹞落坪,找到了高敬亭。

林维先率红二四四团一营冲过平汉路后,跳出了敌人包围圈。6月中旬一天,林维先精选40余人的小分队化装成"国民党

军队",深入到黄安、麻城一带,返回途中,遭遇敌人一个加强连。小分队一举将其击溃,俘获了一名蒋介石请来的美国"顾问"。他身上携带着蒋介石颁发的"特别通行证"。当小分队来到离罗田县滕家堡不远的碉堡下时,敌人的巡逻队已经来到他们面前。林维先掏出腰间的手枪一挥,骂道:"你们没见顾问先生吗?你们这个地方常有红二十八军活动,万一顾问先生有个什么不测,你我担当得起吗?"接着,他拿出美国顾问的那个"特别通行证",在巡逻队领队面前晃了晃。敌巡逻队领头的见对方的官衔比自己大,又有特别通行证,忙赔着笑说:"少校先生,实在对不起,贵军既有重任在身,就请上路吧!"就这样,小分队闯过了关隘滕家堡。一营终于脱离了险境,回到鹞落坪。

1937年6月下旬,高敬亭率领突围出来的手枪团二、三分队转战至光山县的鹭鸶湾,鄂豫皖最大的反动民团头子易本应闻报,即率两个保安中队直扑过来。高敬亭迅速指挥手枪团二分队抢占中金湾后山制高点,命令三分队从鹭鸶湾西头出击包抄易本应。经过一个小时的激战,红军击毙反动民团头子易本应及团匪100余人,缴长短枪120余支。接着,经麻城、黄冈、浠水、罗田、英山,向皖西转战,于7月13日到达岳西县鹞落坪。

1937年7月上旬,红二十八军主力返回岳西境内时,随行的有军部交通队一个班和担架班计数十人,主力部队只剩下一营、特务营、手枪团一、二分队(每个分队三四个班),共计500多人。

2. 打通红二十八军与党中央的联系

1935年2月,上海中央局派李德保来合肥西乡缺牙山,找到了中共皖西北特委,传达中央指示。中央交给皖西北特委的一项主要任务是:打通与鄂豫皖老苏区的联系,在可能条件下建立新苏区。1935年4月,中共皖西北特委派大队长孙仲德和政委张如屏率领游击大队,一路苦战,打进舒霍潜太游击根据地(岳西境内),在舒城和潜山交界的主簿原、黄柏园,找到了中共皖西特委书记徐成基及其领导的红二四六团,转达了党中央的指示。于是,红二十八军与皖西北特委及其游击大队取得了联系。

1935年5月14日,中共皖西特委书记徐成基向中共中央写了一份报告,汇报鄂豫皖苏区敌人兵力布置情况及红二十八军和地方武装情况,希望中央给苏区派军事、政治干部,对苏区军事、政治工作给予指导。6月上旬,徐成基派出红二四六团配合孙仲德率领的游击大队,从舒城打到合肥附近的白区,筹集军需,解决给养问题。同年6月,皖西北游击大队改编为皖西北独立游击师,并调出一个连补充到红二十八军二四六团。此后,师长孙仲德和政委张如屏三次率领皖西北独立游击师到大别山,在舒霍潜边区游击根据地进行军事训练,并且留下皖西北独立游击师一个连和手枪连,与红八十二师并肩作战。

1935年7月16日,高敬亭在舒城县的一个山沟里(现属岳西县主簿镇张盛沟)请人代笔给党中央写了一份报告。报告中汇报了红二十八军的组建和发展情况。但是,由于红二十八军在大别山区始终被敌人"追剿"、封锁，与外界处于隔离状态，对党中央情况不了解，红二十八军领导人三次写给党中央的报告有两次落款误写为"请转交上海中央局"。

1935年8月4日，中共皖西北特委向中共中央写了一份书面报告，内容包括三个部分：一是中共皖西特委书记徐成基5月14日的报告，二是红二十八军政委高敬亭7月16日的报告，三是中共皖西北特委的报告，介绍了皖西北革命形势、皖西北特委与鄂豫皖苏区的关系以及皖西北白区的军事斗争、组织和干部状况。当时，中央率领中央红军刚刚翻越四川省的大雪山，正在向西康、甘肃挺进，所以，皖西北特委没能与党中央联系上。

1936年3月，皖西特委书记徐成基在英山县被敌人杀害，皖西北特委与皖西特委之间的联系因此中断。直到1937年春，师长孙仲德化装经陕西到达延安，向党中央详细汇报了鄂豫皖苏区以及红二十八军的情况。

3.红二十八军的对外交通工作

为了打通苏区与外围的联系，1935年4月，舒霍潜边区苏维埃政府按照东南西北四条线，为红二十八军建立了四个秘密交通站，即上畈交通站，负责霍山一线；晾袈裟交通站，负责安庆一线；羊河交通站，负责桐城一线；七里冲交通站，负责舒城一线。秘密交通站负责为红二十八军收集情报，侦察敌情，传递消息，购买药品，建立与地下党组织的联络。各个交通站内部保持单线联系，联络暗号和接头时间、地点有着严格的规定。

红二十八军重建后，对外交通工作主要由中共潜山工委负责。1935年2月，潜山工委改属皖西特委。皖西工委通过各种途径寻找上级党组织，以获取上级指示和外线情报，在安庆、九江设有对外联络点。潜山工委书记吴云霞经常化装往来于潜山、安庆、九江与皖西特委之间，一面与江西中央根据地联系，一面将中央文件和上级指示传达给皖西特委（1936年9月改为皖鄂边特委）。

1936年11月，潜北游击大队编为皖鄂边特委领导下的便衣队第八分队，吴云霞任八分队指导员。便衣八分队在潜山、岳西交界的板舍、天堂、蛇形岗一带打游击，肩负着为红二十八军转送护养伤员，采购运送粮油、食盐、衣服等后勤任务。便衣八分队在毛尖山美女梳妆台设立缝纫组，为红军制作军衣。

1937年初，吴云霞通过潜山的交通员给皖鄂边特委送来一封信，信上说：为了团结抗日，西安事变和平解决，张学良、杨虎城释放了蒋介石。同时，派去九江的交通员反馈说：党中央从民族大义出发，准备与国民党谈判，共同抗日。1937年6月，为了进一步了解有关国共合作谈判的问题，特委书记何耀榜赶到后山（岳西县温泉镇境内），找到潜山工委书记吴云霞。吴云霞从口袋里取出三份文件交给何耀榜，这些文件和后来姜术堂带来的完全一样。1937年7月16日，潜山工委吴云霞、储道珩、吴浩怀三人转移至望家岭（温泉镇龙井村）一户人家里，遭尾追而来的国民党十一路军一个营的包围。吴云霞持枪与敌人交战，掩护战友突围。

他正要翻过屋后高坝时,不幸中弹倒下,三人被捕。敌人把吴云霞押往衙前炮楼,轮番拷打,但他严守党组织秘密,最后被活活打死。三人牺牲导致红二十八军与党中央联系的渠道中断。

4.红二十八军三次派交通员寻找党中央

长征胜利结束以后,1937年1月,党中央收到高敬亭领导的红二十八军坚持大别山斗争的消息,就从延安三次派出交通员到大别山寻找红二十八军。中央派遣的交通员虽然没有直接见到高敬亭,但与地方党组织接上了头。就这样,红二十八军与党中央一直处于失联状态。

1937年2月至6月,红二十八军领导人何耀榜三次从岳西派出交通员寻找党中央。当时,皖鄂边特委机关设在大岗岭(河图镇境内),与鹞落坪红军山林医院(包家乡境内)仅一山之隔。1937年2月11日(农历大年初一),何耀榜走到山林医院里给红军伤病员拜年,遇到了从国民党安徽省保安团投诚过来的姜术堂。原来,姜术堂是省保安团内的一名中共秘密党员,老家在河南,被抓壮丁来到国民党部队里,当上了省保安第三团少尉排长,第三团里有个共产党秘密支部,姜术堂是支部委员。1936年秋天,他率部经过潜山红军的封锁线时,不慎被路边的地雷炸伤,并被抬到鹞落坪山林医院里养伤。考虑到姜术堂曾在国民党军队内做过兵运工作,最适合跑交通,等到天黑后,何耀榜即派人把姜术堂找到大岗岭特委机关来,与之单独交谈。姜术堂答应为党做交通工作,表示坚决执行命令,立即出发。第二天姜术堂在寒冷的天气里,只身从大岗岭出发了,这是何耀榜第一次派姜术堂找党中央。

1937年2月25日,姜术堂从河南郑州回到了岳西县大岗岭特委机关,他向何耀榜汇报了在郑州老家打听到的情况,如红军已经改名为八路军,在西安有一个红军联络处等。姜术堂带来了河南的一份国民党报纸,上面有关于国共合作的文章。何耀榜听说了国共合作的事情,但得不到党中央的指示,还是不能确定今后的工作方针。最后,何耀榜代表特委写了一封介绍信,由姜术堂带去通过地下党的关系找红二十五军,以寻求党中央的指导。姜术堂带着信当晚就出发了,这是何耀榜第二次派姜术堂找党中央。

1937年6月的一天晚上,姜术堂回来了。一见到姜术堂,何耀榜就急切地询问:"你找到红二十五军没有?"姜术堂向何耀榜叙述了他见到红军领导人的经过:他带着特委的信到了西安,虽然没有找到红二十五军(已改编),但是在西安七贤庄1号找到了红军联络处,红军联络处党代表林伯渠接见了他。四天后,红军总政治部主任王稼祥召见了他,向他询问鄂豫皖边区的情况。姜术堂把他所知道的向王稼祥作了汇报。王稼祥给了他一些文件。姜术堂一边说着,一边从身上掏出两份文件来。这两份文件是中共中央《告全党同志书》和《关于抗日救亡运动新形势与民主共和国的决议》。姜术堂还带来了王稼祥的口信:叫何耀榜尽量设法和国民党谈判,最好找到高敬亭同志,共同组织和平谈判。在谈判中首先要停战,把部队散在外围;谈判时不能接受国民党的任何名义,谈判后要找群众基础好和交通方便的地方集合部队;一切有关的重大问题由中央最后决定。要认识到谈判是为了团结抗日,绝不是向敌人投降。王稼祥的口信最后交代说:"在可能的条件下,何耀榜最好派一个干部来,实在派不出干部,也要把鄂豫皖的部队和党的力量,特别是目前的情况送一份较详细的报告来。"

听完姜术堂的汇报,何耀榜仔细阅读姜术堂从西安带回来的文件,发现这两份文件原来是党中央书记处印发的,何耀榜第一次比较清楚地了解到党中央的路线和方针政策。就这样,通过姜术堂的辛苦辗转,红二十八军与党中央取得了联系。

何耀榜迅即在大岗岭开会讨论党中央的文件,经过反复考虑,决定以"中共皖鄂边特委会"的名义,将红二十五军离开鄂豫皖苏区以后,红二十八军坚持鄂豫皖边区游击战争的情况,拟一份报告,由姜术堂带着报告去找党中央,并请党中央派人来。何耀榜找来一些明矾化成水,用毛笔在草纸上写下《关于红二十八军坚持鄂豫皖边区游击战争情况的报告》,交给姜术堂,并派人护送他出封锁线。这是何耀榜第三次派姜术堂找党中央。

1937年7月初,西安红军联络处(西安八路军办事处)已经把姜术堂带来的报告转送到了延安党中央,最后转交到了毛泽东主席的手里。毛主席收到何耀榜的报告后,决定派中央代表到鄂豫皖根据地找红二十八军政委高敬亭。

1937年7月2日,在延安毛主席的住处,毛主席召见原红二十五军政治部主任郑位三、曾在高敬亭任红二十五军七十五师政委时在其下面工作过的程启文、张体学,以及与毛主席一起参加了长征的肖望东,毛泽东主席对他们说:"这次请你们四位同志来,就是派你们到鄂豫皖找到红二十八军政委高敬亭同志,你们是党中央的代表,由你们向他传达党中央有关抗日的主张和指示。"①他接着说:"红二十八军有位同志(指皖鄂边特委书记何耀榜)派人找到红二十五军,向党中央转交了一个报告。从报告看,他们与敌人斗争很有成绩,很了不起。党中央高度赞扬红二十八军同志所取得的成绩,请你们代表党中央向他们表示致意和问候。"②"他们在红二十五军长征以后,收集分散人员成立红二十八军,经过艰苦斗争,保存了这么一支红军队伍,是很不容易的,这是一个很大的胜利。"③又说:"你们四人先去,中央随后再派一些干部去红二十八军工作。"④

(二)岳西谈判的过程

1.高敬亭南田倡议谈判

1937年7月13日,正当党中央派去的四名代表从延安出发

---

① 程启文:《从延安到七里坪》,载《解放军报》,1983年12月29日,第2版。
② 程启文:《从延安到七里坪》,载《解放军报》,1983年12月29日,第2版。
③ 程启文:《从延安到七里坪》,载《解放军报》,1983年12月29日,第2版。
④ 程启文:《从延安到七里坪》,载《解放军报》,1983年12月29日,第2版。

的时候,高敬亭带着手枪团二、三分队和三营从鄂东北回到鄂皖边区,经过鹞落坪,来到南田村陈家祠堂,与鄂皖特委书记何耀榜会合。南田村坐落在岳西县境内屏风山(平峰山)脚下,隶属第三区主簿联保。当时南田村有几十户人家,是中共皖鄂边特委和潜山战斗营的根据地。何耀榜一见到高敬亭,就把姜术堂带来红军总政治部王稼祥的口头指示和党中央书记处的文件的事作了汇报。看到两份中央文件后,高敬亭特别高兴,特别激动,他反复阅读,认真分析。7月14日一大早,吃过早饭,高敬亭立即召集特委书记何耀榜、特委秘书徐海山、三营营长杨克志、便衣队长陈明江等一起开会,商讨同国民党谈判事宜。会议决定和卫立煌指挥的二十五路军谈,何耀榜为我方谈判的正式代表,高敬亭以红二十八军政治部主任的名义参加谈判。高敬亭起草了七条谈判意见。

南田会议的第二天,即1937年7月15日,高敬亭以红二十八军名义,亲自给卫立煌写了一份公函,倡议联合起来,枪口对外,一致抗日,正式提出举行停战谈判的倡议。国民党三十二师的一个团驻扎在南田村附近。7月15日清晨,高敬亭叫来警卫班班长万海峰,由他指派三名警卫员护送便衣队交通员金孝广把信件送到山下的蛇形岗炮楼。第三区公所设在蛇形岗大碉下面。

▲ 南田会议旧址（主簿镇南田村陈家祠堂）

就在高敬亭向卫立煌发出信函的当天（7月15日），周恩来在庐山将《中共中央为公布国共合作宣言》交给国民党中央。巧合的是，1937年7月17日，中共代表周恩来、秦邦宪、林伯渠在江西庐山，和国民党代表蒋介石、张冲、邵力子就国共合作抗日的问题进行谈判。国共双方谈判中，周恩来提议速派人到鄂豫皖边区传达国共合作的方针。

2. 卫立煌庐山遥祝和谈成功

致卫立煌的信被辗转送到区长李德保手中，他一面打电话向县里报告，一面火速派人将信件呈送县政府。县长方少石立即将信件通报三十二师，师长王修身又将信件内容转呈豫鄂皖边区督办公署。而督办公署很快接到师长王修身的急电："据岳西县方县长转报该县第三区李区长报告,红军高敬亭派人来致意愿开和谈,但必须卫督办派代表来。"

当时,留守督办公署的参谋长郭寄峤、高级参谋刘刚夫和刘晓武、戴永荪、叶粹武等开会研究对策,有的认为高敬亭是独树一帜,不属中共中央统率,可以乘机收编为卫立煌的队伍;有的分析,高敬亭被我们"清剿",重重包围,力穷势急,这个提议是缓兵之计,让他先喘一口气,重整旗鼓,会再来扰乱。刘刚夫认为,缓兵之计,可能性是有的,但我们去后,多少会看到游击区里一点真实情况,对我们布置"清剿"倒是有益,这是第一点。两相战争,不斩来使,如果请我们派代表去而杀之,那就不是缓兵之计,而是促使我们加紧"围剿"了。他们不会这样做,这是第二点。现在红军被层层包围,范围越来越小,人数越来越少,尤其几次烧山,连树皮草根都找不到,身陷重围,吃喝没有,即使松口气,有什么旗鼓可重整呢?这是第三点。自发生西安事变,共产党出来调解,老蒋安然返都,全国百姓对共产党的看法越来越好。现在国共和谈的呼声日高,高敬亭提出和谈,不是无因的。在我看来没有什么诡计。请问骗我们牺牲一两个代表,于他的好处又在哪里呢?这是第四点。高敬亭现提出和谈,不管和得成、和不成,我们照派代表去不会错。最后,刘刚夫的意见被会议采纳。郭寄峤就将高敬亭的停战谈判提议和他们开会结论,一并电报总指挥卫立煌。

1937年7月15日,卫立煌正在庐山参加蒋介石召开的高级军事会议。当时,中共代表和国民党代表正在庐山举行两党的高级会晤。卫立煌在庐山收到郭寄峤的电报后,立即把高敬亭的信函内容向蒋介石作了汇报,得到蒋介石的认可。卫立煌当即回电,同意与高敬亭谈判,决定派高级参谋刘刚夫为他的全权代表,并令郭寄峤代拟电报通令鄂豫皖边区各专员、县长和各分区司令,保障刘刚夫的安全。接到卫立煌的命令后,豫鄂皖边区督办公署岳西办事处立即拟就了复红军的公函,派人送到南田。

收到回函后,高敬亭决定派何耀榜前往蛇形岗炮楼接头,以展示我军的诚意。何耀榜化名为红二十八军八十二师警卫队队长,挑选了10多个武艺高强的战士,一同步行两小时来到蛇形岗。当日下午,当何耀榜带领战士们来到蛇形岗炮楼附近的一个凉亭里,第三区区长李德保便走出炮楼与何耀榜第一次接头。在双方互报身份时,何耀榜机警地称自己是红二十八军的警卫队"吴队长"。接着,李德保回到炮楼,从炮楼里又走出一位国民党军官,他就是皖西保安司令部联络参谋赵先生。赵参谋见来者是警卫队队长,便说:"你们的代表呢?不见正式代表是不能谈判的。"何耀榜当即回应:"我是奉代表命令来接头的,并不是来谈判的。你有什么话,我可以向代表转达。"赵参谋摆出一副要红军"归顺"的姿态,他说:"红军要是真想谈判,我方可以答应,但有先决条件,必须交出武器,交一挺重机枪奖500元,交一挺轻机枪奖150元,盒子枪100元,长枪80元。你们的人到我们这里来,全部官升一级……"没等赵参谋把话说完,何耀榜立即厉声驳斥:"你这哪是谈判,是做买卖!国难当头,国共两党都应以民族利益为重。你回去问问卫督办,他是真谈判,还是假谈判?是想当亡国奴,还是想当一个堂堂正正的中国人?我想,国共两党抛弃前嫌,团结抗日,才是中国唯一的出路!"何耀榜刚说完,区长李德保匆匆赶来,叫赵参谋回炮楼接电话。李德保向何耀榜抱拳施礼:"抱歉抱歉!先前我们没有理解上峰的意图。刚才方县长已接到卫督办的指令,卫督办命令说,不管在任何地区,如果是高敬亭领导的红军发起谈判,当地军队不得与其发生武装冲突,地方政权不得制造麻烦,而且还要供应给养。请多包涵!怎么谈,我方尽快答复。"

赵参谋接完电话后,匆匆赶回凉亭,神色变了,口气也变了,连连表示歉意。关于谈判的事,双方约定,当天下午6点钟在南田再次碰头。何耀榜返回南田后,将初次会晤情况向高敬亭作了汇报,并对高敬亭说:"对方先以金钱收编我们,又来了个一百八十度大转弯,还要给我们调拨给养。现在他们已经知道我们的驻地,很可能会对我们采取合围,形势险峻。从保存我们实力和保证政委的安全计,你要速带一部分人离开这里,局面由我来应付!"高敬亭同意何耀榜的分析,但他表示自己不走,一则为和谈大计,二则为部队和百姓的安危。他迅速抽调一部分部队部署到谈判区的外围,以做好谈不成迅速反击的准备。他本人则留下来,佯装何耀榜的助手,让何耀榜作为红军的全权代表,自己好见机行事,用眼神和手势指挥谈判。

当天下午6点,当李德保来到南田会见"吴队长"时,就向他通报,卫督办决定派他的随身少将高级参谋刘刚夫先生和政训处处长丘国珍来同红军谈判,并问红军方面的谈判代表是谁,何耀榜即亮出自己的真实身份和姓名:"我就是谈判代表,我叫何耀榜!"李德保大吃一惊,他善意地提醒何耀榜,这里有危险,请多多提防。因为此时王修身三十二师的三个团已经全部调来,把红军包围在鹞落坪、大岗岭、南田村一带。李德保自我介绍说,他是河南信阳人,是董必武先生的学生,曾经是共产党员,虽然脱离了革命,但人在曹营心在汉,当了区长后,和本区的便衣队还有联系。……他来时准备了一些东西,不敢叫老百姓送,离这里只有几里路,请何师长派人抬过来。何耀榜随即派管理科长杜立保带着一些人跟李德保去抬东西,临走时,李德保又说:"听说明天县里要送慰问品来。"

1937年7月16日上午,第三区长李德保代表岳西县政府带领六七个挑夫,挑了猪肉、香烟、白酒、大米和胶鞋等物资,来到主簿南田村同红军接头并作慰问。何耀榜与李德保简短交谈后,一起去了蛇形岗,会见了皖西保安司令部办事处副官郭永新、岳西县政府民政科长刘雨果。双方商定,邀请红军代表何耀榜第二天到县城衙前谈判,由李德保陪同。

7月16日夜晚,高敬亭接到情报:敌人把红军里外包围了四层,手枪团三分队正在第三、第四两道包围圈之间,与敌人交火。高敬亭和何耀榜在南田村屏风山(平峰山)上监视着敌情。午夜,高敬亭在袁家老屋开会商议,最后决定:全体部队做好应变准备,敌人如果真心谈判,明后天应该有正式代表来;如果不派代表来,就证明敌人想吃掉我们,我们就不再跟敌人纠缠。做好两手准备后,高敬亭和指战员们枕戈待旦,严阵以待。19日中午12点,果见郭永新和李德保冒着酷热,兴冲冲地向山上走来。郭永新是安徽省政府派来的地方代表,他与何耀榜见面时,诚恳地说:"我是为了国家的命运、民族的存亡,真心实意来参加谈判的。因为贵军是在安徽境内和卫督办举行谈判,所以南京方面要安徽省派人来协助谈判。请何先生放心,谈判是会成功的。兄弟阋于墙,外御其侮,无论如何,我将搭桥到底。"这次高敬亭以"李主任"的身份出现,在袁家老屋会见了郭永新和李德保,对他们的诚意和所作的努力,以及不辞劳苦地往返奔波,表示了赞许。何耀榜向对方表达了我方谈判的诚意,同时直言不讳地指出,国民党的部队必须后撤20里,如果不后撤,让人觉得缺少诚意。郭永新和李德保当即表示,马上请示,力促和谈成功。最后,何耀榜、郭永新、李德保三人商定到三区区公所歇宿,并向高敬亭告别。这次袁家老屋会晤,是岳西谈判的起点。

7月20日上午,在郭永新和李德保的陪同下,何耀榜穿着一身土布便衣,骑上一匹高头大马,来到县城衙前。当天,卫立煌的全权代表刘刚夫在国民党三十二师师长王修身的陪同下也来到衙前。中午,县长方少石在县政府大厅设宴。在宴席上,何耀榜与刘刚夫、丘国珍见了面。何耀榜对刘刚夫说:"高军长已去鄂东北,和谈由军政治部李主任负责,我则向李主任请示汇报。"

当天下午,双方代表在县政府后面凉棚里,就停战、部队集合地、番号、供给等问题,作了初步交谈。下午五点半钟,刘刚夫将衙前会商情况用电话报告了正在庐山开会的卫立煌。卫立煌在电话上说了他的意见,并祝和谈成功。最后,何耀榜与刘刚夫商定,将在青天畈上青小学正式举行谈判。

3.青天谈判

上青小学由共产党人汪寅斋于1928年创办于青天畈汪氏祠堂,1932年汪寅斋被调走,校长由汪恭颖接任。汪恭颖与三区区长李德保关系要好,受到中共统战政策的感召,也与便衣队有联系,常以学校名义,打路条给便衣队采购布匹、食盐等物资。所以当时双方共同选定上青小学为谈判地点,是不无理由的。恰好这个时候,学校已放了暑假,师生都离开了学校。

7月22日上午9时,汪恭颖召集了附近学生,打起洋鼓,吹起洋号,放着爆竹,欢迎双方代表的到来。何耀榜作为红二十八军的代表出席,高敬亭化名"李守义",以"军政治部李主任"身份参与谈判。

当日,李德保通知刘刚夫、赵参谋、丘国珍到汪氏祠堂与何耀榜、"李守义"见面。双方首先议定了谈判工作成员:由何耀榜、刘刚夫、郭永新三人为停战委员会和起草委员会的委员,具体条款的执笔和谈判记录由李德保担任,誊写由汪恭颖担任。为了保证谈判的安全,根据何耀榜的要求,经电请卫立煌,国民党部队全部后撤20里。

谈判正式开始,对停战、番号等问题,何耀榜和"李守义"大都同意,但在六个大的问题上,双方争论比较激烈。一是红军游击队的领导权问题。国民党方面认为,既然红军游击队同意改编为国民革命军,就应该由国民党来领导;何耀榜和"李守义"认为,红军是共产党领导的部队,不能改变共产党的领导,这一条不能谈判。二是红军游击队的作战行动问题。国民党认为,红军游击队的作战地域必须由国民政府规定,红军不得擅自越过规定区域;何耀榜和"李守义"认为,抗战不分地区界限,哪里有日本人就在哪里作战,哪里对红军游击队作战有利就在哪里作战。三是红军兵员的补充问题。国民党方面认为,红军不得自行补充兵员,政府给予员额后再行补充;何耀榜和"李守义"认为,人民群众自愿参加红军,红军必须吸收,群众愿意在共产党领导下,在红军游击队中进行抗日活动,红军必须给予支持并积极领导。四是红军游击队的收容问题。国民党方面认为,红军游击队可以收容各地的便衣队、游击队,但是不能把他们还留在地方继续活动;何耀榜和"李守义"表示,只要国民党方面接受红军的条件,签订并遵守协议,红军会按照协议执行,不再留人在地方活动。但国民党方面必须保证红军在收容部队时,国民党军和民团不得进行阻击和追击。五是集合时间问题。刘刚夫要求红军在一个月内集中,"李守义"坚持非经半年不能集中。为什么提出集中鄂豫皖的全部武装非半年不可的条件呢?因为国民党的部队虽然后撤了,但是并没有解除对红二十八军的包围,高敬亭采取延长集结时间的办

▲ 岳西谈判旧址(青天乡汪氏宗祠)

法,是要迫使国民党撤走包围我们的部队。不久,卫立煌即下令十一路军全部和三十二师一个旅撤出包围。六是关于我军集中地点问题。"李守义"提出我军集中地点以湖北黄安县七里坪为中心,包括礼山县的宣化店、黄陂站,罗山县的张家湾一带地区。同时提出我军在湖北黄安县、河南省的确山县和安徽省的立煌县设三个办事处。"李守义"所争的这些地方都是军事要地。这些既显示了高敬亭的军事才能和战略眼光,也显示了他高度的革命原则性。

经过反复争论和商讨,国民党方面做出让步,同意以红军方面提出的基本条款为谈判的基础。从7月22日起,谈判一共进行了6天,于27日达成协议。红二十八军方面提出的条款主要有:①我军在鄂豫皖的集合地点在湖北省黄安县七里坪至礼山县宣化店一带的村镇。②我军在鄂豫皖三省共设三个办事处。③允许言论、出版、集会、结社自由。④释放一切政治犯。⑤我军的武器弹药和给养要与国军相同。⑥我军开赴抗日前线所需的交通工具由国民政府负责。⑦我军驻地如有土匪扰乱和违反社会秩序者,有权予以镇压。⑧我军进驻七里坪途中,友军不得堵击、追击,如发生冲突,由国民政府负责。⑨我军最后集合时间在年关以前。⑩我军如有老弱病残者返乡或探亲,友军和当地政府应保障他们生命安全。⑪我军家属一律按抗日军人家属待遇。过去鄂豫皖三省被国民党强卖之妇女等,愿回原夫原地者,当地政府应予协助,使之达到目的。⑫过去凡国民党没收我军家属之财产或罚款,均须如数退赔。⑬上述条款仅限于鄂豫皖地区,凡属全国范围之问题,由两党中央决定。我军番号亦由两党中央确定。

国民党代表提出的条款,主要有:①不打土豪。②不破坏交通。③不得在国军中发展中共党员。④不经国民政府许可,不能扩兵。⑤军队行动要有护照,否则不负责任。⑥友军集合后,不能在各地保留便衣队,否则按土匪处理。⑦鄂豫皖的红军在三个月内集合到湖北省黄安县七里坪。

双方商定:此协议共誊写5份,一份交刘刚夫在《皖报》上发布,一份交《湖北日报》发表,一份交何耀榜保存,一份交岳西县长方少石,一份交督办卫立煌。

4. 九河签字

为了庆祝谈判成功,双方决定在九河朱家大屋(和平乡境内)举行隆重的签字仪式。1937年7月28日,九河的朱家大屋门前悬灯结彩,稻场上搭着高大的戏台,人们从四面八方络绎不绝地赶来。上午8时整,双方代表在热烈的锣鼓声和经久不息的鞭炮声中,步入朱家大屋的正厅。高敬亭以"军政治部李主任"身份,和刘刚夫代表双方在停战协议上签字。

在岳西谈判中,红二十八军领导人按照党中央的指示,既坚持原则立场,又灵活应对,始终掌握谈判的主动权,使谈判基本上遵循我方提出的条款进行,从而顺利地达成了停战协议。

举行岳西谈判,是历史的必然选择。因为1937年上半年国民党军队在鄂豫皖边区进行的秘密"清剿"收效甚微,举步维艰。而全国抗日救亡运动正处在高潮,国共合作、共同抗日的条件逐步成熟。国民党营垒中一些人士的注意力也逐渐地转向抗日方面来,他们对蒋介石仍秘密"剿共"这一倒行逆施产生了反感。西安事变的和平解决,给包括国民党有识之士在内的全国人民以很大的启示:在民族危亡、国难当头之际,国共两党完全可以通过和平谈判这一途径消除争端,一致对外。这些都是促成岳西谈判的重要条件。

1937年7月岳西谈判的成功,宣告了国共两党在鄂豫皖边区长达十年的内战结束,宣告了鄂豫皖边区三年游击战争的结束,标志着鄂豫皖边区区域性国共合作的初步实现。

岳西谈判"首开南方八省国共两党地方谈判成功之先河",为新四军的诞生奠定了坚实基础。中共皖赣特委于1937年8月派出李步新、江天辉为代表,与国民党别动大队代表张亦昌在石灰山进行谈判。10月皖南地区游击队开始下山集中。从此,结束了皖浙赣边区三年游击战争。

5. 向七里坪集结

九河签字仪式后,高敬亭和何耀榜回到了鹞落坪。1937年8月初,高敬亭在鹞落坪召开干部会议。会议着重阐明了在民族存亡的危急关头举国一致抗敌御辱的必要性,通报了与国民党地方军政当局举行停战谈判的情况,布置各部队向七里坪集中的任务。会议指出,要提高警惕性,防止国民党背信弃义,搞突然袭击。同时,皖鄂边特委作了组织调整,决定由徐文初代理特委书记,由周奇云负责军事方面的工作,各工委不变动。为了确保部队集中的安全和顺利,会议研究了各部队的集中时间和行动路线。会后,高敬亭看望了鹞落坪群众,并向他们告别。临别时,高敬亭把300块银元交给聂在忠,由他分发给鹞落坪群众,以重建家园。

鹞落坪会议后,红二十八军便在岳西及邻近各县张贴如下告示:

当此国难日亟、民族危亡之际,凡本部同仁愿意抗日者,一律到湖北省黄安县七里坪集合。

中国工农红军第二十八军　高敬亭

一九三七年八月

高敬亭一面派员张贴部队集合的标语,一面派员分别到鄂豫皖边区各地进行传达。分散在各地的红军部队、游击队和便衣队接到通知后,都热烈响应,陆续向七里坪集中。

1937年9月初,党中央代表郑位三、肖望东、张体学、程启文从延安出发后,经过西安、南京,抵达红安县七里坪,会见了高敬亭,并向全体红二十八军将士传达毛主席的指示。毛主席不仅表扬红二十八军,而且告诫红二十八军领导人在与国民党打交道时要保持高度警惕,特别是不许国民党在红军中插进一兵一卒。

1937年9月17日,大岗岭便衣一分队由指导员宋青云率领在河图镇境内土门冲胡氏祠堂集中。当天晚上,河图镇境内的凉亭坳、土门冲集结了大小便衣队22支,计221余人。9月20日,皖鄂边特委代理书记徐文初、指导员宋青云率岳西便衣队离开土门冲,向当地群众挥泪告别。

1937年10月,红二十八军及皖鄂边特委所属便衣队、游击队集结在七里坪,进行了整编训练,部队番号暂定为"鄂豫皖工农抗日联军",共计1800余人。1937年12月,遵照党中央决定,鄂豫皖边区红二十八军、游击队、便衣队正式改编为国民革命军陆军新编第四军第四支队,高敬亭任司令员,戴季英任副司令员,林维先任参谋长,下辖第七、第八、第九团和手枪团,计3100余人,成为抗日战争爆发后南方8省15个地区中一支保存兵力最多、唯一保留军、师建制的主力部队。

二、第二次国共合作在岳西

（一）抗日救亡运动的开展

1.县民众总动员委员会的抗战组织活动

1938年4月,第五战区安徽省民众总动员委员会(简称"省动委会")组织部长兼总干事周新民派共产党员储醉醒从六安回岳西,筹建岳西县民众总动员委员会。储醉醒在衙前召开全县各界人士代表大会,到会代表100余人。会上,储醉醒宣讲了国内外形势和动委会成立的重大意义,选举产生了由张翼(国民党岳西县长)、王凤池(县党部书记长)、蒋柱峰(县财政委员会主任)、汪学禄(县商会会长)以及中共党员储醉醒、王临川等23人组成的岳西县民众总动员委员会(简称"县动委会")。县长张翼(宿松人)、覃国光(10月接任,广西人)、黎炳松(1939年5月接任,广西人)先后任县动委会主任委员,储醉醒、林显荆先后任县动委会指导员。

县动委会机关设在衙前下街大路排的汪家祠堂。县动委会内设总务部、组织部、宣传部、情报部,均由国共两党派员参加。总务干事先后由王鲁珍、吴占春、刘际时担任,组织干事先后由王临川、储石青、王树仁担任,宣传干事先后由刘亚武、谢超伯、刘际唐担任,情报干事由储汉三担任。当时岳西县设置3区19乡,分别设立区、乡动委会,由区、乡长兼任主任委员,指导员则由县动委会指派的共产党员担任。一区动委会主任委员先后为何振球、吴功和、王亚东,指导员先后为王临川、储宪章;二区动委会主任委员先后为刘和鼎、余正堂,指导员为岳芹;三区动委会主任委员为汪汉臣,指导员先后为金裕国、王树仁、胡国栋。

岳西县民众总动员委员会是以国共合作为基础,工、农、兵、学、商各界和各阶层人士参加的抗日民族统一战线组织。县动委会的任务是:为适应抗战需要,发动、团结各阶层人士和广大人民群众,开展抗日救亡运动。据1939年1月统计,全县各级动委会共计23个,委员共有416人,其中区动委会委员77人,乡动委会委员316人。

(1)组织抗敌协会。1938年4月23日,岳西县青年抗敌协会成立,选举储宪章、刘升平、吴士正、金裕国、王若金、储士英为常务理事。1938年11月31日,岳西县妇女抗敌协会成立,选举庞润贤、方启坤(王步文烈士遗孀)、刘梦兰、张静为常务理事。1938年4月至1939年1月,岳西县先后成立了工、农、青、妇、学、商6个抗敌协会。据1939年元月统计,全县参加各抗敌协会人数总计50273人,占当时全县人口总数的25%。

(2)发动群众捐献。县动委会发动民众担任后方勤务,提倡有钱出钱,有力出力,支援前线抗日将士。抗日战争时期,岳西县只有20万人口,广大民众虽然生活困难,但积极响应县动委会

"节衣缩食,支援抗战"的号召,积极捐献衣物钱粮,支援前线抗日。据1939年5月21日《岳西周报》报道:全县共捐汗衣1000余套、军鞋500双,战时模范学校学生也慷慨捐衣袜100余件。1943年8月14日,国民政府为纪念"空军节",由航空建设协会发动"一县一机"运动,岳西民众捐款30万元,购买了一架飞机,取名为"岳西号",支援前线作战。为此,国民党安徽省政府表彰了岳西民众爱国抗日的崇高精神。

(3)掀起学习《论持久战》的热潮。在当时国共合作的大好形势下,1938年7月,延安解放社印发的毛泽东《论持久战》著作准许公开发行。同年10月,安徽省政府主席兼省动委会主任委员廖磊下令:凡二十一集团军的连以上干部必须学习《论持久战》,而且每人发书一本。岳西县动委会以最快速度翻印《论持久战》一书,发给参加抗日救亡工作的全体人员。1938年11月,县动委会组织三十一团和二十六团在衙前汪家祠堂学习《论持久战》。对于当时只有抗战热情,对形势缺乏准确认识的青年人来说,通过学习,受到极大的教育。

(4)出版抗战宣传刊物。1938年12月,国民党岳西县党部机关报《岳西周报》复刊。1939年4月,三十一工作团创办《坦克车》,县农抗协会主办《农抗工作杂志》。7月,县民众总动员委员会主办《岳西三日刊》。9月,县民众教育馆创办《岳西日报》。这些报刊以宣传抗日救亡为主要内容,报道国际国内的抗日形势和抗日前线的战情,反映全县群众抗日团体捐款支前的情况和全县青年积极参军、参战,安置和救济难民的消息。同时也揭露各级政府工作人员贪污腐化和汉奸通敌分子及地方恶霸欺压农民的罪行。这些宣传刊物一时成为岳西的主要舆论载体,有力地促进了抗日救亡运动的开展。报纸上刊登文章例如《农抗在抗战中的地位和性质》《动员与行政》《抗战中的青年》《可爱的岳西》以及文艺作品《木头皇帝》《最后的枪声》等,旗帜鲜明地声讨日本侵略者的罪行,探讨国共合作抗日议题。县动委会编印《日语会话课本》,由储醉醒、谢申、王凤池担任日语教员,组织军人、工作人员学习日语,以利开展对日军俘虏宣传教育或阵前喊话。

为了克服印刷机和纸张不足的困难,一方面由蜡纸刻印改为大量使用石板印刷,另一方面动员各地开"纸槽"(造纸小作坊),生产纸张,代替机印纸。据1940年1月统计,岳西县有纸槽136家,生产的纸类有六四纸、土报纸、毛边纸、封面纸计30余万刀,为全省纸张产量的首位。当时岳西出产的土纸不仅满足了印刷业的需要,而且远销到外地一些城镇,以换回山区所需要的食盐、老布和其他用品。

1939年5月,新四军江北指挥部联络站在衙前设立,隶属岳西县动委会。联络站派交通员王清政负责新四军江北指挥部与大别山交通网的运输工作,凡属大后方到延安的文件、信件、书刊都由交通员转运到县动委会,毛泽东《论新阶段》《论持久战》和皖南新四军《抗敌报》等书刊都是由交通员骑马送达岳西的。

(5)建立模范大队。抗日战争时期,大别山区国民党桂系将领自诩安徽是全国抗日的"模范区"。1938年武汉会战期间,安徽省军政当局对各路抗日自卫军和各县土豪劣绅的地方武装进行整理,改编为第一、第二两个总队和第一至第七模范大队,隶属安徽省保安司令部。1938年9月,抗日工作团二十六团从省里领到了10支步枪,准备在岳西组织一支抗日队伍。团长陈穆在岳西开展宣传活动时,结识了家住头陀河的开明绅士储造时。储造时通过与留日学生储应时,与国民党左派人士朱蕴山联系,经朱蕴山活动,获得了安徽省财政厅长章乃器拨的一笔经费。经过多方活动,在二十六团活动地(第三区)组建了"安徽省抗日人民自卫军模范第七大队"(又称"皖西模范大队"),储造时任大队长,大队部设在前冲金家祠堂(衙前东面)。1938年10月,省动委会组织部长周新民从抗日工作团中抽调乐治权、刘履中、吴均和、陈先芳、汪桌、汪一伦、程立云、刘谔夫到模范大队下属中队、小队担任政治指导员,任务是教唱抗日歌曲,宣传抗日政策和八路军的"三大纪律八项注意"。1939年4月,模范第七大队开到无为县皖江抗日根据地,改编为"护商缉私大队"。

(6)举办战时训练班和战时模范学校。1938年11月,县动委会在衙前金家祠堂(模范大队部)举办青年干部训练班,招收来自安庆、潜山沦陷区的一批学生参加培训,同时把模范第七大队班长以上的干部调到大队部集训。1939年元月,县政府、县动委会将衙前小学改为"战时模范学校",县政府教育科长方琦德兼任校长,二十六工作团团员杜则吾任教导主任,教员有储士英、吴协邦、赵碧珊、储进英、王精一、刘学基。下设小学部、干训部,任务是训练战时需要的各方面的干部。1939年春,二十六工作团协助县政府,在汪氏宗祠(城北东山)兴办战时黄石乡模范小学,国民党区党部书记、进步青年金秋白担任校长,三十一工作团团长王榕担任政治课教员,副团长岳芹担任班主任,教职员工都是主张抗日的进步人士,教师有方启坤、金婉英、王治三、汪连城、金达尊等。

1939年12月,县政府在衙前汪家祠堂开办乡保甲人员训练班,一期15天,县政府秘书李谦纯(中共党员)担任班主任,三十一团王榕、乐治权等担任教员,教学内容以毛泽东的《论持久战》为主,旨在教育他们树立持久抗战观念。

(7)兴办抗战教育事业。抗日战争时期,岳西县经济贫困,教育事业落后。据1939年统计,全县共有私立小学21所,县立小学(乡中心小学)18所,但是没有一所初级中学。由于本县缺少中等教育,小学毕业的学生要读中学,非得出外求学不可。然而,根据安徽省教育厅调查:安徽"自倭寇侵及长江流域沿江各都市之公私立中学或因环境险恶而迁移,或受损失而停办,遂使多数青年无从就学"。1939年6月,广西人黎炳松上任县长后,县政府、县动委会根据省教育厅的意见,决定提倡"私人办学、姓族办学、联邑办学"。这一号召得到爱国民主人士和姓族有识之士的支持和响应。于是,在兴办抗战教育事业的热潮中,岳西出现了私立、公立中学。其中比较著名的私立中学有南岳初级中学和华正中学。

1943年春,县政府出资创办岳西县公立初级中学(岳西县第一所公立中学),校址设在衙前高湾。1943年8月,县政府出资创办岳西县公立简易师范,校址设在汤池畈。同年冬,县立初级中学与县立简易师范合设,两所学校均设在汤池畈(现温泉中心小学)。

抗战时期,岳西是安庆地区唯一没有被日军占领的县份,是桂系四十八军的抗日根据地。当时,长江中下游及皖北各地沦陷区青年纷纷迁徙到岳西山区,一时间聚集岳西的知识青年达数千人。岳西各所小学的教师、校长均是来自沦陷区的知识青年,他们受尽国破家亡之苦,安心于山区,从事抗战教育,或当教员或当学生,谆谆教诲,孜孜求学。抗战时期产生的这些中等学校培养了大批"抗战建国"人才,推动了抗日救亡工作,同时为家乡培养了一批革命干部。

2. 抗日工作团的抗日救亡宣传活动

1938年4月初,省动委会派抗日工作团第二十六团来岳西,陈穆任团长,团员主要是六安北大营训练班的学生,工作团从六安出发,经霍山磨子潭到达岳西,沿途在岳西县第三区蛇形岗、马家畈、主簿原、沈家桥一带开展抗日救亡宣传工作,成立区、乡农民抗敌协会。

二十六工作团到达岳西县第三区蛇形岗后,就分成三个工作队,分别在马家畈、主簿原和沈家桥开展活动。主要活动有三:一是教唱抗日歌曲,如《义勇军进行曲》《救亡进行曲》《九一八》《打回老家去》《牺牲已到最后关头》《大刀进行曲》等。二是演抗日话剧。三是成立农民抗敌协会,开展抗敌支前和生产自救工作。工作团通过农协会,组织群众上山挖蕨根、打猎,同时生产木粉、榆皮,利用松树生产茯苓,组织运输贩卖,再买回所需生活品。

1938年5月,三十一工作团团长王榕带领一批热血青年来到县城衙前,这些青年团员们一到岳西,就深入离县城不远的四会乡(现为莲云乡、温泉镇)开展抗战宣传,在街上刷写抗战标语,在田间地头讲抗战形势,教青少年唱抗战歌曲,晚上演抗战戏剧,在演唱、演戏中向群众宣传抗日救亡的道理。

1938年5月,三十一工作团在腾云庙设立了"红角"(图书室),陈列着艾思奇、张仲实的哲学著作和一些文艺小说,以及关于统一战线的一些小册子,供参观者阅读,并给参观者讲解国共合作抗战的意义及誓死不当亡国奴的道理。

1938年6月下旬,三十一工作团在汤池畈刘氏宗祠进行抗日宣传演出,当地群众主动为演员们搭戏台。1938年7月,三十一工作团来到沙村,在湖村乡乡长刘芬的安排下,团长王榕和乐治权、董绍祺、都志、何权基四名团员住进上沙村刘氏集成堂(湖村乡小学)。在三十一工作团的推动下,湖村乡抗战动员委员会在刘氏支祠集成堂成立,刘柱峰①(改名刘强)任指导员,刘荣钦负

---

① 刘柱峰(1913—1947),岳西县中关镇秋千村(原上沙村黄树组)人。1939年4月参加六安北大营训练班学习结束,由王榕介绍加入中国共产党。

▲ 抗日工作团驻地旧址（沙村刘氏支祠集成堂）

责组织宣传工作。

1938年11月，三十一工作团和二十六工作团在下乡完成抗日宣传任务后，都从汤池畈搬到县城衙前汪家祠堂。12月2日，岳西县抗日工作团成立，直属县动委会，团长为王临川①。各抗日工作团在县动委会的领导下开展抗日救亡工作。

1939年3月8日，为了在妇女中扩大抗日宣传工作，岳西县委决定召开妇女大会，庆祝三八国际妇女节。3月8日清晨，妇女们从四面八方汇聚衙前汪家祠堂。都志（李伯中）代表各抗日工

---

① 王临川（1913—1968），岳西县温泉镇汤池畈人。1927年12月加入中国共产党，1928年3月随王步文在中共安徽省临委工作，1937年7月担任中共岳西县委组织部长。

作团在大会上讲话,宣讲了三八妇女节的知识、妇女平等的思想和党的抗日民族统一战线的政策,提高了她们的抗日觉悟。

1939年9月,岳西县动委会指导员林显荆(共产党员)组织第十一工作团全体团员学习《辩证唯物主义》《论持久战》《论新阶段》《大众哲学》等书刊,探讨抗日救亡问题。第十一工作团深入岳西山区,发动群众捐钱捐衣,慰劳前方将士。在乡村召开各种类型会议,并主办妇女民校,教她们识字、学文化,学抗日方针政策,提高她们的抗战觉悟。还动员她们放足,组织她们做棉衣、军鞋,支援前线。

(二)政治工作总队一大队在岳西

1938年10月,武汉沦陷后,国民党桂系四十八军退守大别山,岳西是桂系四十八军一七六师的防区,师部驻扎在岳西县来榜河。师长区寿年标榜抗日,提出巩固和扩大国共合作的抗日民族统一战线,于10月份撤销了安徽籍的张翼的县长职务,任命广西军人覃国光担任国民党岳西县长、县动委会主任。

1938年12月中旬,国民党第二十一集团军两个政治工作队来到岳西,一个是中共湖南省委派出的总部战地服务队,另一个是中共浙江省委组织的一七六师政工队。二十一集团军总部战地服务队、一七六师政工大队、省属"三个团"(二十六团、三十一团、九团)和县属抗日工作团联合组成"抗日政治工作总队",分三个大队。

在县动委会的领导下,第一政工大队(包括二十六团、三十一团和二十一集团军战地服务队)分组到全县三个区和所有乡、保,在乡公所、学校、村庄张贴"抗战第一,胜利第一""思想集中,力量集中""有钱出钱,有力出力"等抗战标语,在重要路口石壁上绘上抗战壁画。同时,开展铲除贪污,惩办贪官运动,撤掉那些贪污的乡、保长,换上一批进步的青年农民担任,其中第一区四会乡换上中共党员王亚东当乡长。

第一政工大队下乡后,组织农民抗敌协会、妇女协会。农民抗敌协会负责为军队出担架、出民夫,组织盘查哨,检查过路的汉奸敌探,在乡动委会的领导下进行减租减息和惩办土豪劣绅活动。妇女协会宣传男人不留长辫子,妇女不裹小脚,动员妇女为前线军人做鞋。

1939年5月,国民党方面人士反映说:"抗日工作团里有共产党,他们到哪里,哪里就赤化了。"于是,国民党就限制工作团的行动,不准他们到农村向群众宣传。根据省政府集训命令,省动委会强令所有工作团一律于6月底以前离开岳西,调到省会金寨集训。1939年12月,十四团从太湖调入岳西,住衙前金家祠堂,1940年3月从岳西撤离。此时,根据中央中原局书记刘少奇指示,在大别山进行抗日工作的三十一团、二十六团、九团、十四团撤至皖东,到了无为新四军江北指挥部,全部参加新四军青年大队,创建皖东抗日民主根据地。

1939年冬,国民党二十一集团军总部战地服务队被李品仙下令解散后,队员黄非丹只身来到岳西县二区(河图铺),通过北平大学毕业生汪之坤的介绍,进入银河中心小学任教。当时汪之坤担任教导主任,黄非丹担任音乐教师兼六年级语文教师。毕业班四五十名学生中,百分之九十并不是小学生,而是躲壮丁的大学生,因为国民党不从学生中抽壮丁。黄非丹到银河小学后,创作了一首名为《扫除文盲,普及教育》的抗战歌曲,作为银河小学校歌。他编演了一出傀儡戏《木头皇帝》,巧妙地以活报剧与傀儡戏的艺术形式来表现蒋介石集团"真反共、假抗日"和投降卖国的罪行。

1940年3月20日,汪精卫国民政府在南京成立的消息传来后,县动委会在衙前"六家店"建置"锄奸亭",置汪精卫等泥塑跪像于亭内,以为汉奸者警戒。

1940年5月,根据省政府命令,国民党岳西县党部宣布撤销县民众总动员委员会,解散抗日工作团。抗日工作团从成立到解散,共历时一年又九个月,在岳西共同战斗生活了两个冬春,给岳西人民留下了不能忘怀的记忆。

三、抗战时期党组织的恢复和发展

1937年5月下旬,由于国民党疯狂进行"三个月秘密清剿",中共岳西县委书记刘荣清被关进了国民党岳西县监狱,致使岳西县委工作中断一年多时间。1938年5月,三十一工作团到岳西时,只有王榕一个党员,后来党员发展到六人,储醉醒是县动委会中唯一的中共党员。中共组织处于秘密状态,党组织的工作是争取统一战线,组织和训练民众,抗敌锄奸。

1938年6月,中共岳西中心县委在莲云成立,隶属中共安徽省工委管辖,喻屏担任中心县委书记,林轩、王琏、孙以瑾、王榕为委员。中心县委机关设于衙前镇,下辖岳西、潜山、宿松、太湖、怀宁五个县级党组织。同年6月,潜山特支改为潜山县委,8月岳西特支改为岳西县委,12月太湖特支改为太湖县委,1939年春成立中共怀宁区委。

1938年8月,中共岳西特支改为中共岳西县委,王榕任书记,全县有党员160余人。9月,喻平调离岳西。10月方琦德接任岳西中心县委书记,他在国民党县政府担任教育科长,暗中从事党的工作。当时,桂系军官覃国光接任国民党岳西县长、县动委会主任,他标榜抗日,拥护中共抗日民族统一战线,坚持国共合作、一致抗日主张。县政府秘书李谦纯是广西人,共产党员,是延安派来的干部。李谦纯、方琦德、储醉醒(县动委会指导员)三人在县政府内部秘密成立党团,由方琦德任书记。

1939年4月,广西学生军地下中共党员林显荆调任县动委会指导员,将一批共产党员安排在县各抗敌协会做负责工作。同时,根据中共鄂豫皖边区委员会(1939年2月由中共安徽省工委改名,书记郑位三)指示,岳西县委书记王榕吸收了20余名曾因苏区失败而与党脱离关系但没有出卖组织的党员重新入党,如一区动委会指导员王临川。这些同志入党后,挖出埋藏多年的枪支交给党支部,严守党的纪律,工作积极性非常高,并在岳西县一区、三区发展了一批农民党员。同年4月,王榕组建中共沙村特支,由刘柱峰任书记,下辖横山、马坳、斗水三个党小组。

1939年5月,岳西县长覃国光调离,广西人黎炳松接任县长、县动委会主任。6月,国民党驻岳西部队特务系统编造了"永福分子"黑名单,把县政府和工作团中的共产党员和进步人士称之为"永福分子",伺机逮捕和暗杀。李谦纯、金裕国、刘升平、陈穆、刘震、储宪章、刘济棠、储纯一、王树仁、方琦德、王榕、刘静夫、黄复三等人被列入"永福分子"名单。

1939年6月,根据鄂豫皖边区党委指示,王榕、方琦德、李谦纯先后调离岳西,由英山中心县委代管岳西中心县委工作,同时,派林岩接任岳西县委书记,王树仁任县委组织部长,张静任县委宣传部长,王临川、储纯一、储宪章、傅新棠为委员。当时岳西县

有 50 名党员,农村设有两个区委,一区(汤池区)区委书记为王临川,三区(河口寺、蛇形岗)区委书记为王树仁。7月,中共党员汪露(原名汪崇恩)接李谦纯任国民党岳西县政府秘书,随同打入县政府的共产党员有李素安、乐治权等,并成立了党支部,汪露任书记,党员七人。8月3日,南岳中学党小组成立,隶属中共汤池区委,党员有三人(储纯一、储醉醒、储高扬),组长为储纯一。同年12月,因中共岳西县委撤销而同时解散。

1939年冬,国民党顽固派发动第一次反共高潮,桂系开始转向反共。鄂豫皖边区党委决定将林岩、张静调离岳西。1940年元月,根据英山中心县委指示,撤销岳西县委,成立英(山)岳(西)地下工委,傅新棠任工委书记,王树仁、王临川、储宪章为委员。英岳工委在衙前街设立了一个秘密联络点,由王临川负责,并将王榕离开岳西时留下的两支驳壳枪和几枚手榴弹,交给王临川保存,要求他们坚持革命,在必要时就上山打游击,搞武装斗争。

1940年3月,英岳工委书记傅新棠调离岳西,英山中心县委决定恢复岳西县委,由储宪章(岳西县中关镇京竹村人,1927年12月加入中国共产党)任县委书记,王临川任组织委员,王树仁任宣传委员,并在汤池、沙村成立特别支部。

四、岳西抗日武装的组建

抗日战争时期,国民党四十八军一七六师、一三八师先后驻扎岳西县,岳西是四十八军军部所在地。1938年6月至1943年1月,日本侵略军先后12次对岳西进行飞机轰炸。日机轰炸的重点地区是衙前街(天堂镇)、腾云庙街(莲云乡)、响肠街和响肠河(响肠镇)、司空山(冶溪镇与店前镇交界)、羊河(来榜镇)、菖蒲街、汤池畈、汤池街、殷家河(温泉镇),造成了重大人口伤亡和财产损失。

由于抗日救亡运动的影响,岳西县人民抗日情绪高涨。有的党员把当年红军埋藏的枪支挖出来,要求奔赴抗日前线。但是,大别山区在王明右倾投降路线的影响下,只讲统战,不讲斗争,只准口头宣传抗日,不准人民组织抗日武装。1939年春,吴汉卿领导的"岳西人民抗日先锋军"在石关地区开展游击活动时,被桂系四十八军一三八师缴枪和扣押,经过在县政府工作的共产党员方琦德、李谦纯做区寿年的工作,才将游击队员营救出来。1940年9月,共产党员蒋凤山、徐鸣凤率田头乡闵山农民协会40余人到舒城县参加新四军,在主簿原被国民党岳西县自卫队包围缴械。同年10月,王宜春、沈小蒋在五河、沙村一带组织了"沙村抗日游击队",在去英山找张体学部途中,于叶河遭到国民党五河联防队包围,后又遭到桂系四十八军的通缉。1941年7月,沙村游击队员15人被四十八军逮捕,其中2人被保释,13人被四十八军以"奸匪"罪名杀害于汤池畈。

1939年1月,国民党桂系四十八军一七六师及第九游击纵队退守大别山。其中,第九游击纵队驻防菖蒲潭。1940年3月,第九游击纵队司令员云应霖计划率部在菖蒲潭起义,投奔共产党游击队,但因计划泄露,遭四十八军围攻。云应霖率部突围后,准备与新四军江北指挥部会合,在向舒岳边界转移途中,遭到四十八军抓捕。第九游击纵队参谋长李伟烈(共产党员)、新四军江北指挥部联络员华兆红被四十八军杀害。蒋介石下令逮捕云应霖,予以判刑入狱,并"褫夺公权终身",关押于南京监狱,直至1944年才由李济深保释出狱。

(一)岳西人民抗日自卫团的建立

1938年6月,第一支抗日武装组织——岳西人民抗日团成立,吴汉卿任团长。吴汉卿(1914—1945),出生于岳西县毛尖山乡平精村和山庄,读过6年私塾,1927年春考入衙前粹新小学,受到校长王效亭的影响,1929年毕业后回乡参加农运,宣传"穷人要翻身,只有闹革命",乡亲们夸他"年小志高"。他的父亲吴丙晏是农会负责人,领导农会开展反对土豪劣绅的斗争。1930年2月,他参加请水寨暴动,担任潜山县革命委员会儿童团团长。请水寨暴动失败后,敌人对天堂苏区"清剿",红军游击队员、赤卫队员受

▶ 吴汉卿

到追捕,党组织的活动转入地下。吴汉卿化名"李伯林",到汤池畈、邓家冲以教书为名,在学生中培养革命骨干。为筹集军需,他与一位开小店的青年储月庭结拜为兄弟。1935年冬,吴汉卿在毛尖山秘密成立"潜北游击队",储月庭在吴汉卿的影响下参加了游击队,担任通讯员和采买,为游击队传递书信和采购物品。

1937年9月,红二十八军和便衣队撤离岳西后,吴汉卿在毛尖山、石关一带组建"岳西人民抗日先锋军",有21人、5支步枪。1938年6月,吴汉卿到舒城县东西港冲会见新四军四支队司令员高敬亭,提出发给枪支的请求,以建立抗日武装组织。高敬亭便拨给他长短枪10余支。吴汉卿回乡后,仅用3个月时间就组建了两个营的武装。

1938年8月13日,吴汉卿在毛尖山乡和山庄苗竹园成立"岳西人民抗日团",并担任团长。高敬亭派他的秘书储道政(温泉镇榆树村人)任团政委,派周桂花任教官。岳西人民抗日团有180

余人，110支枪，下属3个营。9月7日，吴汉卿任命刘云飞（石关乡人）为一营营长，接着又任命王凤舟（莲云乡人）为二营营长。当时，学生王良从河口寺高等小学六年级毕业，参加了吴汉卿的岳西人民抗日团。王良（1916年5月出生）是头陀镇西美村人，祖籍东营畈（温泉镇境内），时年22岁。9月13日，吴汉卿和书记官王亚东来到西美村严家保后庵冲王良家，任命王良为第三营营长。

1938年10月8日中秋节，王良带领三营途经舒城晓天，认识了"三番"首领程大老七。程大老七在晓天、主簿一带颇有威望，经高敬亭亲自做工作，他参加了新四军，正在协助新四军四支队手枪团政委汪少川动员青年参军。于是，汪少川通过程大老七授意王良为新四军招兵，并决定派新四军蔡联络官配合招兵工作。王良接受任务后，一方面以"国民革命军新编第四军第四支队"名义，在一些交通要道张贴"保家卫国，人人有责""有人出人，有钱出钱，有力出力，有枪出枪""抗日要当兵，当兵要当新四军"等标语、布告，公开动员岳西青年参军；另一方面，按照新四军四支队的"能招一班人就当班长，能招一排人就当排长，能招一连人就当连长"的办法，通过亲串亲、邻串邻、朋友托朋友、家族找家族的办法，秘密串连。一时间，岳西县的黄尾、石盆、头陀、平等、虎形、道义、河口寺、石关、东营等地的穷苦农民、放牛娃、帮工、青年学生，以及少数穿长衫戴礼帽的保、甲绅士，纷纷报名参军，形成了一股参军浪潮。原在军队中工作的汪石川（副军级）、储纪明（师级）、郑刚（师级）等人都是在王良的带动下离家出走，投身革命的。

1938年11月25日，王良和蔡联络官向新四军四支队输送了第二批兵员，正式编为一个新兵连，共约150余人，王良被任命为新兵连连长。1939年1月，王良的新兵连分别补充到新四军淮南抗日游击纵队的三个中队，王良任一中队副队长。3月调任游击纵队一大队部书记，6月调任四支队十四团特务营书记。同年9月，王良因病离开部队，回到头陀河老家。

（二）李柏林游击队的建立

1938年10月，接到高敬亭的命令，吴汉卿、储道政率岳西人民抗日团一、二营开赴舒城县东西港冲集训。在新兵集训期间，吴汉卿和卫兵储月庭专程到程河道与王良进行了联系。集训后，岳西人民抗日团编入新四军四支队游击纵队第一大队第三中队，于1939年八一节开往抗日前线。由于吴汉卿有地下工作和武装斗争的经验，各方面的能力特别强，他被高敬亭派回岳西发展组织，建立武装。

1940年2月，吴汉卿（化名"李柏林"）凭借四把大刀、两支步枪，在毛尖山和山庄第二次组建抗日游击队，被群众称之为"李柏林游击队"，开始时只有7个人，由吴汉卿及其叔叔吴玉平、弟弟吴再新以及吴青山、吴忠海、储诚启、王绪富组成，活动在潜（山）、岳（西）边区。

李柏林游击队在毛尖山白天钻山林，晚上下山筹粮筹款，宣传联合抗日的政策。当地乡警队听说山上住了新四军游击队,马上组织搜山。吴汉卿率七人游击队转移到巍岭,1942年7月,在深山密林里住了20多天后,才下山找到新四军七师挺进团,要求发枪对付敌人。连长葛少良对他们的事迹给予了高度的评价,并且说,枪是战士用鲜血同日伪军作战缴来的,非常珍贵,指示他们到反动的乡保长那里去"夺枪"。于是,吴汉卿按照新四军的指点,率部回到毛尖山,从保长储枝贯家里缴获了一支"汉阳造"步枪和一些子弹。一个月后,又在桐城西乡一个保长家里巧取了一支"中正式"步枪和100多发子弹。由于有了武器,李柏林游击队的声势传开了,招来大批受苦的人加入,游击队发展到30多人。

1943年元月,一支日军在飞机的掩护下入侵岳西县撞钟河、响肠河。国民党桂系四十八军闻讯后,从汤池畈向石关、来榜撤退。当时,吴汉卿率领游击队严守金龟山(响肠镇境内),准备迎击日军。日军发现有抗日游击队后,见势不妙,就趁白天从响肠河逃到潜山。

1943年春,国民党四十八军在汤池畈部署"清剿"计划,企图消灭李柏林游击队。8月,吴汉卿率游击队转移到巍岭,与杨震率领的桐西大队三中队会合。为了扭转被动挨打的局面,吴汉卿决定回师攻打四十八军的腹地黄石乡公所(现天堂镇东山社区汪氏宗祠)。1944年2月9日晚上,吴汉卿率领游击队装扮成押送壮丁,进入黄石乡公所,首先控制了乡长郑紫垣和警卫班,然后收缴了乡公所的枪支、子弹,命令郑紫垣集中乡公所20多人跟着游击队走。等到李柏林游击队把俘虏带到余安岭（天堂镇境内）山脚下时，天已经亮了。为了不暴露目标，吴汉卿决定就地释放俘虏，要求他们回去后保证做到三条：一是要联合抗日，枪口对外；二是不准对抗游击队；三是不准欺压剥削穷苦人。郑紫垣满口答应了。巧取黄石乡公所后，李柏林游击队拥有30多支枪、50多人，受到群众欢迎和上级表扬，被群众誉为是一支英勇善战的"神兵"。

1944年3月，李柏林游击队在汤池龙井冲林家大屋宿营时，因叛徒告密，遭到国民党四十八军一个营的围攻，吴汉卿沉着应对，率部安全撤出包围圈。李柏林游击队返回桐（城）、潜（山）、岳（西）边区，正式编入桐西大队第一中队，吴汉卿任中队长。桐西大队部住在桐城的华山，钟大湖任大队长兼教导员。

1944年4月，吴汉卿奉命率领20名游击队员到无为县，参加新四军七师师部学习，受到师长谭希林、师政委曾希圣、参谋长林维先的亲切关怀和教诲。学习结束后，20多名游击队员留下加入新四军七师。林维先找吴汉卿谈话，希望他留在师部工作。吴汉卿说，打了十几年游击战，习惯了游击生活，想回大别山。组织上同意了他的要求。吴汉卿回到大别山后，又重新拉起了一支游击队，坚持山区游击斗争。吴汉卿在大别山战斗了15年，是一位智勇双全、身经百战、赫赫有名的游击队长。

◀ 吴汉卿故居（毛尖山苗竹园）

1945年6月，李柏林游击队活动于潜（山）、岳（西）边区，遭到四十八军和潜山、岳西两县自卫队计400余人"围剿"。李柏林游击队化整为零，分散在深山密林中与敌人周旋。当吴汉卿率12名游击队员转移到魏岭草屋湾时，发现被四十八军特务营包围。吴汉卿率游击队向夺平山突围时被敌人打散，他只身返回和山庄躲避，准备收拢队伍。但由于叛徒吴泽高、吴国聘出卖，吴汉卿不幸被捕。敌人把他押送到四十八军特务营关了一个多月，多次对他进行严刑拷打，并以封官许愿进行诱降，企图从他口中得到游击队员的信息，均未能得逞。吴汉卿和吴青山、王启明、王绪富等9名游击队员被杀害于汤池畈的蔡家河。吴汉卿的父亲、叔父、兄弟等先后为革命牺牲，因而被称为"一代英豪，满门英烈"。新中国成立后，为了纪念吴汉卿烈士，毛尖山乡政府将他家所在的和山庄苗竹园改名为"柏林村"。

五、新四军在岳西的活动

(一)输送新四军的热潮

1937年第二次国共合作时,红二十八军建制下的二四四团一营、手枪团、军部特务营和交通队、所属游击队计约900余人,其中包括在岳西组建的一个团(二四四团)、两个游击师(四路游击师、四县游击师)、一个战斗营(潜山战斗营)、一个独立营(皖潜独立营)、四支游击队(皖潜游击队、潜北游击队、潜山游击队、潜太游击队),皖鄂边特委在岳西集结的22支大小便衣队共计221余人,加上鄂东北独立团和各县便衣队,共计1800余人。这些游击队、便衣队于1938年1月分别编入新四军第四支队第七团、第九团、手枪团。1939年以后,又从岳西输送了一批又一批的新兵,先后编入新四军第四支队、新四军第七师、第二师(第四支队改编为第二师第四旅)、第五师。

抗日战争时期,岳西县境内有12支计1514人的抗日武装,输送到新四军第四支队的岳西籍青年有1000余人,输送到新四军五师、七师、二师的岳西籍青年有150余人。抗日游击队队长吴汉卿三次向新四军输送新兵:1938年10月,岳西人民抗日团

180人编入新四军四支队;1944年3月,李柏林游击队50人编入新四军七师桐西大队第一中队;1944年4月,吴汉卿率领的20名游击队员编入新四军七师。1938年12月,王良在家乡招募的新兵连150人编入新四军第四支队。1939年1月,梁从学、汪少川在岳西、舒城一带招募400余人,编入新四军淮南抗日游击纵队。1939年6月,淮南抗日游击纵队改编为新四军第四支队第十四团。抗战时期的岳西被誉为新四军的"摇篮"。

(二)踊跃从军的风潮

抗日战争期间,在民国政府"地不分南北,人不分东西"的口号下,岳西出现了"母亲叫儿打东洋,妻子送郎上战场"的动人场面。刘龙章(汤池畈人)是岳西县第一个从军报国的抗日军人,他毅然放弃了学业,于1939年5月参加抗日的国民革命军。刘龙章入伍以后,无论遇到什么危险情况,他总是冲锋在前。1941年,他所在的部队征战到河南省的西平县,在一次剧烈的战斗中,他为了营救被日军包围的部队首长,竟单枪匹马冲入重围,掩护部队首长脱离险境,而自己却陷身虎穴,最后壮烈牺牲。

1939年8月,全县掀起了青年踊跃从军的风潮,不到半年计有698名爱国青年参军。岳西县同胞从各方面配合政府的需要。全县人民省吃俭用,将节省下来的米粮、布匹献给前线;国军打仗需要人力运输物资,本县同胞全力支援,共计为国民政府军提供民夫一万余人。那时的岳西真可以说是"中国人抗战精神的所在地"。

当时南岳中学、华正中学一批热血青年对日军万分痛恨,他们高呼"从军报国是我们青年的责任!"的口号,希望参军,上阵杀敌。正逢抗日青年志愿军到学校招募,华正中学的学生王泽华才15岁,他主动与同学一道报名参军。同他一道去的有王玠琦、王先丙、王仁士、王章继、王文明、王刚等18人,号称"华正十八学士"。他们提前半年毕业,由校长王贯之送他们翻过白云山,到衙前县政府报名入伍。为响应国民政府提出的"十万青年十万军"的招兵号召,全县有100名高中学生入伍,投奔抗日前线,其中南岳中学动员20名高中班学生报名参军,占当时全县学生从军总数的三分之一。

(三)新四军七师挺进团在岳西

1941年2月中旬,新四军七师第三支队江北挺进团第九连连长葛少良率领一个排30余人,进驻岳西县巍岭地区。巍岭位于岳西、潜山、桐城三县接壤地带,周围高山环抱,地势险峻。葛少良率部在巍岭发动群众,开辟了一块游击根据地,并秘密发展党组织。当时,巍岭地下党员王本奎经常与新四军有联系,为新四军筹集给养、跑交通。1941年3月,中共巍岭中心支部建立,王本奎任中心支部书记,下设主簿原、汪河、倪河(潜山)三个党支部。

1941年4月,新四军第七师挺进团团长林维先、政委彭胜标率领800多人离开桐庐无地区,第一次挺进大别山,活动于桐、潜、怀、舒、霍、岳六县边区,深入岳西境内的巍岭、主簿原、鹞落坪打游击,打通了与新四军第五师的联系。

1941年8月,团长林维先率七师挺进团进入宿松、望江、太湖、泊湖地区活动,1942年1月8日,被国民党桂系四十八军一七六师包围在泊湖,突围后转移到岳西县小河南(五河镇境内)休整。1月18日,七师挺进团正要向鹞落坪行军时,遭到从来榜河开来的一七六师一个营、店前河的"十一游"纵队和岳西县常备队的阻击。林维先率一部分部队转移到鹞落坪,经过巍岭回到桐西。

1942年8月,吴汉卿率游击队从毛尖山来到巍岭,找他的姑爷王本奎,通过王本奎的亲戚关系,找到了活动于巍岭一带的新四军葛少良部。同年10月,七师挺进团将李伯林游击队改名为"巍岭抗日游击队",以巍岭为活动中心。同时,葛少良部在岳西境内成立鹞落坪、巍岭、毛尖山三支小游击队。李柏林部配合七师挺进团葛少良部开辟了巍岭游击根据地。

1943年3月,姚河党支部建立。9月,吴汉卿回到毛尖山,建立了大河山、和山庄两个支部,隶属巍岭中心支部。此时,巍岭中心支部共有党员30余人,隶属中共舒桐潜工委(书记黄瑛,委员杨震)。1944年春,巍岭地下中心支部被敌人破获,书记王本奎被害。

▶ 张体学

(四)新四军第五师张体学部在岳西

1940年4月,张体学[①]率新四军鄂东独立团200余人东进,第一次由湖北英山进入岳西境内的深古乡,活动于深村、古坊、周家冲、凉亭坳一带。据当时老年人回忆,张体学部驻扎凉亭坳休整,五天后离开。1941年2月,张体学率新四军鄂皖挺进纵队700余人由太湖第二次进入岳西境内的古坊、河图、包家一带。1941年4月22日,林维先在皖鄂边区的陈汉沟(宿松境内)与张体学部会合,并商讨合编计划。张体学回鄂东后,在岳西留下100余人组成的"扎根队",队长徐松山,成立了中共英(山)、太(湖)、岳(西)边区区委,方庆珊任区委书记,黄清明任教导员。新四军"扎根队"先后驻扎金龟畈、上坊田,建立了大岗岭、道士坪抗日根据地,

---

① 张体学(1915—1973),河南光山县(今属新县)人。

活动于英山、太湖、岳西三县边区。1941年10月,张体学率新四军第五师十四旅四十二团300余人第三次东进鄂皖边区,在英、岳、霍、潜、太五县边区开辟游击根据地,活动于岳西境内的古坊、大岗岭、道士坪地区。

1942年5月,鄂皖边区地委根据鄂豫皖边区党委和新四军五师的指示,派钟子恕、鲁教瑞率领一支60余人的队伍进驻鹞落坪,在鹞落坪组建中共英(山)、岳(西)、太(湖)、立(金寨)、霍(山)五县边区工委和五县边区抗日指挥部,下设1个连3个排4个班,有机枪2挺、步枪40余支、手枪10余支,对外称"五县支队",支队长为钟子恕,政委为鲁教瑞。支队以鹞落坪为工委(支队)根据地,战斗于鄂皖边境的鹞落坪、凉亭、古坊一线,任务是打通新四军五师与新四军第七师之间的联系。当时,新四军五师活动于岳西县西南部,新四军七师活动于岳西县东北部,岳西境内的古坊是新四军五师和七师之间联系的节点。1942年12月,英、岳、太、立、霍五县边区支队编入新四军五师。

(五)新四军七师杨震游击队在岳西

1943年1月,新四军七师五十八团三营七连连长张有道、指导员杨震率部第二次挺进大别山,开辟舒桐潜岳边区游击根据地,配合新四军沿江支队开展反"围剿"斗争。同年3月,新四军七师五十八团三营改编为沿江支队,林维先任支队长。8月,第七师沿江支队桐西大队第三中队共计150余人西进岳西,杨震任队长,张国平任指导员,称为"杨震游击队",活动于毛尖山、大和山一带,与李伯林游击队相互配合,开辟了以巍岭为中心的游击根据地。

1944年元月5日,国民党第四十八军、第七军和地方部队省保安团、"十一游"、"十三游"以及桐、舒、潜、岳、怀五县国民兵团共计5万余兵力,对大别山皖西游击队进行全面"清剿"。桐西大队活动的舒、桐、潜、岳四县边区是敌人的"清剿"重点。国民党军队采取"搜山、伐树、烧山、封山、移民并村"的残酷手段,妄图把桐、舒、潜、岳四县边区的地下党和新四军"斩尽杀绝"。为了保存革命力量,桐西大队主力决定转移到外线作战,从巍岭向桐南地区转移,留下杨震率领的第三中队坚守巍岭中心根据地。同时,舒城杨启文游击队、岳西吴汉卿游击队与杨震部互相配合,在巍岭一带不断与敌军周旋。此时,留在大别山皖西的新四军部队只剩下杨震领导的桐西大队三中队武装。他们以巍岭为立足点,转战于舒、桐、潜、岳边界山区。当时传说,桐西大队有个中队在山区活动,所以,人们习惯称其为"山里中队"。

1944年1月至1945年8月是杨震游击队最艰苦的时期。敌人不断搜山,游击队只得白天潜伏,夜晚行军;他们穿着草鞋,草鞋破烂了,就赤脚跑。数九寒天,他们身着单衣,粮食奇缺,经常以野菜野果充饥。尽管当时斗争异常残酷,生活艰苦,但是,杨震游击队始终抱着一个坚定的信念:跟着共产党走,将革命进行到底。

当时,岳西山区的群众自身生活艰苦,却主动借粮给杨震游击队。敌人以"通匪"罪名抓了一些老百姓,要他们"自首",交出共产党员的名字,但是他们誓死不交代。有些群众冒着生命危险,暗中给游击队送情报,他们和新四军之间有个"暗语":如果发现敌人搜山,就大声喊"黄牛散了绳子""黄牛上山了",意思是说,穿黄衣服的国民党军来了。有一次,敌人在巍岭不远的地方搜山,杨震游击队见被敌人包围,就急中生智,隐蔽在一处悬崖上。敌人不敢爬上来,就用枪口押着老百姓爬山,有三个老乡上来后,发现了杨震,但他们没有声张,下了山报告敌人说:"山上没有一个人。"敌人信以为真,就这样,杨震安全脱险。

杨震领导的新四军游击队在舒城、桐城、潜山、岳西交界地带艰苦转战两年,先后打了30多次仗,威震大别山。1945年10月,杨震游击队编入皖西大队。

第七章

华东军区、中原军区部队在岳西的游击斗争

1945年10月至1946年7月,新四军四支部队向大别山突围,进入岳西境内开展游击斗争。一是原属新四军第七师的皖西大队从东面进入岳西。1945年10月,皖西大队隶属华中野战军,1946年改名皖西支队,隶属山东野战军,1947年隶属华东野战军。二是原属新四军第五师的鄂东军区独立第二旅(张体学部)于中原突围后从西面进入岳西,1946年隶属中原军区野战军。三是原属新四军二师六旅十七团的一个独立营从北面进入岳西,编入皖西支队。四是原属新四军第五师的鄂西北军区两支大队于鄂西北突围后从西面进入岳西,1947年5月隶属华东野战军,1947年10月编入刘邓野战军。

1945年10月至1947年10月,中共皖西工委领导的皖西支队在岳西县境内活动长达一年多时间,直至刘邓大军挺进岳西才

结束了其历史使命。皖西支队活动范围涉及潜山、桐城、岳西、舒城、庐江、太湖、霍山、怀宁八县山区,创建了皖西游击根据地,为刘邓大军挺进大别山创造了有利条件。

一、华中军区皖西大队西进岳西

(一)皖西工委和皖西大队在岳西

1945年9月,根据中共中央致华中局的指示,新四军第七师北撤到苏北解放区。1945年9月20日,第七师部队进行了整编,谭希林任师长,曾希圣任师政委。10月2日,华中局致电新四军七师和皖江区党委,指示"由沿江支队抽调对大别山区熟悉的三个主力连,留皖中地区活动"。10月3日,新四军第七师撤出皖江地区后,留下沿江团三营九连(连长曹士和)、七连(连长张有道)和手枪队(队长姚守永,指导员刘建民),共280余人,在无为县组成"新四军皖西大队",由白湖中心县委书记桂林栖任政委,沿江团二营教导员钟大湖任大队长。在完成掩护第七师北撤的任务后,皖西大队从无为县出发,经巢湖、庐江、桐城、舒城,转移到皖西大别山。10月中旬,皖西大队到达桐、潜、舒交界山区的西岭(潜山县后冲乡),找到了张伟群、杨震率领的游击队。加上舒城

的杨启文、储德纯游击队,三支部队会合,共400余人,统称"皖西大队"。1945年10底,皖西大队在桐潜交界的螺丝岭召开会议,桂林栖传达第七师党委决定,撤销中共舒桐潜工委,成立中共皖西工委,桂林栖任书记,张伟群任副书记,钟大湖、张有道、杨震为委员。

中共皖西工委成立后,决定皖西大队分散活动,一路由桂林栖、张伟群率领,在潜山、岳西、舒城三县交界地区活动;一路由钟大湖率领,在潜山、桐城、舒城边界活动;一路由张有道率领,在岳西、潜山、太湖边界活动。

1945年11月初,张有道率部转战到潜山县境内的板仓后,向西进入岳西境内的枯井园,从主簿原北面插入头陀,消灭了驻虎形碉堡的敌军,缴获5支步枪和200多个手榴弹。接着,经过黄尾河进入包家河后,在鹞落坪驻扎下来。后转战英山县的桃花冲、草盆地一带,缴获了一万多元钱和一批子弹、棉布、衣服。

皖西大队进入大别山后,广西军尾随进山"清剿",地方土匪武装配合广西军搜山。1945年11月上旬,桂林栖、张伟群率皖西工委机关在潜山县龙山杏花村宿营时,遭到国民党潜山县保安队包围袭击,杨震指挥部队掩护首长经彭河向板仓方向撤离,但张伟群刚出村庄,就被敌人步枪射中,头部受伤。背电台马达的两名机要员掉队,遇敌被俘,马达给敌人抢走了。

电台马达丢失后,皖西工委与上级的联系中断,皖西大队被敌人打散。有一段时间,敌人切断了皖西游击队同外面的联系。

1945年冬,广西军将皖西大队围困在深山里,企图使他们缺衣无食,冻饿而死。在岳西、舒城交界处的板仓,桂林栖部曾被敌人包围了七天七夜。因为没有粮食,就买老乡的腌菜充饥。当时皖西大队只剩下150多人,下设的几个中队分散活动。

(二)找新四军第五师

由于马达丢失,电台开不通,与上级华东局(1945年12月成立)失去了联系,皖西工委决定派连长张有道、指导员刘建民带领七连一个排到湖北找新四军五师,打通皖西支队同五师之间的联系,并请求支援。

1945年12月下旬,按照皖西工委的指示,张有道、刘建民带领一个排从潜山西岭出发,经过岳西境内的主簿、头陀、包家,到达离鹞落坪20华里的茅坪河,会见了黄冈军事指挥部领导人漆少川,由他派人带路,来到湖北大悟县禹王城五师独立第二旅驻地,见到了鄂东军区司令员兼独立第二旅政委张体学、旅长吴诚忠。张有道、刘建民向独立二旅首长说明了来意。随后,经张体学介绍,张有道、刘建民于1946年春节在大悟山新四军五师司令部驻地,见到了中原军区司令员、新四军五师师长李先念,向他汇报了新四军皖西支队的情况。李先念指示,皖西支队的枪弹不足和购电台所需费用由独立二旅给予解决。此时,经过重庆谈判,毛泽东已经发布停战令。为避免引起国民党方面误解,李先念决定,张有道、刘建民所率部队留在五师,与独立二旅一起活动。

1946年3月20日,李先念给桂林栖、钟大湖写一封信。信中说,内战难以避免,嘱咐皖西部队要提高警惕性。

二、新四军二师独立营北进岳西

1946年6月下旬,新四军第二师第六旅第十七团的一个独立营在淮南津浦路西解放区被国民党军队包围后,由团政治处副处长刘海雁、营长石时伦、教导员程一湘、副营长贾存秀带领,向大别山区突围,改编为"定(远)滁(县)全(椒)三县总队"。他们来到皖西山区时,全营有3个连,八连在巢湖受了损失,只剩下七、九两个连计100余人。经巢湖、庐江,来到大别山后,与张伟群、钟大湖领导的皖西大队会合。会合后,二师来的两个连在桐潜交界地区进行休整。不久,根据钟大湖建议,由程一湘带一个连,派刘建民带一个班当向导进入岳西,到鄂东地区寻找五师突围部队。经过10多天的行军打仗,程一湘、刘建民到鄂皖边境的冶溪河,找到了五师独立二旅,向旅政委汇报了皖西游击队的情况,并请张体学将二师独立营离开津浦路西解放区后的情况转告苏北解放区军部。张体学随即向中央报告了二师独立营突围情况。8月下旬,程一湘部回皖西,在岳西境内的巍岭、主簿原、沈家桥、头陀河一带开展游击斗争。1946年冬,独立营七连在潜山万山(天柱山)打游击时受到损失,只剩下九连由副营长贾存秀、副连长刘长胜带领到巍岭一带活动。1947年1月,九连的三个排分别编入皖西支队一、二、三大队。

三、鄂东独立二旅中原突围东进岳西

(一)中原突围东进大别山

1945年10月,中原军区在大悟县吕王城将新四军五师十四旅以及鄂东、鄂南的地方部队合并改编为"鄂东军区独立第二旅",鄂东军分区司令员吴诚忠任旅长,鄂南军分区司令员兼政委张体学任政委,豫东南军分区司令员何耀榜任副旅长,鄂东分区副政委熊作芳任副政委,鄂东军区参谋长李继开任参谋长,下辖第四团(团长张海彪,政委萧德明)、第五团(团长彭超,政委汪进先)、第六团(团长石建金,政委黄世德)和干部大队,共计6000余人。

当时,湖北省大悟县东北部的宣化店是中原局机关和中原军区司令部所在地,国民党以五倍于中原军区的优势兵力进犯中原解放区,并计划在48小时内一举包围歼灭中原军区主力于宣化店。中原军区司令员李先念决定独立二旅留守宣化店,担负掩护军区首脑机关和主力安全突围。1946年6月25日清晨,旅长吴诚忠率领第四团第二营严守宣化店的南大门佛塔山,旅政委张体学率领警卫排和第六团第一营秘密开进宣化店,以"换防"为名接替了中原局、中原军区首脑机关的警卫任务。6月25日午夜,中原局、中原军区首脑机关秘密地撤出了大悟县宣化店,中原军区野战军主力分两路向西突围。主力安全撤出宣化店以后,冲破国民党重兵封锁的平汉铁路,摆脱了敌人的围追堵截,计划向西突围到陕甘宁边区。1946年6月26日,蒋介石调集10个整编师30万大军大举围攻中原解放区,震惊中外的中原突围战役打响。

  1946年6月29日深夜,独二旅警卫排和六团一营迅速撤离宣化店。四团二营指战员同时撤离佛塔山阵地。至此,掩护主力突围的任务顺利完成。当晚,鄂东独二旅3个团及旅部计6000余人按照原定计划兵分三路向大别山突围。旅政委张体学率领警卫排和第六团第一营向麻城以北方向突围。但是,国民党七十二师一个旅在麻城以北地区设置一道封锁线,堵截独立二旅东进。7月1日晚上,张体学率领警卫排及第六团一营到达麻城林店地区,与吴诚忠、何耀榜、熊作芳所率领的旅部和第四团会合,旅党委会当即开会决定,部队连夜冒雨急行军,向麻城东北方向转移。

(二)冶溪河会合

1946年7月2日拂晓,当旅部和第四团进至黄土岗以西一带时,与国民党军第三十四旅一个营遭遇。张体学当即命令四团前卫一营迅速抢占高地,与敌展开激战。是役毙伤敌50余人,俘100余人,缴获机枪1挺、步枪30余支,这是独立二旅在突围中的第一个胜仗。当晚,向西集结到潢川至麻城公路以西,独立二旅党委与第四团团部召开紧急会议,决定部队以营为单位分散行动,从夹缝中突破敌人封锁线,计划于7月下旬,到安徽境内的岳西县冶溪河会合。

7月14日,旅部和四团各营已突破封锁线,向罗田滕家堡方向突围。7月16日,独立二旅旅部和四团三营与第五团在蕲春、英山、岳西、太湖边区会合。同时,第六团在蕲春、浠水摆脱国民党第七十二师一个团的阻击之后,向岳西、太湖边区挺进。

7月17日,经过20天连续行军作战,独立二旅旅部和第四团、第五团、第六团先后到达预定地点岳西县境内的冶溪河。在完成中原军区主力转移的掩护任务之后,独立二旅各部克服了艰难险阻,突破了国民党军的重重包围,终于在冶溪河胜利会师,宣布了国民党军围歼独立二旅的计划破产。此次突围,独立二旅仅伤亡100人,加上非战斗减员总共5000人左右。独立二旅不仅保存了90%以上的兵力,而且牵制了国民党军6个正规旅、2个独立团、4个地方保安团共计5万人的兵力,从而减轻了中原军区主力部队西进的压力,同时掩护了第一纵第一旅胜利向东突围。

(三)冶溪河会议

1946年7月17日上午,张体学、吴诚忠、熊作芳、何耀榜、余潜等拜访了闲居在家的胡汉三①将军,并把独立二旅的指挥部设在胡汉三家。由于连日行军作战,指战员极度疲劳,加之少数部队尚未到达,旅党委计划休整一两天,再继续东进,并电告中共中央和中原局、华中局。旅党委在胡汉三家连夜召开有各团团长、政委参加的扩大会议,研究继续东进事宜。

7月18日上午,独立二旅指挥部收到华中局复电:祝贺你们胜利突围,途中打了个胜仗,欢迎你们早日来会合。18日下午,独二旅在冶溪河召开团以上干部会议,布置继续东进计划,称为"冶溪河会议"。当张体学正在讲话时,突然接到中共中央电报:"独立二旅停止东进,留在大别山区就地分散坚持游击战争。"原来,鉴于国内形势已经发生了根本性的转变,独立二旅原定东进与新四军总部汇合的计划已经不能实现,中央综合考虑各种因素后,指示独立二旅留在大别山区继续坚持游击斗争为上策,以等待形势稍作好转再作定论。

党中央的指示,对于刚刚突出国民党军重围的独立二旅指战

---

① 胡汉三(1884—1966),岳西县冶溪镇石嘴村人。1909年同李济深一起毕业于日本士官学校,1911年投身辛亥革命,1927年任国民政府陆军大学教官,1930年任国民政府军政部少将。1954年被安徽省长推荐为省文史馆馆员。

员来说,是一个严峻的考验。因为当时环境险恶,一是因后勤部队随主力突围,独立二旅无法获得弹药和粮食补充;二是敌我力量悬殊,国民党出动了整编七十二师、四十八师和湖北省保安团计5万余人"围剿"独立二旅,而独立二旅不足6千人,坚持留在大别山,就意味着要再一次闯进国民党军的包围圈。张体学指出,如果大别山地区继续有我军存在,国民党就不得不派军队封锁这里,独立二旅即使牺牲了也是为了顾全大局。旅政委张体学、旅长吴诚忠没有丝毫犹豫,毅然表示要顾全大局,坚定不移地服从党中央命令。当天晚上,在旅部驻地玉珠畈(岳西县冶溪镇与太湖县北中镇交界),张体学主持召开旅党委会,研究执行中央战略部署的具体措施。

7月18日,根据中共中央新的指示精神,为统一领导与指挥鄂皖边地区的游击战争,中原局决定,以独立二旅党委为基础,组建中共鄂皖地委,由张体学任书记,吴诚忠、熊作芳、何耀榜任副书记,余潜、刘名榜、赵辛初(组织部长)、易鹏、林桂华为委员。独立二旅党委随即召开会议研究决定,除原部署留易鹏、黄宏伸在鄂皖边地区坚持游击战争外,派熊作芳到皖西传达中共中央指示,开展皖西地区的游击战争;赵辛初、漆少川到黄冈开展黄(冈)、麻(城)地区的游击战争;余潜因腿伤到蕲(春)北隐蔽治疗;李继开(旅参谋长)随熊作芳到皖西后化装转移。还决定将第四、第五、第六团改称第四、第五、第六支队,原新四军第七师派到宣化店执行任务的沿江团第三营第七连,改称鄂皖边独立游击大队。

7月19日晚,独立二旅又召开团以上干部会议,张体学传达了中共中央的指示和旅党委的决定,要求各团在天亮前必须离开冶溪河。7月20日拂晓,独立二旅旅部和第四、第五、第六支队从冶溪河出发,各部按照旅党委决定精神,开始分头行动。

冶溪河会议是独立二旅在东进途中召开的一次重要会议,也是一个转折点。它为独立二旅留在大别山区,广泛开展敌后游击战争,继续牵制国民党军队,支援兄弟解放区的作战做了必要的思想准备和组织准备。

(四)回师大别山

1946年7月20日起,独立二旅各部开始回师大别山地区。国民党获得中原军区鄂东独立第二旅各部在冶溪河会合的情报后,急忙调兵遣将,重新部署。当独立二旅团以上干部会议刚结束时,整编第七十二师第三十四旅已由英山东北之金家铺、新铺,分三路向冶溪河合击;新十三旅一部置于英山、蕲春边境,分散控制各主要村镇;新十三旅另一部及整编第四十八师第一七四旅作为机动,新十五旅调至罗田地区集结;另以整编第四十八师一个团配合两个保安团,在金寨、霍山、岳西三县边境严密封锁各交通要道,企图将独立二旅一举"围歼"。

面对国民党军大规模的攻势,独立二旅趁敌合围圈尚未形成之机,积极开展反"围剿"斗争。由于独立二旅主力预先离开冶溪河,向岳西县东北方向转移,国民党军分进合击的计划破产。7月21日,当独立二旅旅部和第四、第五支队进至岳西县包家乡境内的门坎岭、九节沟时,国民党军第三十四旅两个团分三路猛扑过来。张体学、吴诚忠当即命令第四支队担任后卫,抢占有利地形,予以阻击。第四支队第一、第三营(原第四团所属的营建制)指战员迅速上山,抢占制高点,英勇击退了敌人的三次强攻。旅部和第五支队边打边走,最终突出重围,实现安全转移。此仗,激战七个小时,毙伤国民党军三四百人,是独立二旅反"围剿"中的一次大胜仗。

九节沟战斗后,第五支队留在岳西一带坚持斗争。旅部和第四支队转移到岳西境内来榜河一带时,又遭国民党军整编第四十八师两个团的阻击。国民党军采取"尖刀式"打法,直插独立二旅旅部,企图先吃掉旅指挥机关。当时,旅部正在发电报,情况非常危急,旅领导当即命令第四支队从侧翼反击,警卫营直插敌后。经过3小时激战,来势凶猛的国民党军被击溃。旅部和第四支队在夜幕的掩护下转移到鹞落坪。担任掩护的一个连掉了队,后来返回到冶溪河地区。与此同时,第六支队向蕲春、黄梅、广济、英山方向前进。当进至蕲春、浠水交界的三角山时,遭国民党军整编第七十二师新十三旅一部的阻击。第六支队猛打猛冲,将敌人击退,然后向蕲春方向转移。

国民党军队"围歼"独立二旅的计划失败后,并不甘心。7月25日,蒋介石电令程潜:"由夏威司令官统一指挥整编四十八师及整编七十二师一个旅,不分地区负责'清剿'。"7月27日,国民党军新十三旅经蕲春之张家塝、弥陀寺向宿松、太湖尾追独立二旅。为了摆脱国民党军,第六支队决定留一部在蕲春、黄梅、广济地区打游击,主力向潜山、岳西、桐城边境的皖山(明堂山)、土地岭地区转移。7月28日,国民党军第三十四旅进驻蕲春设防。独立二旅旅部及第四、第五支队为了保存力量,避敌锋芒,向太湖、宿松方向转移,于7月底先后与原新四军第二师路西独立营两个连和第七师沿江团第三营第七连200余人会合。8月初,独立二旅旅部及第四、第五支队,经昼夜行军,来到岳西县冶溪河大竹山。第六支队辗转回到蕲春以北地区。至此,国民党军企图于7月底"围剿"独立二旅的计划又宣告破产。

(五)冶溪河大竹山会议

1946年7月31日,原新四军二师独立营教导员程一湘率领一个连、原新四军七师连长张有道率一个连和指导员刘建民率领一个班,在冶溪河与鄂东军区独立二旅会合。

1946年8月8日,独立二旅旅部机关和各路部队集合在冶溪河南面的大竹山(岳西县冶溪镇白沙村)露天宿营。独立二旅党委在大竹山召开旅直和第四、第五支队连以上干部紧急会议,讨论贯彻中央电报关于改编部队、独立二旅留在大别山坚持斗争的指示精神,并作动员部署。张体学代表旅党委向全旅指战员作最后的动员讲话,阐明留在大别山坚持斗争具有重大战略意义和有利条件。他指出,要保住大别山的革命红旗,占据大别山桥头堡,为全国大反攻搭上跳板。旅长吴诚忠传达中央中原局的决定,为统一领导与指挥大别山地区的游击战争,经中央军委7月31日批示,华中二师两个连、七师桐西游击队和大别山各游击队,由中共鄂皖地委统一领导与指挥。

会议根据当时敌情,决定兵分三路,由吴诚忠、张体学、熊作芳分别指挥行动。第六支队到达蕲春以北地区后,亦召开了干部会议,决定以营为单位(仍按原第六团所属的三个营建制)分散活动:一营到蕲春、黄梅、广济地区,二营到罗田、英山地区,三营到黄冈、麻城地区,支队部随一营行动,坚持大别山游击战争。

(六)张体学在冶溪河养伤

在国民党军的围攻下,1946年11月上旬,已经苦战五个多月的独立二旅损失惨重,加上原新四军七师、二师在大别山留下的部队和游击队以及一批地方干部,总共只有1000人左右。他们二三十人一股,完全便衣化,分散在大别山地区坚持游击战争。到11月下旬,独立二旅所剩部队及干部仅300余人。12月上旬,独立二旅团以上干部被迫离队,张体学身边只剩下二三十人。独立二旅指战员自1946年6月掩护主力突围后,在极端困难的条件下,执行中央战略意图,留守大别山打游击,牵制了国民党军7个正规旅、5个保安团共5万余人,完成战略牵制任务,表现出顾全大局、勇于担当、甘于奉献的革命精神。

1946年12月上旬,张体学、赵辛初率部在冶溪彭家河(冶溪镇大山村)与国民党军一个团遭遇,被敌人包围。在突围中,张体学不幸负伤。部队将张体学转移到冶溪河西北面的犁头尖(冶溪镇西坪村),安置在一石洞中养伤。当时,犁头尖附近的十几户人家轮流为张体学送水送饭。在张体学养伤期间,国民党地方武装多次到西坪挨家挨户搜查,将刺刀架在群众的脖子上,要他们说出张体学的下落,但是没有一个群众吐露消息。敌人见硬的不行就来软的,宣称只要有人说出其下落,就奖励10万大洋。但当地群众对敌人的利诱毫不动心,不顾自身安危,坚持送水送饭一直到张体学痊愈。

四、华东军区皖西支队在岳西

(一)皖西支队整编

1946年12月中旬,为了统一领导与指挥在皖西的原新四军第二、第五、第七师的部队和游击队,熊作芳在桐潜交界的螺丝岭(潜山县后冲乡境内)召开干部会议,决定对部队进行整编,三支部队合并,在皖西的原新四军五师、二师、七师所属部队有500余人,统一称为"皖西支队",由钟大湖任支队长,桂林栖任政委,张伟群任副政委,程一湘任政治部主任(皖西工委委员),下辖三个大队。按照独立二旅党委的决定,由副政委熊作芳统一领导和指挥皖西支队。

皖西支队整编任务完成后,由张伟群、钟大湖率一部在潜山后冲一带活动;副政委熊作芳率保卫队30余人,与贾存秀率领的一、二连,共同在岳西境内的巍岭一带活动,并配合姚奎甲手枪队开辟游击区。熊作芳率皖西支队以岳西县巍岭为根据地,转战舒(城)、潜(山)、岳(西)边界地区,在巍岭坚持艰苦斗争长达8个月时间。1947年3月,熊作芳因生病离开岳西,经上级安排,由地下党护送到苏北淮安治病。他带着警卫员舒成友,由秘密交通员何东初一路护送,通过上海地下党的关系,乘海轮到山东省莒县七师司令部,会见了中央华东局国民党统治区工作部部长曾希圣,受到中央华东局书记饶漱石的接见。华东局决定,熊作芳继续在皖西工作,并以熊作芳、桂林栖为主组成新的中共皖西工委。熊作芳返回时再次前往上海,将华东军区司令部配给皖西支队的电台从地下党组织手中领回,准备从原路返回皖西,但因先期动身的秘密交通员和两名译电员被捕,熊作芳转道河北邯郸、冶陶,到了山西晋城。

(二)皖西支队在岳西的活动

1946年3月,桂林栖到江苏淮安向中央华东局汇报工作,1947年2月返回大别山。华东局根据桂林栖的报告,选派了熟悉大别山情况的团、营、连级以上干部20余人,随同桂林栖回到皖西。桂林栖在桐潜交界的螺丝岭(皖西工委机关所在地)主持召开皖西工委(大队长以上干部)扩大会议,传达华东局和华东军区司令部的指示。会议决定,成立三个县委、两个工委,即岳北县委、潜太县委、舒六县委和桐庐工委、庐北工委,扩编皖西支队,将原有三个大队扩编为五个大队和一个直属队。五个大队分别为岳北县大队、潜太县大队、舒六县大队、桐庐县大队和庐北县大队。直属队下辖三个连,姚奎甲任教导员。

西南至太湖、宿松、望江,北至岳西鹞落坪,皖西支队逐渐建立起比较稳定的后方根据地。皖西支队一边与敌人斗争,一边筹措钱粮补充枪支弹药等军需。还积极争取当地国民党乡、保、甲长为部队办事。

五、鄂西北军区部队突围到岳西

(一)鄂西北军区二分区政委刘健挺突围到岳西

1947年2月6日,鄂西北军区二分区政委刘健挺与司令员杨秀坤率领江北游击支队,从鄂西北突围出来,越过礼山县东大山时,遭到国民党军一个团的伏击。刘健挺率余部冲出敌人封锁线

时,部队已经失散。当刘健挺部到达金寨县斑竹园时,又遭国民党军包围,所剩一个连又被冲散。刘健挺准备率侦察队40余人打回老家(霍山县),转战至岳西县包家乡烂泥坳时,又遭遇敌人大部队,侦察队员大多负伤,难以行走。刘健挺找到当地的党组织,安置好伤员,自己化装成一名商人,沿大别山东走。经过三个月的长途跋涉到达临淮关,找到了中共津浦路西区党委。

刘健挺走后,其余部30多人由一位姓楚的参谋和指导员刘烈带队,寻找游击队,于1947年4月在主簿原张深沟(岳西县主簿镇境内)偶然与岳北县大队相遇。会合后,楚参谋化装去了山东,刘烈率部编入岳北县大队二连,刘烈于1947年9月担任岳西县政府司法科长。

1947年12月,刘健挺随六合工委游击队到达中共皖西区党委和皖西军区所在地舒城晓天。刘健挺将鄂西北突围部队失散、自己化装至津浦路西的经过,向皖西区党委书记彭涛、军区司令员曾绍山作了汇报。皖西区党委将刘健挺的情况转报中原局。中原局于同年12月电示恢复刘健挺的党籍,任命他为皖西军区第四军分区副政治委员,负责筹措淮海战役的支前工作。

(二)鄂西北军区副司令员刘昌毅部突围到岳西

1946年6月29日,中原军区副司令员王树声率领新四军一万余人于中原突围后,8月27日建立鄂西北军区,王树声任司令员,刘昌毅、罗厚福任副司令员。1947年2月6日,刘昌毅率领的鄂西北军区独立旅在湖北保康县康家山遭到国民党重兵包围,苦战三天,杀出重围后,部队已不足千人,仅有的一部电台被打坏,与上级失去联系,行动极为困难,刘昌毅决定从鄂西北向大别山转移。1947年3月27日,鄂西北军区副司令员刘昌毅、政治部主任胥治中率领两个大队、三个直属连、一个干部队,共计600余人,经过一千多里的紧急行军,胜利进入皖西。抵达金寨县时伏击追敌,歼敌两个营。4月上旬,进至岳西县境内。当部队到达金龟畈(河图镇境内)宿营时,国民党湖北保安团一个营和英山县自卫队计400余人尾追而来,见到刘昌毅部每个人身上穿的衣服都破烂不堪,并且五颜六色,以为不是正规军,骄横地向刘昌毅部撤退的方向追击。4月18日,刘昌毅部在大岗岭设下埋伏,刘昌毅命令一大队抢占大岗岭制高点,正面伏击敌人,命令二大队迂回敌后,予以阻击,掩护机关撤退。经过激烈战斗,缴获机枪2挺,子弹2箱。敌人只剩下100多人,向凉亭坳撤退,逃回湖北英山,省保安团长胡子英被"削职为民"。

大岗岭战斗后,刘昌毅部经过石门山(和平乡境内),到达马园寨(青天乡境内),打听到皖西工委领导的游击队在牛草山一带。4月20日,在黄尾河与岳北县委书记滕野翔、县大队长贾存秀取得联系。由刘建民率一个侦察班当向导,经过头陀河、蛇形岗、石关、象形地,在潜山县龙潭河找到皖西工委和皖西支队。

(三)皖西人民自卫军的成立

1947年4月27日,刘昌毅、胥治中在潜山县槎水畈与皖西工委领导人桂林栖、钟大湖、张伟群会面。桂林栖对刘昌毅的到来表示欢迎。当天夜里,部队举行联欢会,庆祝两支部队会师。次日,根据桂林栖的建议,刘昌毅部转移到后冲进行休整。

5月13日,刘昌毅、桂林栖在潜山县官庄乡境内林家冲主持召开大队长以上干部会议,双方介绍了各自的情况,共同研究了坚持与发展皖西游击战争的问题。桂林栖和刘昌毅都在会上讲了话,号召团结一致,坚持到底,迎接解放。会议作出三项决定:一是调整皖西工委。桂林栖任书记,胥治中任副书记,刘昌毅、张伟群、钟大湖为委员。二是将皖西支队对外改称"皖西人民自卫军"。推举刘昌毅为皖西地区军事上的总指挥,设立临时指挥部,刘昌毅任司令,钟大湖任副司令,桂林栖任政委,胥治中、张伟群任副政委。刘昌毅两个大队与皖西支队统一行动,但两支部队没有整编合并。三是调整行动计划。皖西支队所属各大队按原划定区域活动,刘昌毅所率部队保留原建制,一大队活动于潜太岳边界地区,二大队活动于岳西县以北(霍、舒、岳边界)地区。李正乾、郭任率领的干部队(包括旅、团级干部)40人随皖西支队各大队活动。

为了保持与上级电台联系,林家冲会议后,司令员刘昌毅派两名营级干部,由岳北县大队护送出皖西山区,经历艰难险阻,越过敌人封锁线,到达晋冀鲁豫中央局所在地河北邯郸,将电台密码送交华北新华广播电台,沟通了皖西人民自卫军与党中央和刘邓野战军之间的联系。此后,党中央获悉中原突围后新四军五师一部分部队的下落,同时为刘邓野战军挺进大别山后,寻找皖西游击队提供了线索。

皖西人民自卫军成立后,皖西工委领导的游击区域扩大到舒城、岳西、霍山、六安、桐城、潜山、太湖、怀宁八县,皖西工委下辖47个党支部,共有党员450名。其中,岳西境内的巍岭中心支部下辖4个党支部,计有党员30多人。

第八章

刘邓大军挺进大别山解放岳西

　　1947年9月至12月,刘邓大军千里跃进大别山,皖西人民自卫军迎接刘邓大军进入岳西。刘邓大军建立岳西战略后方,三纵队司令部设于汤池畈。随军南下干部建立县、区、乡三级政权,组织武装工作队,开展"打土豪、分田地"的土改运动。刘邓大军在岳西创建鄂豫皖军政大学皖西分校,在汤池畈成立皖西区党委、皖西军区和皖西行署,创办《皖西日报》,建立了皖西解放区的中心。1948年2月,刘邓大军发起衙前战役,这是刘邓大军在大别山的最后一次军事行动。衙前战役后,刘邓大军三纵主力转移出大别山,留下皖西军区部队(三纵七旅二十团)坚持岳西腹地游击战争。

一、刘邓大军挺进大别山

(一)千里跃进大别山

1947年3月,国民党集中60个旅45万人进攻山东解放区,以34个旅23万人进攻陕甘宁解放区。同时,胡宗南指挥15个旅14万人进犯陕北根据地首府延安。国民党对陕北和山东的重点进攻,给两个解放区造成了极大困难。为了打乱蒋介石的战略部署,减轻陕北、山东战场的军事压力,党中央决定,以人民解放军主力打到外线去,将战争引向国民党统治区,在外线大量歼灭敌人。1947年6月10日,在司令员刘伯承、政治委员邓小平的率领下,晋冀鲁豫野战军第一、二、三、六纵队(以原红四方面军、红二十五军一部为基础)组成第一批南征野战军(即刘邓野战军),执行将战争引向国民党统治区和千里跃进大别山的战略任务。1947年11月,中央军委又调集由中原突围主力部队(原新四军第五师)改编的晋冀鲁豫野战军第十纵队(司令员王宏坤,政委刘志坚)、十二纵队(司令员赵基梅,政委刘建勋),组成了第二批南征部队。这样,在解放战争战略反攻阶段,原来从大别山撤出的红四方面军、红二十五军、新四军第五师,又肩负起重返大别山、实施战略反攻的历史重任。

◀ 刘邓大军挺进大别山

　　1947年6月30日，遵照中共中央和毛主席的战略部署，刘邓大军4个主力纵队计12.4万人，从山东省郓城县西南的临濮镇至阳谷县张秋镇300余里地段上强渡黄河，发起鲁西南战役，揭开了人民解放战争战略进攻的序幕。从鲁西南到大别山，刘邓大军跨过陇海路，涉越黄泛区，激战汝河，强渡沙河、涡河、洪河、淮河，摆脱了敌人的围追堵截，克服了重重天然屏障，历时21天，行程1000余里，8月27日抵达大别山区。刘邓大军像一把利刃，一举插进国民党军的战略纵深，将战争引向国民党统治区。8月28日，刘邓大军第六纵队第十八旅占领河南新县新集镇。8月29日，刘邓野战军司令部驻扎新县八里畈宋氏宗祠。刘邓野战军刚进入大别山时，国民党军23个旅渡过了淮河，从东、西、北三面合击而来。刘伯承、邓小平采取"北线牵制、南线展开"的战略部署，以9个旅的兵力在大别山北麓阻击尾追之敌，以5个旅的兵力迅速实施战略展开。

(二)第三纵队"全部在皖西作战"

1.固始会议

1947年8月27日至30日,刘邓大军第三纵队共计26000余人在河南固始县集结并休整4天。纵队党委召开动员会议,传达刘邓首长指示,研究部署军事作战方针和后方安置问题,指出完成跃进大别山后的任务,包括建立大别山根据地,做好群众工作等。会议提出军事上"敌进我退"的基本方针,就是说敌人进攻我腹心地区,我军就向外线出击,吸引敌人到外线,在外线拖住敌人,寻找战机歼灭敌人。会议提出腹地工作的主要任务是开展群众运动和游击战争。根据刘邓首长的意见,将第三纵队所在的皖西划分为五个活动地区,其中将"霍山以南及岳西地区"划定为"腹地",即中心根据地。关于后方安置问题,主要任务是保卫人民生命财产,保护后方机关及伤病员,熟悉山区地理、民情和土顽情形,打击小股活动的敌人。

2.皖西解放

1947年8月,由三纵司令员陈锡联率领的七、九两旅和由副司令员郑国仲率领的八旅向皖西各县挺进。8月30日,陈锡联亲自指挥三纵九旅向皖西重镇六安进攻。第三纵队以半个月时间,先后解放了固始、霍邱、金寨、六安、霍山、舒城、桐城、庐江、潜山、岳西、太湖计11个县城,打开了皖西战略展开的局面。

进入皖西地区后,三纵领导做了分工:司令员陈锡联、副司令员曾绍山、郑国仲负责指挥作战,副政委阎红彦率领纵队教导团、补充团一部和纵队辎重部队,一面在霍山、岳西地区安置纵队后方,一面负责和皖西工委联系,做肃清土顽,发动群众,开辟根据地等工作。

为了开辟地方工作,中原军区指示三纵:地方工作的重点首先应放在舒城、桐城、潜山、岳西、霍山五县交界地区,集中力量,放手发动群众,然后向南发展。根据指示,第三纵队主力到外线作战,在霍山、岳西建立三纵战略后方,开展安置工作。

二、皖西人民自卫军迎接刘邓大军

(一)皖西人民自卫军迎接刘邓大军

1947年6月17日,皖西人民自卫军一大队在大队长胡鹏飞、政委何德庆的率领下攻打沙岭头,击溃岳西县常备自卫队一个中队,缴获30多支步枪。沙岭头战斗后,胡、何一大队在白马潭与刘秀山、张有道率领的二大队会合,6月22日,攻打清心(菖蒲)乡公所,缴获步枪30支。6月23日,又攻打清真(田头)乡公所。7月上旬,司令员刘昌毅、政委桂林栖率皖西人民自卫军三个大队(胡、何大队和皖西支队一、二大队)800余人在岳西会合,将皖西人民自卫军临时指挥部设在莲塘吴氏家庙，主力转战潜山、太湖、岳西。8月中旬，攻打河山（五河）、湖村（中关）和石榜（来榜、和平）三个乡公所，俘敌 40 余人，缴枪 40 余支。8 月 30 日，皖西人民自卫军三个大队集中柳畈、岩上一带整训。9 月 8 日，皖西人民自卫军在储家冲储家大屋（温泉镇斯桥村）住宿，遭到省保安队和县自卫队偷袭。在司令员刘昌毅、政委桂林栖的指挥下，经过激烈战斗，毙伤敌 100 多人，缴枪 100 多支，其余敌军逃到衙前。储家冲战斗的当天，县长陈其铎就慌忙率政府官员和县常备自卫队及其家属跟随省保安队逃到潜山县水吼岭。

  1947 年 9 月 2 日，刘邓大军三纵解放六安后，司令员陈锡联就派出侦察兵寻找皖西游击队。9 月 5 日，刘昌毅部原二大队在霍山漫水河、黑石渡一带打游击时，探听到刘邓大军进入霍山县城的消息，于是派何德庆率部到霍山县城与三纵领导人接头，副司令员郑国仲热情接待了他们，并送给他们一批枪支弹药。何德庆返回岳西县包家河，将情况报告了大队长孔令甫、政委梁诚。储家冲战斗后，皖西人民自卫军撤退到莲塘吴氏家庙。9 月 8 日晚上，转移到来榜河汪氏岭休整，在汪氏岭架起了无线电台天线，与邯郸华北电台进行了联络，得到刘邓大军南下大别山的消息。刘昌毅、桂林栖在汪氏岭召开大队长以上干部会议，决定胡鹏飞、何德庆大队和皖西支队一大队由刘昌毅、桂林栖率领，迅速向六安方向行进，迎接刘邓大军进入大别山。皖西支队二大队由钟大湖、张有道率领，留在潜山、太湖、岳西地区活动，并整顿地方游击队,掩护、布置地方工作。9月9日,刘昌毅率部从来榜河汪氏岭出发,经青天界岭、茶棚岭,在包家河找到了孔令甫、梁诚领导的部队。两支部队会合后,进入霍山境内。同时,三纵派出的侦察兵在太平畈王家店找到了刘昌毅率领的皖西支队。

  1947年9月13日,刘昌毅、桂林栖在霍山管驾渡与三纵副司令员郑国仲、副政委阎红彦会晤。刘昌毅、桂林栖汇报了坚持大别山敌后游击斗争的情况,郑副司令员把毛主席关于解放战争第二年的战略方针、刘邓大军挺进大别山的战略意义,向他们详细地说了一遍。然后,彼此交换了工作意见及今后作战方案。决定皖西支队随三纵行动,司令员刘昌毅、副司令员钟大湖率部配合八旅、七旅,向桐城、潜山、太湖进军。接着,三纵首长召开了军民大会。会上,郑国仲副司令员和阎红彦副政委分别讲了话,介绍了全国革命形势和我军挺进大别山的战略任务,并赞扬了皖西工委领导皖西支队坚持皖西山区斗争的成绩。最后,根据司令员陈锡联的指示,阎红彦在会上宣布三纵党委决定:由副司令员郑国仲率部到岳西建立三纵后方基地,为三纵部队筹集粮食,安置伤员,补充给养。三纵党委认为,岳西是老革命根据地,红军在这里诞生、发展、壮大,新四军五师、七师部队在这里建立了游击根据地,皖西支队在这里坚持斗争,岳西有工作基础。当时刘邓大军九个旅的兵力已在大别山北麓牵制了大量敌人,岳西境内国民党兵力空虚,有利于三纵在大别山东南麓建立岳西后方。三纵从黄河以北一路打到皖西,付出了不少代价,伤亡严重,伤病员无法安置,补给无后方,弹药奇缺,三纵迫切需要到岳西建立后方根据地。

(二)当刘邓大军向导向岳西进军

1947年9月中旬,刘昌毅部队离开岳西后,中共潜太县委领导的新四军胜利大队攻下岳西县城衙前。当时,衙前河岸边附近有几幢青砖小瓦屋,瓦屋东面有一座可容纳600人的大礼堂,这就是1947年国民党县政府办公的地点。衙前街头有一座大碉堡,可控制衙前街,守卫着县政府。国民党县政府官员逃走后,潜太县委从驻地柳家畈迁到衙前,在原国民党县政府的大门一侧挂上"潜太岳县人民政府"的牌子,徐子仁担任县长。潜太县委的大众报社也从柳家畈迁到衙前,报社有一台七灯收音机,9月的一天,收到了南京国民党广播电台播出的一条消息:"刘伯承、邓小平率领的大股共军已陆续向大别山地区流窜。"

听到刘邓大军挺进大别山的喜讯后,潜太县委书记刘秀山①决定选派队长陈媛(人们称她"陈大姐")率领胜利大队双枪排(女游击队),到霍山、金寨一带寻找刘邓大军。正是水稻收获的季节,陈媛率领由双枪排排长苏静和四名女战士组成的游击队,从衙前出发,向北经河口寺、包家河,行军到岳西、霍山边界时,遇见了刘邓大军

---

① 刘秀山(1913—1971),湖北省英山县人。1939年加入中国共产党,解放战争时期历任潜(山)太(湖)县委书记、皖西第一区行署专员,新中国成立后历任安庆专署专员、安徽省民政厅厅长、治淮工程指挥部政治部主任。

三纵九旅二十五团。于是,二十五团决定由陈媛游击队当向导,迅速挺进岳西。他们从霍山县太平畈出发,经过包家河、来榜河,到了衙前。中共潜太县委书记刘秀山、县长徐子仁、新四军胜利大队队长段新平、教导员沈仲率领各界代表在衙前街夹道欢迎九旅二十五团。当晚,在县政府召开欢迎大会。第二天,刘邓大军二十五团和新四军胜利大队从衙前出发向潜山县梅城进军。

1947年9月14日,中共岳北县委书记滕野翔率县大队在霍山县磨子潭打游击时,听到过路的老百姓说:"霍山县城住满了大军。"由于岳北县大队长期在山区活动,消息闭塞。为了弄清情况,滕野翔随即派出三名战士,化装成贩卖草纸的商人,每人挑着一担草纸,到霍山县城所在地衡山镇探听虚实。他们回来报告:刘邓大军确实到大别山来了,霍山县城驻扎的是刘邓大军第三纵队。9月16日,滕野翔率领一个班到霍山县城迎接。刘邓大军三纵副司令员郑国仲、副政委阎红彦接见了滕野翔。郑国仲、阎红彦并要求滕野翔给三纵直属机关的同志们介绍情况。9月18日,岳北县大队(皖西支队一大队)与三纵教导团在霍山县磨子潭会合。滕书记向教导团首长汇报了皖西的敌情和武装斗争情况。伍团长赞扬说,岳北县大队坚持皖西敌后斗争,取得这样的成绩是难得的。最后,袁政委指示说:"上级决定部队解放一个县城,就立即建立县委、县人民政府,县委机关人选都准备了,现在你们随军行动。"

三、刘邓大军第三纵队进军岳西和岳西解放

(一)刘邓大军第三纵队占领县城衙前

1947年9月17日16时,刘邓野战军司令员刘伯承、政委邓小平电令第三纵队司令部并旅长马忠全:"决定你旅(三纵八旅)主力位于舒城,以一个团主力附电台位于桐城;并(由郑国仲)率一个大队配合刘昌毅部夺取岳西后,出太湖、潜山,以迟滞安庆之敌北犯。"在霍山接到刘邓首长电令后,9月18日,三纵司令部即命令:三纵教导团与七旅二十团进军岳西,由岳北县大队当向导。当天,三纵教导团作为先遣部队,七旅二十团紧随其后,从霍山县磨子潭出发,向岳西进军。

三纵教导团、七旅二十团、岳北县大队经过岳西县的头陀、蛇形岗、石关马家畈,向县城衙前进军。当行军到蛇形岗时,已经有四五十个民夫在等候。原来他们是岳北县大队安排的,带着竹竿和绳子,来接刘邓大军的伤员。这些民夫的热情接待使三纵的同志们十分感动,有人笑着说:"有咱们的根据地,就啥也不怕啦,就好比人有了家。"

三纵教导团两天行军150里,于9月19日上午到达岳西境内的黄尾河,当日下午,抵达岳西县汤池畈(现属温泉镇)。黄昏时

分,七旅二十团根据敌情,分兵两路,东路从汤池、龙王碑直抵衙前,西路从莲云、平岗包抄大路排,一举歼灭了岳西县的国民党残余武装,当晚占领县城衙前(现属天堂镇)。

当刘邓大军三纵七旅二十团抵达衙前时,天色一片昏暗,衙前东面的金家祠堂是国民党县政府,大门口前面碉堡上高挂着一盏马灯,灯光忽明忽暗,惹人注目。刘邓大军部队迅速登上花果山东头,居高临下,朝金家祠堂开枪射击。不见敌人回击,也没见到站岗哨兵,原来在刘邓大军进军岳西之前,县政府官员早就闻风而逃了,当天下午,听说大军到了汤池畈,守在碉堡里的县保安队慌忙向潜山方向逃窜了。

1947年9月19日,刘邓大军三纵占领县城衙前镇,宣布岳西解放。随着县、区政权和县、区武装的建立,岳西成为三纵在皖西地区的大后方。中共岳西县委于1986年2月25日下文,将9月19日定为"岳西解放日"。岳西全境最终解放的标志是1949年1月27日,国民党岳西县政府被捣毁,岳西境内国民党反动势力被彻底打倒。

(二)刘邓大军第三纵队司令部设于汤池畈

1947年9月20日,三纵司令部进驻汤池畈(温泉镇境内)。根据三纵党委会议决定,正式建立岳西三纵战略后方。三纵司令部(副司令员曾绍山,副政委阎红彦)、三纵教导团(团长伍国仲,政委袁文波,党委书记方为周)驻扎汤池畈刘氏宗祠。七旅二十团（团长左魁元）驻扎汤池畈老街。汤池畈老街和周围大小村庄住满了刘邓大军部队。9月21日，三纵直属队机关、后方医院、后方被服厂、新华社野战记者团、文工团随军抵达汤池畈。10月3日，皖西工委机关（书记桂林栖，副书记于一川）、皖西支队司令部迁到汤池畈忠烈祠（原国民党四十八军军部）。

刘邓大军三纵司令部进驻汤池畈后，根据三纵指示，三纵随军办事处从霍山迁入汤池畈。随军办事处由南下干部组成，主任刘征田，下设供给部、卫生部、民运部、办公室和一个武装连。随军办事处驻扎汤池畈期间，负责三纵后勤供应工作，制定供应标准，印发票证，保障三纵直属单位的供应。

三纵司令部进驻汤池畈标志着岳西成为刘邓大军第三纵队的指挥中心。至此，刘邓大军完成了从大别山北麓向大别山东南麓的军事战略展开的任务。

当时，驻汉口的国民党空军飞行大队派战斗机侦察三纵司令部驻地，有时在汤池畈低空盘旋，寻找目标即投掷炸弹。为了摆脱敌机轰炸扫射的威胁，三纵首长决定将司令部迁址。

1947年10月初，国民党四十六师两个团从六安出发向霍山"扫荡"，国民党八十八师北进舒城，西犯霍山。此时，三纵司令部命令七、九两旅回师皖西，隐蔽集结，集中兵力歼灭敌军。10月9日至10日，三纵队主力在六安东南的张家店全歼国民党八十八师六十二旅。1947年10月20日，刘邓首长令各纵队沿长江北岸西进，在蕲春、广济、黄梅、宿松一线展开。10月22日，二纵六旅集结于宿松县城。10月29日,刘邓大军三纵第七、第八、第九旅开进宿松县,三纵司令部迁至宿松趾凤河三泽冲。

(三)衙前会师和衙前整编

岳西县城解放后,三纵主力向皖西南方向开进。由于皖西人民自卫军的力量迅速发展,兵力达到3000多人,活动范围扩大到六个县。根据三纵首长指示,皖西工委书记桂林栖留在衙前,负责制定皖西党组织和皖西武装整编方案。9月25日,整编方案宣布,内容有二:

一是调整皖西工委。决定皖西工委下设三个分工委,分工委书记由各支队政委兼任。以第一支队的领导干部为主体成立第一工委,何德庆任书记,刘秀山任副书记,胡鹏飞、张有道为工委委员。同时,成立皖西一专区(驻地潜山五庙上新田),刘秀山任专区行署专员,下辖潜山、怀宁、岳西、太湖、宿松、望江六个县。二工委书记梁诚,辖桐城、怀宁(一部分)、舒城、庐江;三工委书记张伟群,辖六安、霍山、金寨、霍邱、肥西。

二是将刘昌毅部两个大队与皖西支队合并,统一整编为"皖西人民自卫军",由刘昌毅任司令员,钟大湖任副司令员,桂林栖任政委,胥治中、张伟群任副政委,皖西人民自卫军下设三个支队。三个支队总兵力有4000余人。9月26日,在刘昌毅副司令员、桂栖林政委的统一指挥下,皖西人民自卫军第一支队两个大队、三纵团长伍国仲教导团的一个教导大队和一个山炮连,从岳西县天堂畈出发,向潜山开进并宿营梅城。9月27日,攻占怀宁石牌镇,歼灭守敌2个营。9月28日,向太湖开进,解放太湖县城晋熙镇。随后,三纵七旅二十团挺进太湖。10月20日,解放望江县城华阳镇。

(四)安置岳西战略后方

刘邓大军三纵主力完成皖西战略展开任务后,转入外线作战。1947年9月下旬,三纵司令员陈锡联、副司令员曾绍山率三纵七旅、九旅转移到豫南的商城、潢川,配合一、二纵队作战。三纵八旅在副司令员郑国仲指挥下,以岳西为后方依托,转战皖西各地,保护新生的政权,开辟根据地。

1947年10月3日,遵照刘邓首长关于"重返皖西,歼灭分散、薄弱之敌"的指示,陈锡联、曾绍山率三纵七旅、九旅立即由商城、固始出发,迅速回师皖西。

1947年10月9日,刘邓大军第三纵队在六安张家店一战缴获大量战利品。三纵组织岳西、霍山两县民工1500多人、担架300副、竹筏80只,将所缴获的物资、枪弹运往岳西县黄尾河、包家河及霍山县太平畈一带存放,同时将一批伤员转运安置于石门山(岳西县和平乡境内),由三纵一个医务连护理。

1947年10月11日,三纵首长在岳西县凉亭坳汪胡氏宗祠主持召开全体干部会议(时称"107位军干会议")。这是张家店战役结束后,三纵首长率领各旅部队首次集结的地点。在汪胡氏宗祠,三纵司令部起草电文,向刘邓首长报告了张家店大捷的喜讯,并部署岳西后方安置工作。10月12日,刘邓野战军司令部致电三纵党委,指示三纵抓住有利时机,放手发动群众,开展土地改革,创建大别山解放区。接到指示后,三纵党委在汪胡氏宗祠开会贯彻部署刘邓首长指示,决定依托山区安置后方,建立根据地。部队休整两天后,转战太湖县。

1947年10月,刘邓大军三纵直属队在岳西县的黄尾、包家、沈桥(姚河乡)、闵山(田头乡)、石门山(和平乡)、响山和茅山(五河镇境内)建立了三纵野战医院和军械所。岳西成了刘邓大军三纵后方基地。

全县群众基本上发动起来后,他们响应县委、县政府的号召,积极为刘邓大军筹粮筹款,抬担架,运粮草,送情报,当向导,安置伤病员,使刘邓大军在岳西有了后方依托。据统计,1947年10月至11月,岳西县共向刘邓大军捐款5.9亿元(按法币计算),上交粮食156万斤。

刘邓大军十几万人在大别山生活十分艰苦,缺吃少穿。1947年初冬,他们穿着单衣、草鞋行军打仗。中原军区指示三纵各旅:集中力量迅速解决冬衣问题。一方面,部队自己动手缝制棉衣。皖西军区派人从山外买来一些布,分发给各个连队,战士们利用行军作战的间隙,自己动手制作棉衣,没有颜料,就刮锅烟灰,将布染成黑色。另一方面,刘邓首长决定"拿银元,购买群众的土布、棉花"来解决过冬的问题。11月,三纵直属部队在岳西的来榜、五河、菖蒲一带设立三纵被服厂,组织当地群众做工。岳西县委、县政府指示各区迅速筹办棉花、布匹,全县所有商店的棉花及家庭纺织的粗布都卖给了刘邓大军。同时,岳西群众踊跃报名担任裁缝义务工,加工制作棉衣、棉被,妇女在家做军鞋,共为三纵部队筹集冬季棉衣5000套,捐献布鞋共计6万余双。

刘邓大军三纵在岳西建立后勤机构,筹措军需,补充给养,建立后方医院,安置和救护伤病员,标志着岳西成为刘邓大军的一块战略后方基地。

四、随军南下干部开辟岳西地方工作

(一)建立县、区、村三级政权

1947年7月,根据中共中央决定,从太行山革命老区抽调的1200多名干部组成工作团(简称"南下干部"),代号为"天池部队",随刘邓大军南下大别山,开辟新解放区。其中,由马芳庭任大队长、刘毅任政委的干部大队随三纵进入皖西地区,每解放一个县城就留下一批干部,就地建立县级政权。1947年9月4日,天池干部大队成立霍山县民主政府。同日,中共皖西工委在霍山召开了南下干部会议,传达上级指示,决定天池干部大队就地坚持斗争,重建皖西根据地。

1947年9月20日,由傅大章任队长的南下干部工作队30余人随三纵教导团南行,由霍山抵达岳西境内的汤池畈。当日,南下干部工作队即在汤池畈刘氏宗祠宣布同时成立中共岳西县委、岳西县爱国民主政府、岳西县大队。滕野翔任县委书记,傅大章任县委副书记,林燃、刘建民、苏枫为县委委员,李正乾任县长。岳西县委、县政府机关设在衙前镇金家祠堂。当年,全县人口180719人、24576户。10月,由于国民党军准备反攻岳西,县委、县政府机关迁移到腾云庙。

1947年9月21日,刚成立的中共岳西县委、县爱国民主政府召开第一次会议,将国民党统治时期的三个行政区划分为衙前、五河、主簿、河口、河图五个行政区。县委采取"派遣、留用、吸收"的办法,即县、区领导干部由县委派遣,区委书记、区长都是南下干部,其他一般工作人员留用原有乡保旧职人员,同时培养吸收本地的新干部。

1947年9月23日,县委向各区派出县委武装工作队,由随军南下的坚强的军政干部和翻身农民战士组成,作为地方武装,归县委领导。1947年10月12日,中原局、中原军区发出《关于发动群众创建大别山解放区的指示》,要求发动群众,开展分浮财运动,在运动中成立农会。县委工作组到各区后,首先组织农民翻身队,在农民翻身队的基础上成立村农会,提出"穷人不受罪,翻身进农会"。10月12日,取消了利用保甲长的办法。

1947年10月17日,三纵教导团离开岳西到霍山,将三纵直属部队留在岳西,负责保护岳西腹地。三纵教导团离开岳西时,留下南下干部(队长傅大章)和战士80余人,负责开辟地方工作。

1947年10月23日,岳西县委、县政府在莲云乡腾云庙召开会议,传达贯彻中原局指示。会议决定废除国民党乡、保、甲政权,建立区农会和区公所、村农会和村公所、农会小组和行政小组。

县、区二级政权建立后,县委派出南下干部和战士组成的工作组,每个工作组三五人,划分片区,深入各村。工作组主要任务是:发动群众,宣传党的政策,建立村、组政权,废除国民党统治时期的3区18乡建制,并将原180个保改为180个行政村。设村农会和村公所,下设土地、财粮、战勤、武装委员及文书。村农会设正、副主席,村公所设村长,村农会主席和村长一般由当地贫雇农出身的积极分子担任。村公所下设妇女会、儿童会、武装小组。武装小组(民兵)执行抓捕逃亡士绅和恶霸地主以及保护伤病员等任务。

至1947年10月下旬,全县区、村、组政权普遍建立起来,国民党乡保甲制度被废除。

(二)岳西县武装大队的建立

1947年10月上旬,以三纵教导团一中队和岳北县大队为基础,组建"岳西县大队",又称"县基干大队",计有120余人、50多支步枪,李正乾兼大队长,张智云(张云峰)任副大队长,刘烈兼教导员。1947年11月30日,根据皖西区党委指示,岳西县大队主要承担消灭土顽和参加土地改革的任务。

1947年12月,由于国民党二十五师反攻岳西,地主组织还乡队,旧职人员暗中和敌人勾结,形势发生逆转,县委、县政府处境十分困难。为了壮大对敌斗争的力量,县政府扩大了新兵入伍。1948年1月11日,根据皖西一地委指示,建立区干队(以区为单位建立一个中队),同时注意成分的纯洁,不吸收地主、富农、地痞、流氓分子加入队伍。各区政府所属区干队由三纵教导团下派的干部、战士以及当地的农民组成,一般有二三十人,十几条枪。1948年1月12日,根据皖西一军分区的指示,县武装大队全部编入了刘邓野战军。同时,以教导团三个中队为基础,组建潜(山)、太(湖)、宿(松)三县独立营。以三纵直属部队为基础,组建岳西县独立营,计有500余人。岳西贫雇农踊跃参军,并提出了"参加胜利军,消灭国民党反动集团,彻底翻身""参加胜利军,消灭奸淫掠夺的桂匪(广西军)和土匪,解放大别山"等口号。

(三)开展土地改革运动

为了发动群众和争取群众,满足农民的土地要求,刘邓大军解放岳西后,就着手进行土地改革。1947年9月29日,岳西县委、县政府颁布了《土地改革布告》,然后派出武装工作队,深入各区开展土地改革。10月23日,县委在腾云庙召开的扩大会议上,总结了土改工作。各地工作组发动群众,宣传土地法大纲,大量张贴"实行土地改革,实现耕者有其田"的宣传标语。

分田中,根据群众要求,首先焚毁契约,停租废债。对地主、富农的土地重新登记、丈量,立牌为界,张榜公布,一般以村为单位,按全村人口每人一份进行平均分配。农会组织设立了调查登记部、保管部、评议委员会、武装除奸部等机构。实行农会留账,防止贪污浪费及破坏行为。

经过土改运动,岳西农民群众提高了政治觉悟,开始摆脱封建地主的剥削和压迫,第一次在经济上得到翻身解放。1947年10月,中央公布《中国土地法大纲》后,土改运动在岳西掀起了高潮。由于土地改革在皖西最早是从岳西县开始的,南下干部将岳西土改的方法和经验向太湖、潜山、宿松、桐城四县山区推广。

1948年1月,国民党二十五师对皖西解放区进行"大扫荡",使形势发生逆转。皖西由一个"我占优势、敌占劣势"的新解放区,一下变成为"敌占优势、我居劣势"游击区,皖西大部分被敌人占领,仅岳西5个区(衙前、五河、河图、河口、主簿)还在分田。1948年1月11日,根据皖西区党委的指示,岳西以分田为中心,并结合分浮财、反奸霸运动,扩大县区武装组织。1月28日,皖西一地委向各县区部队、党委发出《关于分田问题的指示信》,要求正在分田运动中的新区"必须坚决地毫不犹豫地迅速组织分田",采取"一锅熟"的办法,同时进行分浮财、反奸霸斗争。因此,土改斗争与游击战争是结合进行的。直到1948年2月,岳西仍然在按照土地法大纲平分土地。到 3 月份，改为按上级指示，新区工作"只分地主的土地，中立富农"。

据统计，土改运动从 1947 年 9 月下旬开始，到 1948 年 2 月，由河口区扩展到全县 5 个区 100 多个村，岳西县百分之九十的地区进行了土改。土改后，贫雇农拥有的土地占比由原来的 16% 提高到 70% 以上。土地改革虽然没有彻底完成，但它在广大人民群众中产生了积极的政治影响。农民群众感受到，土改运动使农民在物质上得到一定的实惠，在政治上、经济上占有了一定的地位，他们切身体会到，共产党是全心全意地为穷苦大众求解放的。因此，他们从内心拥护共产党，期待着共产党领导人民解放战争取得最后胜利。

五、刘邓大军创办鄂豫皖军政大学皖西分校

（一）刘邓首长作出决策

1947 年 10 月中旬，大别山的军事、政治形势发生了重大变化，第三纵队和第六纵队完成了全面战略展开的任务。中原局决定将大别山区划分为鄂豫、皖西两大解放区，并决定建立鄂豫、皖西两个区党委、行署和军区。其中鄂豫区在 21 个县市范围内共

建立30个县级党委和27个县级民主政权，人口达750万；皖西区在16个县市范围内共建立23个县级党委和17个县级民主政权，开辟了3万平方公里的皖西解放区，人口达450万。至此，刘邓大军进入大别山两个月，共歼敌3万余人，攻克县城23座，在37个县市范围内建立两个区党委行署和军区。随着战争形势的发展、新解放区的扩大和地方政权的建设，迫切要求及时培养大批急需的军事、政治人才。

为了适应军队和新区政权建设的需要，解决解放区的扩大与地方干部的缺乏之间的矛盾，刘伯承、邓小平研究决定，利用有利的机遇，创办中国人民解放军鄂豫皖军事政治大学（鄂豫和皖西分校）。但是，由于国民党调集重兵围攻大别山，军事形势骤然紧张，创建鄂豫皖军校的进程被打断。

（二）鄂豫皖军政大学皖西分校在岳西创办

1947年9月21日，刘邓大军第三纵队政治部和皖西工委在汤池畈开会研究决定，将岳西县县中、南岳、华正三所中学的师生作为主要工作对象，迅速接管坐落于汤池畈的岳西县立初级中学、岳西县立简易师范。为了争取团结知识分子，培养有文化、有政治觉悟的军政两用人才，以适应地方和军队建设的需要，1947年9月23日，三纵司令部、政治部决定把办学任务交给三纵教导团党委书记方为周。方为周接受组织上的决定后，就带领警卫员武金耀，牵着一匹棕色的大马，驮着行李，正式接管两所学校。方为周在师生大会上作报告,阐述解放军的性质、任务和共产党的知识分子政策。并且宣布将岳中和师范合并,成立"岳西公学",方为周兼任校长。岳西公学分为普通初中和青年训练班两部分。

为了解决部队和地方的干部极端缺乏的问题,刘伯承、邓小平希望在岳西创办军事政治大学皖西分校。为了执行刘邓首长的指示,三纵副司令员曾绍山召集皖西工委书记桂林栖、三纵教导团党委书记方为周、岳西县政府县长李正乾在汤池畈司令部召开会议研究军校创办问题。会议经过讨论认为,坐落于岳西县湖村乡湖响储氏宗祠的南岳中学,是储姓家族创办的一所省级私立中学,是岳西县唯一的一所完全中学,校舍齐备,有一定的办学基础,同时,背山面水,环境理想,符合刘邓首长创办军校所要求的条件。他们旋即将详情电告刘邓首长。1947年10月24日,刘邓大军三纵司令部和政治部正式宣布:根据中央中原局的指示,决定以南岳中学为基础,成立"中国人民解放军鄂豫皖军事政治大学皖西分校",校址设在南岳中学。同时宣布三纵副司令员曾绍山兼任校长,三纵教导团党委书记方为周任常务副校长,全面主持军校工作。于是,鄂豫皖军政大学皖西分校正式挂牌成立,并将岳西公学并入军校。

皖西分校接收岳西公学的学生100多人和教职员工20多人,又招收了部分当地社会青年和南岳中学、华正中学的部分学生。同时,天堂、沙村、湖响农会保送部分青年入校;刘秀山专员从潜山调来六七十名青年干部(干训班)入校学习;三纵部队于

1947年10月14日攻克桐城,俘虏国民党青年军50余人,将他们送入军校学习。军校学员计有200余人,其中岳西籍学生148人,他们都是年龄在15至25岁的青年人。

由于战争形势紧张,学校改为军事建制,编为二个大队、三个区队、十一个班。原岳西公学、南岳中学教员一律编为军大学员,参加学习。校部由方为周、崔志敏、武金耀和赵凯组成,其中,崔志敏是由三纵司令部选派来的政治部干部,协助方为周负责宣传工作,武金耀为方为周的警卫员,担任军事教练员。校部设有教务处,主管日常教学工作,原岳西公学的教员方赵英担任教务主任。

各大队长、教导员主要由三纵部队选派的南下干部担任。赵凯、关复生、时乐蒙先后担任大队长,利川、王知十担任中队长。擅长书画的崔志敏担任教导员,兼任政治课教师。从部队抽调来的干部申文忱担任军校政治教导员,三纵队文工团王兆乾担任军校音乐教员。三纵部队画家关复生、随军记者曾克、杜宏兼任教员。

鄂豫皖军政大学皖西分校所在地储氏祠堂是一座三进两厢四合院式建筑,大厅为教室,用于大班教学,厢房为小教室,用于班组讨论。全校师生挤满大厅和房间,军事气息浓厚。大厅正中悬挂着毛泽东主席、朱德总司令的巨幅画像,两边墙壁张贴着"警钟长鸣""跃马前进"两幅油画,还贴了中国革命形势图和中国地形图。

▲ 鄂豫皖军政大学皖西分校旧址（中关镇储氏四德堂宗祠）

在战争环境下，鄂豫皖军政大学皖西分校学员过的是军事化的生活，随三纵教导团行动，他们在学校是学员，派出去是工作队员，在行军中是宣传员，拿起枪杆子又是战斗员。当时，军校没有固定的招生期限，随时招收入学。按照部队和地方的需要，也随时将学员调配出去工作。这些学员的去向，主要是：一部分到地方担任武装部队工作干部，坚持大别山游击战争；一部分到皖西军区工作，文工团就是随军区坚持地方游击的；大部分随军北上，进入豫陕鄂军大，随后转入中原军大，继续学习，他们毕业后，除一些人留校任教外，其余都分配到解放军二野部队各级机关和基层连队工作。还有少数体弱或年龄小的学生，动员回家待后归队，这是适应战争环境的需要。

六、皖西区党委、皖西军区、皖西行署在岳西成立

(一)皖西区党委、皖西军区和皖西行署在汤池畈成立

1947年11月15日,三纵队司令员陈锡联在岳西县汤池畈忠烈祠主持召开三纵旅以上干部会议。陈锡联在会上宣布:根据刘家畈会议的决定,正式成立皖西区党委、皖西军区和皖西行署。接着,他宣读了任职人员名单,彭涛任皖西区党委书记,桂林栖、于一川任副书记,曾绍山、阎红彦、武旋声、卢仁灿、马芳庭为区党委委员。曾绍山任皖西军区司令员,彭涛兼政委,鲍先志任副司令员,徐力行任参谋长,何柱成任政治部主任。罗士高任皖西行署主任。

皖西区党委、军区和行署在岳西县汤池畈忠烈祠正式成立,标志着岳西成为皖西解放区的中心。当时,皖西区党委、行署机关设在汤池畈老街刘氏宗祠(温泉镇汤池村),皖西军区参谋部设在汤池畈忠烈祠。随后,皖西区党委、皖西军区迁至衙前镇金家祠堂(天堂镇城东社区)。

1947年11月29日,皖西区党委决定,将皖西工委下设一、二、三工委改为皖西区党委一、二、三地委、军分区、行署。1948年

▲ 皖西区党委、行政公署机关旧址（温泉镇刘氏宗祠）

2月，在巢（湖）无（为）地区建立了皖西第四地委、军分区和行署，军分区部队由皖西军区两个连和吴万银领导的江淮纵队组成。

至1947年11月，刘邓大军在大别山地区建立了33个县级民主政权，其中鄂东区占16个，皖西区占17个。皖西区县级党组织和政府统辖94个区级政权和50个乡级政权。其中，岳西县县级政权1个，下设区级政权7个、乡级政权19个。

皖西区东起巢湖，西至大别山，南抵长江，北到六安，隶属中央中原局和中原军区建制，是中原解放区的重要战略区。1948年12月，皖西区党委、皖西军区划归华东局、华东军区建制。1949年1月，原皖西第一、二、三、四军分区依次改称皖山、桐城、六安、巢湖军分区。4月，遵照中央军委命令，皖西区党委、军区和行署撤销，成立皖北区党委、皖北军区和皖北行署。

皖西区自1947年11月设置至1949年4月随同中原军区撤销，存在一年半时间。1949年6月20日，根据皖北区党委和皖北行署的命令，正式宣布皖西一、二地委、专署合并，成立中共安庆地委和安庆专员公署，管辖怀宁、望江、宿松、太湖、岳西、潜山、桐城、枞阳八县，桂林栖任地委书记。

(二)皖西区党委机关报《皖西日报》在岳西创办

为了宣传解放战争的形势和解放区战场的胜利，鼓舞部队的战斗意志，皖西区党委决定创办机关报《皖西日报》。筹备办报由新华社随军记者方德负责。方德是四川人，1938年投奔延安八路军，毕业于延安鲁迅艺术文学院，从事多年随军记者工作。1947年11月15日，皖西日报社在位于岳西县莲云乡腾云村(现莲云初中所在地)的腾云庙储家花屋成立，方德任社长。报社设有编辑室和印刷厂，共有六七个人。1947年11月下旬，新华社随军记者杜宏加入报社，他创造了一种速记法，报社就让他负责抄录中央电台的电讯新闻。11月，《皖西日报》创刊号在腾云庙正式出版，为四开版面，采用皮纸石板印刷，字迹清晰。1947年12月，军区给报社采购了一批印刷设备(包括电池、油墨、纸张)，从第三期开始报纸兼用石印、油印方式印刷。报纸主要刊载新华社广播新闻，发行采用解放区送鸡毛信的方式。它把解放区战场上一条条胜利消息传达到皖西各分区机关和新建立起来的各县党政机关。《皖西日报》是解放战争时期刘邓大军在岳西首次创办的报纸，是当时大别山区唯一的宣传媒体。1947年12月中旬，敌二十五师"扫荡"腾云庙，皖西日报社人员随军反"扫荡"，日夜行军作战，有一次在转移时与敌人遭遇，报社遭到敌人破坏，受到了极大的损失。因敌人频繁"扫荡"，皖西区党委决定报纸暂停出版。1948年9月，解放战争形势大有好转，停办了大半年以后，又在舒城晓天镇恢复办报。

当时，皖西日报社有石印设备，具备印钞票的条件，所以皖西区党委决定派供给处处长李本伍到报社，负责印制"皖西流通券"，以取代蒋家王朝滥发的"金圆券"。皖西流通券由报社印刷厂负责票面的图样设计和制版，票面金额为"贰角"，上面印有皖西行署工商局长刘征田的签名。皖西流通券在大别山产生，在皖西地区流通。

七、陈锡联部坚守大别山

（一）刘邓野战军指挥部转移至岳西境内

1947年11月12日，太湖县刘家畈会议结束后，刘邓野战军

▲ 刘邓野战军指挥部驻地旧址（岳西县白帽镇祝氏宗祠）

指挥部向北经过牛镇、弥陀、百里，于当天晚上转移至岳西县境内冶溪河。11月14日，刘伯承、邓小平率领野战军到达鄂皖交界的羊角尖（英山尖），当晚，刘邓首长在羊角尖山麓下的祝氏宗祠宿营，部队驻扎附近的西河山、南庄。祝氏宗祠位于岳西县白帽镇朱铺村，是一座古色古香的老建筑，正面有高大的古松古枫，绿荫蔽日。刘邓野战军将临时指挥部设在祝氏宗祠，并在此召开了一次有20多位首长参加的高级干部会议，17日离开祝氏宗祠。

1947年12月8日，蒋介石任命白崇禧为苏、皖、鄂、豫、赣五省"剿匪"总司令，调集14个师33个旅，开始了对大别山根据地的全面围攻。12月10日，刘邓首长决定采取"内线坚持，分兵向外，内外配合，寻歼弱敌"的反"围剿"战略，决定第三纵队、第二纵队和第六纵队在大别山区坚持内线反"围剿"，第十纵队、第十二

纵队跳到外线,开辟桐柏山、江汉根据地。同时决定将中原局和野战军司令部分成前后两个指挥所。刘伯承司令员、张际春副政委率后方指挥所计900人随第一纵队转入外线,向淮河以北、沙河以南展开;邓小平政委、李先念副司令员和李达参谋长率前方指挥所500人随第六、第二、第三纵队,留在大别山指挥反"围剿"斗争。当天晚上,刘伯承和邓小平在湖北大悟县黄陂站分手告别。

(二)陈锡联部在大别山与敌人周旋

三纵队在陈锡联司令员的指挥下,以旅为单位分散打游击,以英勇顽强的精神,投入了艰苦的反"围剿"斗争。

1947年12月,国民党进攻大别山的主攻部队是夏威第八绥靖区部队、张淦第三兵团。夏威部整编二十五师进犯桐城、潜山。12月4日,二十五师一个旅大举"扫荡"岳西,占领县城衙前镇。国民党岳西县党部书记长柳志界、县参议长王若金与安庆专署视察员刘雨果、三青团岳西分团主任吴东,共同密谋策划,招收地主外逃人员,组织了一支40余人的还乡队,向安庆专署借步枪36支、冲锋枪2挺,由柳志介任队长,从安庆返回岳西,配合二十五师"搜剿"。随后,又建立了一支县常备自卫队(下辖3个中队),拥有369人(枪)。国民党岳西县流亡政府、县党部、县参议会随二十五师返回原籍。皖西区党委、军区机关及岳西县委、县政府、县大队撤退到包家河。为了保护岳西后方基地,12月13日,司令员陈锡联亲自率领三纵七旅从太湖县打过来,直驱衙前镇。双方在衙前激战一昼夜,12月14日,二十五师窜逃到霍山境内。陈锡联部第二次收复岳西县城,随后向太子庙方向撤退。

1948年1月,国民党四十八师、二十五师、七师等计5个旅的兵力"围剿"皖西一分区。当时皖西一分区武装力量总数只有3000多人,不足敌人兵力十分之一,弹药得不到及时补充,伤病员无法安置,军粮无法筹措,每天以稀饭和野菜度日,指战员忍着饥饿和疲乏作战。敌人的"大扫荡",致使皖西解放区变成游击区,皖西大部分被敌人占领。

1948年1月16日,国民党二十五师占领潜山县梅城后,经水吼岭,第二次大举进犯岳西,占领县城。皖西军区部队与二十五师再次展开岳西争夺战,保护三纵后方。1月30日,国民党二十五师一一九团占领了衙前后,修筑坚固工事防守,县城第二次易手。由于衙前被二十五师第二次占领,县委、县政府机关转移到岳西县五河区崔家祠堂。

八、刘邓大军组织衙前战役

1948年1月26日,国民党汉口指挥所部署七师、二十八师、四十八师、五十八师、十一师、二十五师分别由罗田、麻城、经扶、光山、潢川、金寨、霍山、太湖，向麻东、岳西、罗北、商南"进剿"刘邓野战军主力。刘邓野战军以地方武装坚持腹地，主力跳出到外线，找敌弱点，寻机歼敌，主动进攻，迫敌分散，吸敌回顾，保护腹地和土改运动。

1948年1月31日，根据刘邓首长命令，刘邓大军三纵队司令部调集八、九旅，由三纵直属部队及皖西军区二十团配合，围攻衙前守敌，准备再次收复衙前。2月1日，三纵八旅由河图镇土门河抵达来榜河，三纵九旅、纵直由河图经分水岭、五河、斗水，到达中关乡，皖西军区二十团从霍山县境内经舒城县晓天至岳西县石关口。2月2日，九旅二十五团从中关乡出发，击溃响肠守敌。2月3日，九旅二十六团与八旅二十三团进攻莲云乡腾云庙，歼灭平岗守敌一个连。4日，三纵八、九旅占领衙前北面的解放岭、西面的鱼形山和南面的塔儿岭，对衙前形成四面合围之势。当日天降大雪，道路积雪，当晚三纵集中炮火向衙前敌军阵地发起攻击。衙前守敌凭借坚固工事疯狂反击，造成三纵九旅人员重大伤亡。同时，衙前守敌几乎弹尽粮绝，2月5日，敌汉口指挥部派来两架战斗机对衙前周围三纵阵地进行轰炸和射击，接着派来一架运输机向衙前守敌投放子弹30篓、食品6篓。敌二十五师从英山、金寨、霍山、潜山调来4个团增援，对三纵阵地形成包围。为了破坏敌军围歼的企图，三纵主力于2月5日拂晓主动撤离衙前，八旅经石关东进桐、潜、舒、庐地区，九旅经水吼岭南进潜、太地区。至此,经三天三夜,衙前战役宣告结束。

1948年2月10日,司令员陈锡联率三纵直属机关由岳西县的河图铺、金龟畈经英山县的陶家河,进入土门河休整。据2月11日三纵直属机关统计:衙前战役中三纵共毙、伤、俘敌150余人,缴获子弹3万余发,战马2匹。三纵伤亡共计117人。

1948年2月25日,根据刘邓首长命令,第三、第六纵队向淮河以北集结。三纵主力由内线跳到外线,经金寨、商城、阜阳,于3月28日北渡淮河,转入豫西。至此,刘邓野战军主力全部转移出大别山。刘邓大军从1947年8月27日进入大别山,到1948年3月28日转出大别山,历时7个月。

第九章

岳西游击战争、军事剿匪和渡江支前

1948年1月至9月,岳西基本上处于游击战争阶段。面对敌人重兵"围剿",刘邓大军在十分艰难、十分残酷的环境中坚持大别山游击斗争。三纵司令员陈锡联率七旅、九旅主力在岳西山区与敌人周旋。1948年1月,刘邓大军第十纵队南下干部建立太(湖)岳(西)县,创建了一块游击根据地。三纵主力撤离岳西后,留下七旅二十团(归皖西军区指挥)坚持岳西腹地游击战争。

1948年10月至12月,岳西基本上处于革命力量恢复阶段。至1948年12月,岳西全境收复。随着解放战争形势好转,岳西腹地游击斗争转入清剿土匪斗争。从1949年3月开始,县委、县政府开展了支援大军前线渡江作战的政治运动。从1949年5月开始,岳西军民配合人民解放军开展进山剿匪的军事行动,最终取得了岳西剿匪斗争的胜利。

一、刘邓大军坚持岳西腹地斗争

(一)三纵七旅二十团在岳西的活动

1948年1月,国民党二十五师进攻岳西后,皖西一军分区主力仅有七旅二十团保护腹地,一个团的兵力不足以抵抗整编二十五师。在地方武装上,地主"还乡队"人数每乡有100多人,而区干队每区只有80多人,一个要对付两三个。因力量悬殊,衙前陷入敌手。1948年上半年,敌我双方展开了激烈的"拉锯战"。

活动在岳西的军分区二十团,习惯上称为"老二十团",归三纵七旅建制。1948年1月12日,皖西一军分区二十团分了三个连给潜山、太湖、宿松三县。由于缺乏武器装备,并且兵力分散,加上不熟悉山地战术,当二十五师大举进犯后,二十团先后在岳西境内的西坪(冶溪境内)、大枧冲(头陀境内)、陈户(五河境内)、闵山(田头境内)、腾云庙(莲云境内)以及太湖县境内的马嘶铺(北中镇境内)六次战斗中遭受损失。

1948年1月,三纵直属队留在岳西活动。1948年2月,衙前战役结束后,司令员陈锡联决定三纵主力跳出外线,迅速撤离岳西,留下七旅二十团保护岳西腹地。二十团转移到来榜河时,敌二十五师一一九团尾追而来,二十团又转移到和平乡东部的西溪河。2月11日,二十团行军至河图铺宿营,第二天经前河入太湖天光山和范家山。敌二十五师跟踪追击,2月17日包围了二十团驻地。团长左魁元、政委汪羽楚率警卫班战士挑枪上马,奋力杀出了一条血路,团首长得以突围。战斗十分激烈,担负后面掩护的一营伤亡较大,营长下落不明。战斗结束后,二十团在太湖黄岗休整了两天。此一仗,二十团损失惨重,兵员大减,大约牺牲了一个营的士兵,造成二十团干部多、战士少的状况。同时,团部又抽调一部分连、排干部到太岳县,保护土改运动。1948年春,二十团在太(湖)岳(西)一带补充新兵,重新组团,称为"新二十团"。团政委霍正光率部在岳西南部地区打游击。

1948年7月10日,皖西军分区命令二十团回师岳西,出击天堂。团长左魁元率二十团从英山县陶家河出发,在县武工队的配合下,经古坊、白帽,到达太岳县的麻滩河,分兵两路,一路经店前河、傅家岭,到小河南,攻打国民党河山乡公所;一路从麻滩河经河图铺、分水岭,到三河坪,攻打国民党石榜乡公所。接着,经羊河、北山、沙村,到斗水(中关镇境内),由五河区武工队当向导,攻打国民党湖村乡公所。至此,石榜、湖村、河山三乡收复,共缴获步枪40余支、机枪3挺,俘虏100余人。

1948年秋,大别山区国民党正规军分批撤离,四十八师撤离岳西。岳西全境基本上被共产党和解放军所控制,全县18个乡自卫队均藏匿于衙前镇,不敢出动。

1948年9月15日,七旅二十团返回陶家河休整,并在陶家河过了农历八月中秋节(9月17日)。县武装工作队又随二十团转移到英山陶家河、岳西白帽、古坊一带。1948年9月29日,二十团奉命从陶家河出发,再度回师岳西,会合皖西军区独立旅主力(二十四团、二十七团),占领县城衙前。岳西全境收复后,二十团结束了保护腹地的光荣使命,返回皖西军区。

(二)"岳南、岳北"的游击斗争

1948年3月9日,国民党二十五师调到安庆集中,四十八师调到皖西接替防务。3月16日,四十八师一七六旅向岳西、太湖、潜山、桐城"扫荡"。四十八师就是原桂系四十八军,熟悉岳西地形,善于山地作战,有地主还乡队当向导。在敌强我弱的情况下,皖西军区部队改变了策略,即"避敌主力、打击土顽","敌占城镇,我占乡村",坚持腹地游击战争。

1948年3月至9月,四十八师经常搜山"清剿",政委彭涛、司令员曾绍山率领的皖西区党委、军区机关组成一支非常精干的武装队伍,上山打游击战,凭着准确的情报和正确的判断,同敌人周旋,转战于岳西县的巍岭、鹞落坪、界岭、石门山一带,用一台无线电台与各军分区保持联络,领导皖西军民斗争。有一次,皖西区党委、军区机关驻扎石门山(和平乡境内)时,听说敌人要奔袭,提前了一天进行转移,敌人扑了空。彭涛率领的皖西区党委机关在岳西县境内驻留时间长达一年,直至1948年10月,才撤离岳西,转移到舒城县境内活动。

  1948年3月,四十八师从潜山县梅城镇,经水吼岭,入侵岳西县衙前镇、汤池畈一线。这样,敌人就把岳西南北部、潜山南北部都分割开来。为了有利对敌斗争,巩固新生政权,岳西县委、县政府分成岳南、岳北两个部分:县委书记滕野翔、县指挥部指挥长杨天保、政委苏枫率领200余人活动于岳北,转战于来榜河、斑竹畈、西溪河、石门山、主簿原、河口寺、头陀河地区;岳西县长李正乾率领200余人活动于岳南,转战于菖蒲、柳畈、田头、岩上、前河一带。当时人们称为"岳南、岳北"。我军在岳北、岳南游击区与敌军进行激烈的"拉锯战",形势严峻。李正乾说:"敌人迫使我们没有饭吃、油吃、盐吃,没有衣穿、鞋穿,而我们就打赤脚、光屁股、饿肚子,与之斗争。"①

  1948年6月19日,岳北指挥部、县大队、区干队及岳北县政府计600人在管山(姚河乡沈桥村)宿营。因叛徒出卖,遭国民党四十八师及岳西、霍山、舒城三县自卫队计2000人包围袭击。岳北指挥长杨天保临阵指挥,奋力突围,战斗异常激烈。最后牺牲了10余人,被捕30余人,县大队通讯排损失惨重,只剩下排长一人突出重围。岳北游击大队教导员刘建民、副教导员刘烈突围后,在头陀被敌人杀害。苏枫政委率一部分人突围后,在向舒城

---

  ① 李正乾:《岳西二十六个月施政工作》(1949年12月),见中共岳西县委党史资料征集小组办公室:《岳西党史资料》,内部资料,1987年第2期,第18页。

晓天方向转移中又遭到敌人的伏击。岳北指挥部参谋长熊彪率一部分人回到黄尾河堆谷山根据地后,将失散的50多人收拢归队。

二、刘邓大军坚守太岳县的斗争

(一)第十纵队随军南下干部成立的太岳县

1947年8月,晋冀鲁豫野战军第十二纵队(原新四军第五师)成立,赵基梅任司令员,刘建勋任政委,下辖第三十四旅、第三十五旅。9月,晋冀鲁豫野战军第十纵队成立,王宏坤任司令员,刘志坚任政委,孔庆德任副司令员,赵紫阳任副政委,下辖第二十八旅、第二十九旅、第三十旅。

1947年11月下旬,晋冀鲁豫野战军第十纵队、第十二纵队进入大别山区,在红安县七里坪与中原局和野战军指挥部会合。12月,随军南下干部2000多人在中原局副书记李雪峰的带领下到达桐柏山后,全部分遣到各县,其中一部分被分配到皖西。

为了粉粹敌人的进攻,创建新的游击根据地,皖西区党委决定,将安徽太湖、岳西、湖北英山三县交界处划出店前、河图、深古、白帽、虎丘五个区,成立太岳县。1948年元月3日,第十纵队

▲ 太岳县（县委、县政府）旧址（店前镇）

南下干部李景堂、侯振江、王文焕一行 10 余人到达岳西县店前河，同岳西县委委员、二区（河图铺）区委书记林燃、县大队副队长张智云会合，正式宣布成立太岳县委、县政府，李景堂任县委书记，王文焕任县长，林燃为县委委员。

太岳县范围包括岳西县的店前河、冶溪、白帽、河图铺、古坊，太湖县的弥陀寺、薛义河、虎丘、马嘶铺，英山县的杨柳湾、陶家河，人口约有 10 余万。全境山高谷深，林丛茂密，河流纵横，司空山雄踞其中，地势险峻陡峭，且远离太湖、岳西、英山县城中心据点，它在太、岳、英三县交界处的大别山腹地形成一块根据地，成为皖西一地委和一军分区借以依托的后方。皖西一地委和军分区经常往来于太岳地区，向南下干部传达全国的胜利形势，对他们的工作给予指导。同时,军分区部队不时在太岳县休整,出击剿匪。

1947年11月,中共皖西一地委、军分区在岳西县汤池畈宣布成立以后,将地委、军分区机关迁驻潜山县上新田(岳西、太湖交界处)。1948年1月,皖西一地委、军分区机关迁移到太岳县境内的北庄岭(店前镇和河图镇的交界处)。

(二)"篮子政府"

1948年1月至9月,太岳县委书记李景堂、县委委员张云峰率领300余人活动于太岳地区。由于敌人频繁"扫荡",机关和部队经常要打仗,进行和敌人兜圈子的游击斗争,凭借两条腿与敌人赛跑,常一夜几次转移。住茅棚,宿树林,钻茅草窝,穿石洞,伤病员得不到安置,部队找不到粮源,有时几日不见一粒粮食,仅靠采摘山上野果野菜充饥。刚建立起来的区、乡政权遭到破坏,县政府没有一块固定的立足点,当时,有人戏称岳西、太岳县委、县政府是"篮子政府"。意思是,公章拎在篮子里,县委走到哪,政府就在哪。刘邓主力北撤以后,敌人乘虚而入,对新生政权疯狂反扑,县政府机关今天搬到这,明天搬到那,除了公文公章和少许武器外,就什么也没有了,多是轻装上阵,能退能进。敌人一来,工作人员就把文件、公章往提篮里一塞,拎起来就转移,敌人一走又回到住所,摆上方案开始工作。在国共"围剿"与反"围剿"的拉锯战中,"篮子政府"表明共产党政权在大别山的存在,刘邓大军赶不走。

1948年7月1日,岳西、太湖、英山之敌疯狂向太岳根据地发起进攻,地主武装"自卫队"紧密配合,妄图一举把新生的太岳扼杀在摇篮里。当时太岳县境内虽没有敌正规军长期驻扎,但太湖、岳西、英山三县驻地之敌二十五师、四十八师、七师,则经常对我进行"扫荡""合围""清剿"。同时,地主组织的"野猪队""山林队""猎户队""还乡团""小刀会""大刀会"也纷纷出笼,并实行五户连保,凡"通匪""窝匪""知情不报"者,格杀勿论,一户"通匪"五户连坐。由于立足未稳,加上敌人的疯狂反扑,县委、县政府一直没有固定的立足点,每次敌人一来,县委、县政府都要临时撤退或隐蔽。那时的一首民谣可以反映这种境况:"大兵来了上山崖,大兵去了我又来,司空青山永不倒,人民政权万万年。"

(三)南庄会议

1948年3月下旬,皖西区党委书记彭涛、军区司令员曾绍山在参加完三纵英山会议返回皖西途中,视察太岳县。4月上旬,皖西区党委在白帽区南庄祝氏支祠召开地委、县委负责人会议。会上,彭涛传达了中央新解放区政策和刘邓首长的指示精神。会议提出必须转变政策:一是中农政策,宣传"中贫农是一家",依靠贫农,联合中农。二是地主政策,停止杀人打人现象,号召逃亡户回来分田。三是工商业政策,指出工商业是"农民半条命",号召手工业者、商人回来生产经营,保护工商业,取消税收。四是组织春耕。在各村组织春耕委员会（包括中农在内）领导生产，组织劳动互助及家属的代耕工作，防止田地抛荒，同时加强敌情侦察，保护生产安全。五是游击战争与边沿工作。皖西军区部队配合地方民兵，深入敌占区游击，同时加强政治攻势，从内部瓦解敌人；控制保甲，组织秘密地下工作，团结开明士绅等。

会议提出停止急性土改的政策，停止在反奸霸中扩大化的错误；开展政治攻势，争取利用乡保长，组织反蒋统一战线。在经济上实行"双减三抗"（即减租、减息、抗丁、抗粮、抗捐税）、合理负担的政策，保护工商业者。同时，会议传达刘邓首长关于"开展大别山游击战争"和"坚持下来就是胜利"的指示。

南庄会议之后，县委坚决贯彻执行中央新区政策。由初进大别山时分兵发动群众、全面进行土改的做法，转变为收缩力量，以武装斗争为主，打击土顽，建立游击根据地。形势开始发生了有利转变，外逃地主、富农回乡，并愿接头、出公粮，停止作恶。新政策严格执行"一个不杀"，大大分化了地富阵营。河清6个保、石榜5个保成立了保公所，为共产党办事。每个保开会时能有一百余人，地主大部分能出来，公开见面，主动接头。白帽区南庄区委书记霍凤银、区长李文魁艰苦耐心的工作，争取到白帽区上畈、下畈、余河的保长和士绅，暗中为共产党工作，使南庄成为太岳县委、县政府的第一个立足点。1948年5月，大批伤病员在南庄疗养。为了保护干部，6月皖西一地委决定，从岳西、太湖两县撤出的干部集中到太岳县。县干部随军分区机关活动，区以下干部组

织武工队,随军分区部队活动。

(四)第十纵队南下干部血染太岳

1948年7月1日,国民党军第七师和四十六师各以一个团的兵力,从太(湖)、岳(西)、英(山)三路分进合围皖西军分区部队和太岳县机关。为跳出包围,皖西一地委和军分区机关从驻地虎丘(太湖县沙河镇境内)向马嘶铺(太湖县北中镇境内)方向转移。当军分区副政委梁诚和副司令员伍国仲、专员刘秀山三人带领警卫班到马嘶铺街上察看地形时,突然与国民党搜索营相遇,双方展开激战,梁诚(湖北省洪湖人)在马嘶铺突围中不幸被敌人杀害,时年32岁。

1948年7月中的一天,太岳县店前区区委书记魏林、工作组组长史德宗带领一个班(9名区、乡干部)护送一批伤病员转移,在店前河与敌军遭遇,战斗打到最后,伤病员全部被安全转移。但是,第十纵队南下干部白晟、吴其中、任忠魁、蒋九玉、刘虎生五人在店前河遭遇战中受伤后全部被俘,惨遭杀害。当时太岳县委、县政府、县大队驻扎方家老屋(冶溪镇境内)。太岳县大队掩护机关、部队分路突围,越过冶溪河,向北至南庄岭,最后,地委、军分区和太岳县委、县政府、县大队在英山县陶家河会合。

1949年1月7日,太岳县大队长黄抑强在三河滩(店前镇境内)遭遇敌军伏击,身负重伤。他被战士们抬到麻滩河柳林湾(县大队部所在地)时,因伤势过重不幸牺牲。战斗结束后,太岳县指

▶ 梁诚

战员们怀着悲痛的心情，守护着大队长黄抑强的遗体，返回北庄岭宿营。第二天上午，县大队全体指战员、店前河区干队和全体干部在北庄岭为黄抑强开了追悼会。战士们个个怀着沉痛心情，紧握手中枪，喊着"英勇杀敌，为黄大队长报仇"的口号。黄抑强的遗体被埋葬于北庄岭山坡上的松林中。

据岳西党史资料统计，在坚持岳西腹地斗争过程中，仅1947年12月至1948年7月半年多时间里，刘邓大军就在岳西牺牲了125名干部，其中区级、营连级干部59人，团、县级干部4人。

三、刘邓大军收复岳西全境

（一）第三次收复县城衙前

1947年12月和1948年1月，国民党二十五师两次占领岳西县城衙前。1948年3月中旬，桂系四十八师反攻岳西，派五二六团驻守衙前镇。

1948年7月，皖西一分区部队收复石榜、河山、湖村三乡，10月24日，消灭包家河联防分队，并俘获大队副队长包立国。包家河土顽垮台后，河清、石榜土顽一部分解散，大部分逃窜水吼岭，被俘人员均被释放。11月，湖村乡一仗，毙伤俘敌10余人，仅湖村乡长幸免。三十七团出击清真、清心（菖蒲），土顽退缩。11月11日至14日，团长候建新率皖西一军分区基干团在太岳县大队的配合下，一举歼灭了店前河、汪家河、红花嘴、太平畈的土顽武装，共毙伤俘25人，缴获步枪17支。同时，三十七团二营清剿银河，军分区组织了一次对明堂山的合击，深古（古坊乡）也有军分区直属队活动。

岳西境内敌人被消灭后，岳西县委决定再度收复衙前。1948年8月15日，皖西军区独立旅在舒城县山七河宣布成立，马忠全（皖西二分区司令员）任旅长，曾庆梅任政委，朱光任副旅长，下辖三纵七旅二十团、八旅二十四团、九旅二十七团。9月23日，皖西区党委在舒城县山七河召开扩大会议，进行一年来的工作检讨和军事斗争总结。9月29日，岳西县委书记滕野翔参加山七河会议后，到达皖西一分区所在地舒城晓天镇。旅长马忠全率领皖西独立旅，由滕野翔率领县大队当向导，从晓天镇出发，经姚河、主簿原、石关口，直奔岳西，于10月1日第三次收复县城衙前，并在衙前南部的塔儿岭与国民党四十六师的一个加强连遭遇，击溃了敌人。国民党岳西县戡乱会随之解散，县参议长王若金和县长李仁坚（安徽巢县人）率县政府官员及县自卫队逃至潜山水吼岭田湾。

（二）沙岭头战斗，歼灭国民党残部

1948年1月28日，第三纵队南下干部杨殿义领导的衙前区干队，在响肠河民兵的配合下，在沙岭头截击国民党二十五师一一九团运输队，缴获了许多物资，并且镇压了三区（响肠河）还乡队头目方梅庭，杨殿义因此受到了中原局和皖西军区的通报表扬。

1949年1月27日（农历十二月二十九日），皖西一军分区基干团、岳西县大队在司令员孔令甫率领下，一举攻克沙岭头，占领了国民党在岳西县境内的最后一个据点，消灭县自卫队和还乡团，缴获100余支枪，没收军用物资和档案计20余担，捣毁国民党岳西县政府，国民党岳西县长李仁坚及其他县政府官员流亡潜山，县政府秘书长汪兴被俘。至此，刘邓野战军再次收复了岳西

腹地，国民党在岳西13年的统治宣告结束，岳西全境最终解放。收复沙岭头时，离农历大年三十只隔一天，所以当时有"军分区基干团打过沙岭头过老历年"之说。

(三)收复太岳县全境

1948年5月，桂林栖率皖西军区一分区部队在太岳县冶溪河，歼灭国民党宿望太自卫大队，俘大队长孟贵彪。

1949年1月5日，国民党岳西匪首傅子远(巢湖县人)纠集岳西、太湖两县还乡队残敌，与太岳县店前河地区的五乡(杨薛、银河、冶溪、深古、南庄)联防队集结，共约500人枪，从太湖回窜店前河的天台山，打起"岳西县政府"的旗号。1月7日，太岳县大队长黄抑强带领一个排前去侦察敌情时，行至三河滩，被埋伏之敌机枪射击，不幸饮弹捐躯。趁黄抑强牺牲，太岳失去主要军事指挥之机，傅子远妄图一举将解放军消灭。1月12日，傅子远派出尖兵班到河图铺侦察，尖兵走到北庄岭时被捕。审问中，得悉敌人要来袭击太岳县机关驻地北庄岭，于是县委和县大队决定对送上门来的这股敌人坚决予以消灭。会后，县大队连长汪从明和指导员陈九仁即带领三连埋伏在北庄岭后面的山上。1月13日拂晓，傅子远部500多人果然来偷袭北庄岭，其指挥部设在河图铺。太岳县大队、宿松连发现敌情后，迅速拉开阵势，三连从敌人背后杀出，战士们前后夹攻，猛冲狠打，使敌人遭受重创。傅子远部伤亡惨重，首尾难顾，只得仓皇溃逃。太岳县大队、宿松连乘胜追击,一直把他们撵至店前河的杏花村。北庄岭战斗,毙伤俘敌40多人,击毙南庄乡自卫队长李玉春。1月14日,安庆军分区基干团与太岳县大队联合行动,傅子远残部退至太湖境内。至此,太岳县境内土顽基本上被消灭,全境解放,县委、县政府机关进驻店前河。1949年3月,太岳县正式并入岳西县,原属太湖县的薛义河、虎丘、马嘶铺地区归属太湖县。

(四)汤池畈欢庆解放战争最后胜利

1949年元月,沙岭头之战胜利后,皖西一军分区部队回师汤池畈。当时岳西县委、县政府机关驻扎汤池畈刘氏宗祠。为了庆祝岳西解放战争的最后胜利,岳西县委、县政府决定在刘氏宗祠召开全县庆祝大会,并举行春节联欢活动。1949年1月29日(农历正月初一),按照县委通知,全县干部都到汤池畈刘氏宗祠集中,皖西一地委书记、军分区政委卢仁灿、军分区司令员孔令甫、专员刘秀山出席会议,县委书记滕野翔、县长李正乾主持庆祝大会。

大会第一天由县长李正乾主持,他回顾了一年多来岳西解放斗争的艰难历程,提出了新的战斗任务。大会上,全体干部怀着崇敬的心情,深切悼念解放战争中牺牲的烈士们。县委书记滕野翔主持召开了一次烈士追悼会。同时,宣布追认第七区(菖蒲区)区长肖病毋为中共党员。肖病毋是四川人,刘邓大军南下干部,1947年12月出任菖蒲区区长,1948年3月在葫芦寨遭敌包围牺牲。同时,宣布开除叛徒储得义(区游击队长)出党。军分区政委卢仁灿、专员刘秀山分别代表军分区和专署在大会上作了重要讲话。最后,滕野翔作了大会总结。他说,我们胜利了,全县解放了,值得热烈庆贺。以后的任务任重道远,我们不但要肃清土匪,而且要巩固政权,进行生产建设。

1949年2月,皖西一地委在来榜河斑竹畈召开会议,宣布岳南、岳北、太岳三个管辖区合并,正式恢复成立岳西县委、县爱国民主政府,李景堂任县委书记兼县独立团政委,李正乾任县长。全县划分为6区18乡。同年3月,岳西县委、县政府搬迁到衙前镇金家祠堂。10月,县、区、乡均改称人民政府。同年12月,全县184个保改为184个行政村。据1949年人口统计,1949年,全县总户数50241户,总人口215031人。

四、中国人民解放军在岳西的军事剿匪

(一)国民党开辟"大别山第二战场"

1949年1月,淮海战役结束以后,中国人民解放军第二野战军和第三野战军挥师南下,追击从长江以北败退的国民党军队。4月,发起渡江战役,推翻了南京国民党政权,正向西北、西南和南

方进行大进军,全国解放指日可期。然而,国民党向南逃跑的时候,却有计划地在大别山潜匿大量的土匪、特务武装,进行各种破坏活动,妄图在大别山开辟反共第二战场。1949年5月,国民党华中军政长官白崇禧先后派遣匪首汪宪、樊迅,携带电台潜入大别山,搜罗惯匪,组织土匪武装,成立"华中剿总豫鄂皖边区人民自卫军总司令部",汪宪任总司令兼"豫鄂皖边行政委员会主任",袁成英任副总司令兼立煌县县长,樊迅任副总司令兼参谋长,将原有反动武装改编为14个支队共18个自卫团,同年8月匪众达17000余人。其时,大别山区14个县基本上被土匪控制,严重威胁着鄂豫皖边区人民生命财产的安全。

1948年9月,国民党四十八师撤离岳西时,南京国民政府国防部特别发给岳西县政府步枪100支,手榴弹4000柄,以武装匪特,与岳西境内共产党及其武装力量抗衡。1949年上半年,岳西土匪十分猖獗。

1949年4月,南下大军渡江前后,匪特乘人民解放军"一切为着支前"的空隙,有组织地发展力量,岳西县南部与北部的匪特集中活动,疯狂反攻,气焰嚣张,连续袭击我县、区机关,残杀干部群众,抢劫资财。县委缺乏足够强的打击力量,一时间,部分区、乡陷于游击状态。随着军分区基干团的到来,窜扰岳南的股匪受到致命的打击,国民党流亡县政府盘踞的据点被铲除。1949年元月,国民党国防部暂编第二纵队第一支队独立团成立,编入岳西县黄石、四会、清心、清真、河山五乡的武装匪徒。该股匪流窜于潜山、怀宁等地，于4月上旬在潜山王家河被解放军击溃。至此，岳西南部匪情有所收敛，但是北部股匪与大别山匪首("鄂豫皖人民自卫军总司令")勾结起来，做垂死挣扎，"县里武装力量对抗不住"。

1949年1月，国民党店前区五乡联防队被击溃后，深古乡匪首汪汉初与暂编第二纵队独立团二营长祝时若勾结，搜罗匪徒50人(枪)，流窜于岳西、英山边境，继续与人民为敌。3月，窜至岚川，杀害河图乡乡长周玉清。接着，袭击白帽区政府，汪汉初被击伤后，匪众溃散。

1949年3月24日，国民党"鄂豫皖人民自卫军第四支队第二团"在霍山县白水畈成立，并同时成立"六(安)、霍(山)、岳(西)三县边区联防剿共指挥所"。又成立"岳西蛇形岗联防区"，编入河清、西美、沈桥、迎水、黄羊五乡的股匪。1949年4月中旬，六安、霍山、舒城、潜山、岳西五县匪首在岳西县石盆开会，改"三县联防"为"五县联防指挥所"。

1949年8月，河图铺联防副主任程越斋组织柴门道徒350余人，在店前成立大刀会组织。9月27日，大刀会首领李求进煽动会徒暴乱，组织61名会徒围攻店前区政府。区干队击溃大刀会匪徒，击伤并抓获匪首李求进，几天之内平定了大刀会暴动。

据不完全统计，自1947年9月至1948年9月，在国民党岳西县监狱中被杀害的革命干部和群众达330人，加上被区、乡还乡队及地主武装残杀的202人，被杀害的干部、革命群众合计达532

人。当时，土顽、匪特们的双手沾满了革命烈士的鲜血，罪恶滔天。

1949年4月15日，中共岳西县委向地委报告称："岳北自西美两次、河清一次及主簿原事件后，情况就大坏了……六区已撤到桃岭，五区今晨被土顽包围斑竹畈驻地……匪情极严，急盼解决。"4月20日的报告称："四月份岳西是处在紧张支前与严重的匪情双重压力之下，尤其岳北广大地区情况恶化，日趋紧张，县里武装力量对抗不住，沈桥、迎水、西美诸乡已相机撤出，黄羊、石榜诸乡陷于游击状态。"

(二)大别山剿匪的军事部署

岳西县是鄂豫皖边区的"剿匪重点区"。1949年春节，县长李正乾按照皖西一地委的指示，调配全县干部，布置"军事剿匪、生产救灾和支援大军渡江"三大任务。1949年4月6日，皖西区党委撤销，皖北区党委在合肥成立，4月15日皖北行署成立。5月4日，皖北区党委发出《关于剿匪指示》，正式部署六安、安庆地区剿匪，决定"彻底肃清残余武装匪特，安定社会秩序"，要求"在土顽猖獗地区，应以剿匪为主要任务，迅速根绝匪患"。1949年6月上旬，岳西县成立剿匪指挥部，县长李正乾任指挥长，县独立团团长严甲乔任副指挥长，县委书记李景堂任政委，向全县发布《剿匪布告》。

岳西剿匪是从1949年5月份正式开始的。1949年5月底，渡江战役结束后,第二野战军、第三野战军和第四野战军(当时在湖北)都下了决心,抽调一批部队进入鄂豫皖边区的大别山剿匪。上级要求把国民党南逃时蓄意在大别山区留下来的土匪特务坚决消灭掉。当时皖西大别山的兵力布置大致是:中国人民解放军第二野战军第十军第二十八师部署在岳西县衙前的西北地区,即五河、河图铺一带以及岳西、太湖、英山交界地带;皖北军区警备第十团部署在岳西县店前河一带,安庆警备团部署在岳西北部地区;三野七十一师(师长刘盛启,岳西县中关镇人)和华东独立第四旅的部队部署在金寨、霍山、舒城地区;岳西县独立团随解放军各部队一起行动,配合剿匪。

(三)第二野战军二十八师在岳西的剿匪行动

1949年6月19日,第二野战军二十八师师长陈中明、政委姚克佑率领八十二团、八十三团主力部队进入大别山,担负上山剿匪任务。二十八师师部驻扎汤池畈,在衙前街设立剿匪前线指挥所。八十二团进抵岳西、舒城边境的沈家桥、晓天、东西溪等地,八十三团进抵潜山、岳西边境的龙山、逆水、石关口、主簿原及头陀河一线。二十八师的部队扩展到衙前的西北边即五河、河图铺一带以及太湖、英山交界地带。

1949年6月22日,二十八师全面展开对岳西土匪的军事清剿与政治攻势,经过奔袭合围,激战30多天,到7月下旬,战果辉煌,计毙匪11名,俘匪114名,迫降444名,缴获长短枪192支,轻机枪8挺，六〇炮1门，掷弹筒12支，其他军用物资若干。土匪溃不成股，残散隐匿。7月28日，二野二十八师胜利完成初期剿匪任务，调离岳西，进军大西南。

1949年8月25日，中国人民解放军华中军区决定由湖北军区组成鄂豫皖边区剿匪总指挥部，湖北军区副司令员王树声为司令员兼政治委员，统一领导指挥第四野战军第四十二军第一二六师主力、湖北军区独立第三师及黄冈军分区、第三野战军第二十四军第七十一师、安徽警备第一、第二旅及地方县、区武装，三省分别成立南线、北线、东线剿匪指挥部，展开鄂豫皖边区联合剿匪。

大别山区剿匪采取"剿匪、反霸、发动群众"三管齐下，"军事打击、政治攻势、发动群众"三者紧密结合的剿匪方针，执行宽大与镇压相结合的政策。下最大决心集中尽可能足的力量，剿灭鄂豫皖边区之霍邱、立煌、霍山、岳西、太湖、潜山、宿松、英山、罗田、麻城、经扶、商城、固始13县内之一切残存的土匪武装，彻底根绝伏匪、潜匪。具体步骤是：第一步，以军事打击为主，集中对集中。根据匪情，有目标、有重点地组织进剿，大小合击，聚歼集中之股匪。第二步，以政治攻势为主，不放松军事打击。进行分散驻剿，多路合围，歼灭漏网之残余小股土匪、散匪。配合建立政权，有重点地扩大面上的占领区。第三步，以政治为主，展开全面的反霸斗争，发动群众，普遍建立政权，并配合政攻、军攻，分区抉剔清剿，达到彻底肃清匪特公开武装活动，全面变匪占区为人民统治区。

(四)安庆军分区警备团在岳西的剿匪行动

1949年8月,二野二十八师进军大西南时,将岳西中期剿匪的任务交给安庆军分区警备团(皖北军区警备第十团)和岳西县独立团。

安庆军分区司令员孔令甫与杨天保率领侦察部队携带电台来岳西,接替鄂豫皖边区东线的指挥任务。东线剿匪第二指挥部从衙前迁到班竹畈(来榜镇境内),安庆军分区司令员孔令甫任指挥长,安庆地委书记桂林栖任政委,袁文波任副政委。安庆军分区警备团由东线剿匪第二指挥部直接指挥。同年8月31日,皖北区党委作出《关于肃清大别山土匪及开辟山区工作的决定》。

1949年8月31日,团长张有道、团政委明克诚率领军分区警备团,从安庆出发,担负进山剿匪的任务。在即将离开安庆时,召开了上山剿匪动员大会,明克诚在会上作了动员讲话,要求全团一定要遵守三大纪律八项注意,发扬我军优良传统和作风,吃大苦耐大劳,坚决完成剿匪任务,不剿完土匪就不出大别山。最后,全体指战员振臂高呼"为民除害,坚决消灭土匪""为大别山人民报仇"等口号。会后,一声令下,军分区警备团立即向岳西开拔。军分区警备团进驻岳西后,团部驻扎青天畈。当天晚上,张有道、明克诚找岳西县第四区(河口区)区委领导人开会,决定分片包干进行清剿:一营进驻青天畈、河口寺,负责河口地区;二营进驻包家河,负责包家河、蔡家河地区;三营负责西美殿、白果树地区。并且决定,区委领导同志分头到各营协助和配合工作,区委书记王锁昌随一营、副区长王业和随三营行动,以利于各营开展工作。

警备团部队进入匪特所盘踞的地区后,立即撒下天罗地网,全面围剿顽匪。在部署上,一手抓发动群众,一手抓军事清剿。剿匪大军进山剿匪的消息一传开,老乡们就奔走相告:"人民子弟兵回来了,毛主席的队伍回来了。"有的控诉敌人的罪行,有的提供顽特的活动情况和线索,有的送茶送水,热情欢迎解放军的到来。

据当时的《皖北日报》报道:警备团九连上了大别山,任务是驻剿岳西县西美乡梓树、石盆两保的土匪。战士个个都有劲,他们冒着大雨,连爬了四天大山,浑身湿透了,自己还打柴烧饭。天晴了,搜山回来,还帮助群众锄草、挑水。有的群众受到了土匪欺骗,跑上山躲藏起来,战士们帮助他们放牛、喂猪。天下大雨,山沟里水突涨,粮食送不上来,他们就喝稀饭,坚决不向群众借米,群众大受感动,都嚷着:"毛主席的部队来了!"经过反复宣传和部队的实际行动,当地群众逐渐回家劳动生产。

为了打击匪徒的威风,警备团采取合围和奔袭战术进行清剿,给敌人一个下马威。营是独立作战单位,各自根据地形和匪情,对所属地区制定和实施清剿方案。各营、连对大小山峰、山谷进行搜索,捕捉了一些零星散匪和可疑人员,并从中了解到匪特的更多情况和线索。但是,由于土匪的特点就是人熟、地形熟,他们害怕解放军重兵清剿，发现解放军就窜逃，不敢顽抗。当时，匪首汪耀南拼凑的二三百土匪常驻在青天畈一带。当警备团到达青天畈的时候，汪耀南已经把匪徒带到包家河。张有道派一营追到包家河时，汪耀南又把部队拉到霍山上土市。

9月30日，二营留在包家河，一、三营由张有道率领到四望山，追剿股匪。四望山山高林密，一、三营汇合在一起，经过反复搜索，终于搜出了匪排长朱兴富和10多个匪徒，缴获21支步枪。警备团在青天畈、黄尾河、石盆、西美殿一带，一面发动群众，一面搜捕零散的土匪。土匪在走投无路的情况下，不得不化整为零，各自利用亲朋关系，躲进深山老林里负隅顽抗。

1949年10月，警备团团部召集全团营以上干部和县区干部开会。会议作出三项决定，一是团部及一营的两个连进驻黄尾河。黄尾河地处霍山、岳西交界处，地形险要，土匪常出没其间。二是决定把土豪劣绅、地主们集中起来办"管训班"。在管训班里，大力宣传解放军剿匪的决心和剿匪政策，详细阐明"首恶必办，胁从不问，立功受奖"和宽大与镇压相结合的政策，并号召土匪家属唤子索夫，晓以利害，指明前途，劝他们弃暗投明。经过说服教育，受训人员的态度有了转变，有的交代了罪过，提供线索；有的表示动员匪特归降，立功赎罪。河口寺匪首汪尧章经过亲属做工作，携械投诚。三是以小分队（排、班）为单位进行活动，以利于捕捉战机，打击分散之敌。各连进山时成立工作组，专门做群众工作，干部战士分散到各村庄，一面发动群众，组织农会，一面深入调查研究,加强侦察,发现土匪的活动线索就及时采取行动。

1949年10月,安庆警备团第七连驻河清乡道义保走马滩(青天乡道义村)一带时,发现汪耀南有个姨亲就住走马滩,这个姓王的老太婆经常提着竹篮外出,行踪可疑。10月28日,下着毛毛雨,七连一名姓华的战士(无为县人)发现王老太婆上山(七里冲大屋背后的大山),便在后边盯哨,只见她钻进密林,一转眼就不见了身影。他走到山崖旁边,发现有一个竹篮,蓝里装着菜饭,他立即将此情况报告了团政治处杨指导员。杨指导员当机立断,带领小分队直接奔赴王老太婆放篮子的地方搜查,发现石崖旁边有一个小石洞,战士们把枪对着洞口,向里面喊话:"缴枪不杀,顽抗有罪。"汪耀南在洞里听到喊话,吓得浑身发抖,最后乖乖地举起双手,爬出洞来投降。汪耀南被小分队捉住时,搜查小组组长王业和(头陀镇虎形村人)从石洞里缴获一支二十响手枪,并把这支枪交给了县武工队大队长苏枫。活捉汪耀南的消息传开后,人心大快,军威大振。在群众的要求下,先后在七里冲大坳、河口寺召开了群众大会进行批斗。11月11日,县长李正乾亲自到河清乡,代表县委、县政府,将一面绣有"庆祝安庆警备团第七连活捉土匪首汪耀南"的锦旗授予驻剿部队,以表慰问。

(五)岳西剿匪的战绩

岳西军民密切配合的剿匪运动取得了辉煌战绩:1949年9月5日至10月30日,毙俘劝降土匪共计660余人,缴获步枪525

支,轻机枪9挺,短枪22支,小炮23门,六〇炮1门,信号枪2支,子弹14849发,炮弹52发,电话总机1部,单机4部,骆驼1只,油印机1架,粮食、油盐若干。到1949年11月中旬,经过两个半月的连续追剿,岳西、六安、霍山三县成股土匪土崩瓦解,匪首陷于孤立,接着,部队以排为单位,分散进行清剿,重点肃清全区在逃的24个残匪。

匪首落网:1949年10月28日,安庆警备团第七连在河清乡道义保的山林中搜剿,将长期统治岳北人民、血腥杀害革命干部的匪首汪耀南活擒。同年11月1日,河清乡召开全乡群众大会,庆祝解放军剿匪的胜利。11月8日,匪副官刘会江、排长龚明中等12人携着机枪1挺、步枪7支、手枪1支,向解放军驻剿部队投降。11月9日,河清乡农民组织7个捕捉小组,配合驻剿部队,在小松山尖山林里活捉土匪队长刘玉标。11月10日,驻剿部队活捉西美乡匪乡长郑秉钧和杀人掳掠、外号"四大金钢"之匪队长大道贤、匪班长小道贤。11月中旬,伪营长王荫三被迫在霍山磨子潭向剿匪部队投降,国民党流亡岳西县政府秘书胡照明、河山乡匪队长蒋浩如也被捉拿归案。

1949年10月9日,汪汉初、祝时若纠集50余名匪徒,突袭白帽区政府,被区分队击溃。区分队当场击毙击伤匪徒11人,击毙匪中队长汪从畏。汪汉初当场被击伤,带领残匪躲进深山。1950年3月25日,汪汉初、祝时若在深古乡的一山洞里被抓获。1950年5月25日,国民党豫鄂皖边区人民自卫军第四支队副司令兼第二团团长胡中明、伪县长郑继虔落网。

五、岳西支援渡江前线

1949年3月,中国人民解放军第二野战军和第三野战军到达安庆地区沿江各县做渡江作战准备。4月上旬,陈锡联部从衙前出发,开到枞阳进行渡江战役。

(一)反隐瞒、查黑斗争

1949年4月,岳西人民在县委和县人民政府的正确领导下,大力开展了生产救灾、支援前线的政治运动。运动中,一方面发动中农、贫农,稽查地主隐瞒的"黑田"与粮食,实行减租减息,将原来"三七"交租制度改为"倒四六"或者租佃各半的制度;另一方面组织发动广大农民大力开荒,扩大耕种面积。通过这些措施,全县广大农民的生产积极性有了很大提高,秋季收成比之前一般年景增加了675万斤,实收粮食7675万斤。由于政府正确而又深入地贯彻了合理负担政策,规定田赋负担面只占全县户数的80%,最高每户不超过收入的30%,公堂、庙宇一律征收租额的50%,原县、乡、保的"学田"一律交县级政府管理,其收入充作教育经费。

由于合理负担政策为群众所拥护,发动贫农、团结中农的工作做得彻底,大多数群众都紧紧地团结在人民政府和农民协会的周围,在反隐瞒、稽查黑田的斗争中,仅府前、东山、西峰、大新、连云、资福6个村,在20多天内向地主恶霸开过9次查黑田、反隐瞒斗争大会。反隐瞒、查黑稽实斗争结束后,全县就掀起了拥护合理负担、交送公粮的热潮。

1949年春荒,县政府拨付救灾米计8万斤,拨款120万元。1949年上半年以工代赈拨款维修公共房屋及打农具计米2万斤。对这些生产救灾措施,群众反映说:"只有在共产党、人民政府的领导下,才能办到。"

(二)菖蒲潭会议

1949年2月19日,中共皖西(皖山)一地委(5月改为安庆地委)在菖蒲潭(菖蒲镇)召开潜山、岳西、太湖三个县十几个人参加的负责干部(县委和县长)会议。会上,各县负责人汇报贯彻执行党的新区政策情况,检查存在的问题,主要是:对中农和知识分子的团结不够,过于强调贫农路线,打击面太广。会上,地委副书记傅大章传达了中共七届二中全会决议,带领大家学习了毛主席的报告。同时,皖山专署在菖蒲潭召开各县长、财粮科长联席会议,布置渡江战役后勤工作。

菖蒲潭会议后,岳西县委马上就召开了各区委书记会议,传达和贯彻地委会议的精神。县、区、乡正式召开了农民协会代表

大会,选举并新建了各级农会。县长李正乾召开了各区负责人会议,研究部署渡江支前工作。

(三)支援解放军渡江任务

1949年3月10日,皖山军区后勤部给岳西下达了第一次支前命令。当时的岳西面临着一方面对付土匪袭扰,一方面紧张支前的双重压力。但是,岳西人民在长期革命斗争中,养成了"节衣缩食,支援人民子弟兵"的传统美德。为了解决支前的军需问题,县政府大力扶持铁炉、锅炉、纸槽、油坊四大传统手工业,依靠挑贩,组织货源和钱款,输出山货,运回粮食、盐、布。在"一切为了支援前线"的号召下,全县掀起了支援大军渡江的热潮。在支援前线的运动中,全县人民争时间,抢速度,出现了"男的舂米,女的做鞋,路无闲人,夜不灭灯"的支前场面。为了赶制军鞋,妇女们连夜制作,缺少鞋布面,妇女们就把亲人的新衣服裁剪下来,一些即将出嫁的姑娘,干脆将嵌有大红布里子的嫁妆鞋,献给解放军。

1949年4月15日,岳西人民完成了上级交代的支前任务。据1949年4月统计,全县支出米计248909斤,油18473斤,菜19132斤,柴224609担,鞋22067双,雨伞6066把。在县内经常运输军需品的民工计10万人。支前常备民工到望江、霍山服务,历时一个月才复员者,计600余人;到江西弋阳,历时两个月才复员者,计200余人。

(四)建立支前供应站

1949年3月17日,岳西县后勤指挥部在衙前成立。为了迅速支援前线,保证供给,节省民力,县后勤指挥部决定建立"岳西县支前供应站"。其任务是接收、供应、转运渡江支前物资,将支前物资从衙前总兵站,运送到潜山梅城,再由梅城运送到长江前线。1949年4月5日,指挥长李正乾命令二区(五河区)副区长徐高成迅速建立支前供应站。徐高成接到调令后,星夜从岳西五河出发,先后到菖蒲袁家渡、潜山水吼岭进行考察,最后将岳西县支前供应站设在水吼岭田家大湾王家祠堂,三日内就完成了建站任务。岳西县供应站内设秘书、储运、保卫三个股和一个通讯班。后勤指挥部还制定了运送实物办法:将一区(衙前区)、二区(五河区)的物资全部送至水吼岭供应站;五区(河口寺区)、六区(主簿原区)的物资全部送至衙前总兵站;三区(店前区)、四区(白帽区)的物资全部送至太岳县支前兵站。

岳西县支前供应站建立前后大约半个月时间,共储存大米50余万斤,猪油1万余斤,大柴100余万斤,军鞋2万余双。1949年4月9日,地委专员刘秀山下达命令,要供应站运大米2万斤到梅城。供应站接到通知后,通过李县长调来民工大队,并在水吼岭调集了大小竹筏150余张。在县独立团张连长的护运下,不到三天时间,就按时完成了大米运输任务。

(五)组织常备民工大队

1949年4月上旬,人民解放军第二野战军和第三野战军在东起江阴、西至九江的1000多公里长的地带,做好了渡江准备。上级命令江北各县组成支前民工担架大队,支援解放军渡江。在组织常备民工担架队时,储茂贵、徐高成、储德树三人在四天时间内就组成了岳西县常备民工大队。民工15人为一组,45人为一分队,3个分队为一中队。共组成4个大队:汤池、响肠为第一大队,由储茂贵(一区副区长)负责;五河、菖蒲为第二大队,由徐高成负责;主簿、头陀、来榜为第三大队,由储德树(五区区长)负责;店前、白帽为第四大队,由魏秋生(四区区长)负责。

皖山军分区后勤指挥部司令员刘秀山在民工表彰大会上,高度赞扬了岳西民工的组织性、纪律性,说他们"不愧是红军培养出来的英雄民工"。

岳西支前民工大队成立后,县政府把徐高成调至支前民工大队,供应站工作由李县长负责。1949年4月17日,全县民工在潜山梅城集中,将四个大队整编为两个大队,储德树和徐高成带一个大队,储茂贵带一个大队。设立了大队部和通讯班,下面以区为单位,组成5个中队,共有民工540余人,担架150余副。

1949年4月18日,大队部召开了民工大会,副大队长徐高成在会上布置了三项任务:(1)宣布民工建制,要求民工服从领导、听指挥;(2)说明民工任务是给解放军运粮草、抢伤员、抬担架、送弹药,不打仗;(3)完成了上级规定的任务,就可以回到本县。会后，立即从潜山出发，向太湖行进。

1949年4月21日，岳西民工大队从太湖县城出发，到望江县华阳镇，被编入第二野战军第四兵团十三军，随十三军教导团行动。4月22日，解放军开始炮击。4月23日晚，岳西民工大队随教导团在华阳登船渡江，抵达长江南岸。

1949年5月3日，二野十三军追敌至江西弋阳镇，将国民党刘汝明部六十八军全部包围，一副军长率部投降。岳西民工大队随军到达弋阳后，驻在弋阳城外东村休息10天。5月13日，十三军军部派人到岳西民工大队驻地，召开了一次盛大的军民联合大会。在会上，部队首长宣布："原定我们担负解放京沪杭的任务，已由东路军完成。因此，你们担负的支前任务，也胜利完成。今天，我代表军首长欢送你们回县。"为了表彰岳西民工支援解放军渡江作战取得的功绩，部队首长发给证明一张，五尺长的大锦旗一面，旗上写着："向英雄的岳西民工学习致敬！"大队长储德树代表民工上台领旗，并致了答谢词。

结　语

境内党组织的建立和发展、请水寨农民暴动、红色政权的建立、红军三十四师的创建,这些土地革命时期重大革命事件,奠定了岳西红色故土的地位。贯彻党的八七会议精神,举行武装起义,反抗国民党反动派,建立红军和创建革命根据地,是土地革命时期党的中心任务。

大别山三大主力红军(第四方面军、红二十五军、红二十八军)之一的红二十八军在岳西重建,坚持以岳西为中心根据地的鄂豫皖边区三年游击战争,使大别山革命的中心转移到岳西。抗日战争爆发后,岳西谈判、抗日救亡运动、抗日武装的组建、新四军在岳西的活动,这些重大革命事件发生在岳西,对中国革命的胜利进程产生了重大影响。解放战争时期,新四军七师的皖西大队、新四军二师独立营、新四军五师鄂东独立二旅、鄂西北军区副司令员刘昌毅部、皖西支队(皖西人民自卫军),这几支部队在岳西开展的游击斗争长达两年多时间。刘邓大军挺进大别山解放岳西,并坚持岳西腹地游击战争,长达一年半时间。其他如人民解放军进山剿匪,岳西人民支援解放军渡江战役,这些重大革命事件都丰富了红色岳西的内容。

大事记

1919年

5月6日 安庆各校学生派代表在安徽公立法政专科学校召开紧急会议,王步文作为六邑中学的学生代表出席会议。会议决定5月8日各校总罢课,举行示威游行,支援北京反帝反封建的五四爱国运动。

5月18日 王步文当选为安庆学生联合会委员。

5月25日 安徽省学生联合会(简称省学联)正式成立,选举产生15名委员,方乐舟当选为会长,王步文、周新民当选为副会长。

5月29日 岳西境内的粹新、文蔚、店前三所高等小学师生分别举行集会和游行,声援五四爱国运动。

6月 省学联派储应时、储宏超等数十名学生回家乡,在天堂、五河、店前河、河图铺、来榜河、主簿原等地宣传五四运动。

1920年

3月 王步文在安庆省立第一师范宿舍创办秘密图书室,搜集和借阅一些革命书刊,在学生中传播马克思主义。

8月 王步文从安庆回乡,在汤池畈丽华商店开设图书室,组织王效亭、储余、储纯一、储文朗等青年学生传阅革命书刊。

1921年

3月 王步文参加安庆社会主义青年团成立筹备会议,讨论安庆建团问题。

6月2日 王步文参与领导安庆"六二"学潮。

9月15日 王步文参与领导拒绝省长李兆珍运动。

1922年

3月22日 王步文组织芜湖各校进步学生参加黄包车工人的示威游行。

10月10日 王步文在安庆组织各校学生开展"废督裁兵"斗争。

10月 安徽省学生联合会进行改选,王同荣、王步文、许继慎、彭干臣、濮德治、刘旭光、李云鹤、杨溥泉八名学生运动骨干当选为新一届安徽省学生联合会委员。

1923年

6月 王步文从安庆六邑中学毕业,考入安徽省立第一师范学校(现安庆一中)。

7月 王效亭在梅城组织驱逐潜山县知事张汉的"驱张团"。

9月 王步文在安庆正式恢复加入社会主义青年团。

10月10日　王步文参与领导反曹锟贿选运动。

10月　王步文在安庆参与建党筹备工作。

12月　王步文由柯庆施介绍加入中国共产党,当选为中共安庆支部委员。

1924年

2月10日　王步文和方启坤正式结婚。

2月　因安徽军阀马联甲执行曹锟当局的通缉令,搜捕共产党人,中共安庆支部被迫解散。

3月　王步文经恽代英介绍进入上海大学社会系学习。

11月　安徽省政府撤销了曹锟当局的通缉令,王步文由上海大学回到安庆,与蔡晓舟一起恢复安徽省学生联合会,王步文当选副主任委员。

1925年

6月　王步文赴日本留学,入日本明治大学社会学专修科学习。

8月　王步文与留学东京帝国大学的童长荣一起,组织中共东京特别支部,担任特支常委。

1926年

9月　省学联派周兆璜、张德华、刘会英等到岳西推动学生运动,开展新女性教育。

10月15日　王步文作为国民党驻日总支部代表,回国参加广州国民党中央执行委员及各省区代表联席会议。在联席会议上，王步文第一次结识了毛泽东，还结识了宋庆龄。

1927年

2月　王步文偕夫人方启坤从日本回国，在中共上海市委组织部和国民党上海特别市党部组织部工作。

3月23日　蒋介石在安庆制造"三二三"反革命事件。

3月　上海总工会青年部长王步文参加由中央军委书记周恩来担任总指挥的上海工人第三次武装起义。

4月12日　蒋介石发动"四一二"反革命政变，王步文被列入通缉名单。

4月20日　王步文到武汉，被安排在瞿秋白主持的中共中央宣传部任秘书，并担任中央《向导》周报编辑。

5月下旬　中共安徽省临委在武汉成立，柯庆施任书记，王步文为委员，负责组织工作。

8月上旬　中共安徽省临委由武汉迁回芜湖。王步文任省执行委员会和常务委员会委员，负责组织工作。

8月30日　响肠河农民协会秘密成立，王俊任会长。

9月10日　王步文在安庆召开各级党组织会议，传达贯彻中央八七会议精神。

9月下旬　王步文被中共安徽省临委任命为皖中特派员，领导安庆地区党组织的恢复和发展工作。

9月　潜山县农民协会在梅城成立,柳文杰任主席。

10月25日　中共安徽省临委召开第二次执委会会议,决定成立怀宁县临时县委,由王步文兼任县临委书记。

10月　王步文在梅城秘密介绍余大化、王效亭、周兆璜和柳文杰加入中国共产党。

11月　中共潜山县特别支部在梅城成立,余大化任书记,王效亭、周兆璜为委员。省临委指示怀宁、桐城、潜山举行零星暴动。

12月7日　王步文、王效亭领导潜山"梅城暴动"。

12月9日　中共潜山特支从梅城迁到后北乡汤池畈王家中屋,王效亭继任特支书记。

12月　王步文在茶园庵主持召开中共怀宁县临委扩大会议,传达贯彻党的八七会议精神,王步文作政治报告。

中共汤池支部成立,王效亭兼任书记。岳西县境内建立了第一个中共组织。

1928年

1月　中共衙前区委在粹新小学秘密地成立,王效亭任书记。

中共请水寨、无愁、沙村支部成立,王俊、陈捷之、刘中一分别任书记。

2月　中共响肠支部成立,吴介唐任书记。

3月13日　中共安徽省临委决定成立中共怀宁县委和中共

潜山县委。

3月 衙前粹新小学改名为"崇新小学",王效亭任校长。

中共潜山县委在汤池畈成立,王效亭任代理书记。

中共东营支部成立,储道珩任书记。

4月 中共和山庄、马家畈支部成立,吴汉清、李保怀分别任书记。

6月 中共潜山县委第一次代表会召开,选举王效亭为书记。

7月 王步文(化名朱华)出席六霍县委在霍山舒家庙召开的党的代表会议。

中共响肠区委成立,储咸五任书记。

12月4日 共产主义青年团潜山县委在潜山县中学成立,陈九任书记。

12月31日 王俊秘密成立响肠"农民自救队"。

12月 中共头陀河支部成立,胡祥仁任书记。

中共汤池区委成立,王德耀任书记。

1929年

2月7日 中央特派员龙大道到天堂地区视察。

2月 中共潜山县委召开党代会,改组县委,刘震任书记。

中共衙前支部在崇新小学成立,汪樾任书记。

3月 中共青天、来榜河、湖响、黄尾河支部成立,汪寅斋、王中才、储汉仪、蔡世钊分别任书记。

中共沙村支部改名为沙村—来榜区委(朱赤光区委),刘中一任书记。

王步文调任中共中央巡视员,指导桐(城)庐(江)的党务和暴动。

6月　中共潜山县委召开扩大会议,选举储醉醒任书记。

8月　王步文在上海中央高级干部训练班学习结业,留任中共中央高级干部训练班主任。

9月　王效亭在上海参加中央为安徽举办的第一期干部训练班。

共青团员王仕斌、汪洋回组织包家河暴动。

10月　王效亭在衙前崇新小学召开六个区委扩大会议,决定成立中共衙前中心区委,王效亭任书记。

安庆中心县委派黄埔军校四期毕业生金赤(原名张有余,化名张云飞)协助潜山县委准备武装暴动。

11月中旬　中共安徽省临委常委王步文在枞阳浮山主持召开潜山、桐城、怀宁、庐江、太湖五县党组织负责人会议,决定各县发动武装暴动,建立农村革命根据地。

11月　中共潜山县委召开会议贯彻浮山会议精神,决定在第六区(即天堂地区)组织农民暴动,由王效亭任总指挥。

12月20日　储醉醒被捕,吴介唐接任中共潜山县委书记。

12月　中共潜山县委将农会编成三支游击纵队,设立持枪小组。

中共沈家桥支部成立,朱廷阶任书记。

1930年

1月下旬　王效亭到头陀河召开联席会议,研讨舒、霍、潜三县边区武装暴动问题。

1月27日　王效亭在崇新小学召开党员会议,宣布请水寨暴动计划。

1月31日　王效亭在汤池畈王家中屋召开中共衙前中心区委扩大会议,决定于农历正月初六(1930年2月4日)举行武装暴动。

1月　中共潜山县委改组,芮兰生接任书记。

2月3日　天堂地区各地游击队和农民协会会员1000余人集中到请水寨,参加暴动。

2月4日　根据中共安徽省临委的指示,中共潜山县委在第六区举行"请水寨暴动"。宣布成立中国工农红军潜山独立师,王效亭任师长,陈履谦任师党代表。

2月8日　陈履谦、方振五、胡绍瑗率红军攻打五庙民团,缴获钢枪4支。

2月11日　王效亭率红军潜山独立师首战潜山县水吼岭,大获全胜。

2月　中共红三区委(又称晓天区委)成立,储春贯(姚河乡上马石人)任书记,下辖主簿、姚河、沈桥和舒城晓天。

中共主簿原支部成立,朱万松任书记。

3月6日　国民党潜山县长崔树龙率县自卫团、省保安队1000余人大举进犯请水寨。

3月7日　潜山独立师决定避敌锋芒,撤离请水寨,转移到六霍根据地。

3月8日　崔树龙率部占领请水寨,大肆烧杀掳掠,并尾追红军至桃岭头。

3月29日　根据鄂豫皖边特委的指示,潜山独立师在金寨县闻家店改编为"潜山工农革命军",由王效亭、陈履谦、严宽任军事指挥,王效亭任总指挥。

3月　根据安庆中心县委的指示,潜山县委在衙前崇新小学召开潜山县委和太湖、舒城两县临时县委扩大会议,决定成立中共潜山中心县委,郑志唐任书记。

沙村河、撞钟河各成立游击大队,储汉仪、李文夏分别任大队长。

4月2日　中共头陀河支部书记、暴动总指挥胡祥仁组织头陀河暴动。在石盆成立霍山县第四区南乡第一(乐道冲)苏维埃政府和第一、第三赤卫大队。

4月4日　头陀河第一、第三赤卫队300多人奉命开到管驾渡与三十三师汇合,配合三十三师作战。

4月8日　潜山工农革命军配合红三十三师攻克英山县城。

4月10日　红三十二师、三十三师和潜山工农革命军领导人在金寨县闻家店召开会议,决定先打霍山,后打潜山,赤化皖西。

4月12日　霍山县苏维埃政府宣布成立。

4月15日　中国工农红军第三十四师在闻家店成立,王效亭任师长,陈履谦任师政委。

4月25日　红三十四师在原红三十二师一个团、三十三师一个营的援助下,由霍山分东、西两路,回师潜山。

4月26日　霍山县南乡第四区苏维埃政府和第四区赤卫大队在青天河口寺成立。

4月28日　中共霍山县委在头陀河胡家祠堂成立霍山县第四区苏维埃政府和赤卫军总指挥部。

4月　中共香炉冲支部成立,彭世荣(商城人)任书记。

红三十四师开辟了以潜山县第六区衙前为中心的天堂革命根据地。

5月3日　潜山县革命委员会在衙前金家花屋宣布成立。

6月上旬　中央军委巡视员朱瑞到天堂苏区视察,在衙前召开党政军干部联席会议,宣布将中国工农红军第三十四师改编为中国红军中央独立第二师。

6月18日　红军中央独立二师、赤卫队、扁担队计2000余人攻打梅城,第二团团长金赤中弹牺牲。

6月19日　红军中央独立二师二团攻打国民党安徽省前任省长余谊密的官庄民团,第二团副团长方乔南中弹牺牲。

6月　红军中央独立二师第四团团长李文夏被师司令部错杀。

中共潜山中心县委书记郑志唐被诬为敌特而遭杀害。

王俊接任中共潜山中心县委书记,中央独立二师政治部主任由徐勋担任。

霍山四区苏维埃政府在头陀河胡氏祠堂创办列宁小学。

潜山县革命委员会通知各区、乡农会进行人口、田亩登记工作,进行土地改革。

7月22日　国民党独立十五旅团长罗士奇率领桐城、怀宁、潜山、太湖、宿松、望江六县自卫团及省保安队共6000余人,大举进犯天堂革命根据地。

7月　中共潜山中心县委书记王俊被捕(9月3日牺牲于梅城),由储纯一接任潜山中心县委书记。

根据中共中央的决定,中共安徽省临时委员会在芜湖恢复成立,王步文任省临委书记。

红军中央独立二师政治部发布《告挨户团的书》。

9月4日　红军中央独立二师反攻衙前,遭敌伏击,伤亡惨重。

9月5日　王效亭在汤池畈金师冲大王庙召开紧急会议,决定红军向外地生根和发展,剩余部队分散行动。

9月17日　王效亭领导举行金龟畈暴动。

10月6日　安徽军阀陈调元调集数千兵力"清剿"头陀河第四区赤卫军,胡祥仁率赤卫队退出头陀河,转移到霍山。

10月11日　红军中央独立二师政治部主任陈履谦在潜山五庙遭敌人杀害,时年19岁。

10月　潜山县革命委员会主席王焰才在梅城牺牲。

11月　蒋介石开始对鄂豫皖苏区进行第一次"围剿"。

王步文在芜湖、安庆召开各中心县委书记会议,传达贯彻党的六届三中全会精神。

1931年

2月15日　经中共中央批准,中共安徽省委在芜湖成立,王步文任首任省委书记。

2月　王效亭任红军中央教导第二师政委。

3月20日　刘正北由皖南回到家乡沙村河,以教书为名开展恢复党组织工作。

4月6日　省委书记王步文在芜湖被捕,省委机关遭到破坏。

4月上旬　蒋介石对鄂豫皖苏区进行第二次"围剿"。

4月17日　中共皖西北特委成立,方英任书记。

4月　中央教导第二师改编为红四军第十二师。

5月5日　李亚任皖西北特委军事委员会巡视员、英山独立团第三营教导员。

5月下旬　中共英（山）潜（山）工委在麻埠成立，王效亭任工委书记。

5月31日　王步文在安庆被国民党杀害，时年33岁。

6月　中共祁门临时县委成立，刘国鼎（化名"刘仲希"）担任书记。

7月　中共歙县临委成立，刘森（化名刘伯林）担任书记。

中共休宁临时县委成立，同年11月正式成立中共休宁县委，韩文治（韩文质）担任中共休宁县委书记。

9月　蒋介石以12个师的兵力对鄂豫皖苏区进行第三次"围剿"。

11月　王效亭、王德耀、储余在红四军"肃反"运动中被错杀。

12月　刘中一任中共宣城特委书记。

皖西北道委军事巡视员、英山独立团第三营教导员李亚遭"肃反"错杀。

中共皖西北特委改称中共皖西北道委，方英任书记。

1932年

1月10日　中共鄂豫皖省委在河南光山成立，沈泽民任书记。

1月　霍山县赤卫队与胡祥仁率领的赤卫队会合，在霍山管驾渡整编，成立霍山游击师，胡祥仁任师长，胡锡烺任师政委。

2月　中共潜北县委在沙村河成立,刘正北任书记。

中共贵(池)秋(浦)东(流)边区县委在贵池县郑家村成立,吴介唐任书记。

3月　中共歙县县委成立,汪樾任书记。

4月23日　金汤(化名朱晓村)任中共徽州工委组织部长。9月任中共徽州工委书记。

5月30日　汪全润在青天乡河口寺遭敌人逮捕,6月15日在河口寺被杀害。

6月　蒋介石自任总司令,对鄂豫皖苏区进行第四次"围剿"。

10月21日　红二十七军与敌五十四师在衙前山前冲、打虎冲发生遭遇战。

10月下旬　红二十七军在马园寨、鹞落坪、头陀河、毛尖山留下干部组建便衣队。

1933年

1月上旬　中共皖西北道委派副队长夏应龙(又名夏云)、指导员谭胡子(绰号)率一支30余人的红军游击队进驻鹞落坪。

1月　中共板舍中心区委成立,吴云霞担任书记。

4月19日　蒋介石任命卫立煌为豫鄂皖边区"剿共"总指挥,对鄂豫皖苏区进行第五次"围剿"。

8月21日　高敬亭率红二十五军八十二师一部进驻鹞落坪,建立战略基地。

9月28日 鄂豫皖省委决定,高敬亭接任皖西北道委书记职务。

9月 中共皖西北道委派员到沙村河,改中共潜北县委为中共潜山县委,刘正北任书记。

1934年

4月20日 中共鄂豫皖省委决定,在潜山、太湖、宿松、舒城、桐城五县边区创建新的游击根据地。

5月 中共鄂豫皖省委在黄尾河(岳西境内)召开省委扩大会议。

7月12日 红军中央独立二师二团团长柳志杰在南京就义。

7月 中共皖南特委改组,刘中一担任皖南特委组织部长。

9月10日 红二十五军军部驻扎上坊田张家老屋(现属岳西县河图镇)。

9月 红二十五军下派的一支便衣武装工作大队在马家畈(现属岳西县石关乡)成立中共潜(山)霍(山)舒(城)桐(城)四县特委,汪礼廷(河南商城人)任书记。

10月上旬 储宪章(化名储希文)受中共石青太中心县委派遣到泾县整顿组织,成立中共宣宁泾边区县委会,储宪章任书记。

10月28日 红二十五军在在陶家河和古坊交界一带与敌五十四、四十七师激战。

11月16日 红二十五军撤离鄂豫皖革命根据地,开始长征。

11月　皖西北道委书记高敬亭派红八十二师和三路游击师计900多人到舒霍潜太四县边境开展游击斗争,攻克衙前镇,歼灭潜山县保安队一个中队。

中共潜山工委成立,吴云霞任书记,储道珩任副书记。

1935年

1月8日　蒋介石任命梁冠英为豫鄂皖"剿共总指挥",调集56个团的兵力,限于"三个月内消灭苏区红军"。

2月3日　高敬亭在凉亭坳(现属岳西县河图镇)召开干部会议,决定将红二一八团、鄂东北独立团合编,再次组建红二十八军。

2月15日　红二十八军手枪团配合潜山游击队奔袭官庄,活捉国民党安徽省政府委员兼财政厅长余谊密。

2月17日　中共皖西特委和二四六团在枯井园(现属岳西县主簿镇),组建舒霍潜边游击大队,以枯井园为中心,开辟舒霍潜太四县边区游击根据地。

2月　中共潜山县委改组,叶朗清任县委书记。

3月29日　红八十二师政委方永乐率两个营在潜霍交界的界岭(青天乡境内)伏击敌三八四团一个营。

3月底　皖西特委组织皖潜游击大队和四路游击师一举歼灭马家畈民团。

4月20日　红二十八军在汤池畈的桃岭(温泉镇境内)伏击

尾追之敌。

4月24日　蒋介石部署"两个月清剿"。

4月30日　舒霍潜边苏维埃政府在马家畈的象形地（现属岳西县石关乡）成立。

4月　中共皖西特委率领红二四六团开辟了以主簿枯井园、石关马家畈为中心的舒霍潜边游击根据地。

5月7日　红二十八军、中共皖西特委在黄尾河召开会议。

5月11日　四路游击师在分水岭、河图铺一线与敌十一路军激战。

5月中旬　皖潜游击大队击溃来榜河地主民团。

5月下旬　国民党决定将安徽省"潜岳之西"（潜山天柱峰以西）设置为"岳西县"。

5月23日　一路游击师从赤南转战到头陀河,与敌一八八团和特务团二营遭遇。

5月　国民党安徽省政府在衙前街设立岳西县设治筹备处。

中共潜山县委书记叶朗清牺牲,刘汝聪接任县委书记。

中共潜北中心区委成立,吴云霞任书记。

6月上旬　中共皖西特委机关从枯井园迁到鹞落坪的门坎岭沈家老屋。

中共鹞落坪区委在聂家老屋成立,区委书记为聂在忠。

中共西潭区委成立,王家彦任书记。

红军二十八军皖潜独立营和第一、四路游击师合攻腾云庙守敌。一路游击师政委林承祥身负重伤牺牲。

6月中旬　皖西北独立游击师与红二四六团在晓天、主簿原一带打击敌人。

6月19日　皖潜独立营袭击潜山县五庙、王家牌楼两地驻敌。9名红军重伤员被送到菖蒲水畈村方冲组白云洞内养伤。

7月2日　高敬亭在店前河火神庙主持召开营以上干部会议。

7月12日　红二十八军手枪团在硃屋庙吊棺畈歼灭敌范支队运输队。

7月14日　红二十八军在小河南、傅家岭、店前河一线歼灭国民党十一路军一个营。

7月15日　红二十八军在冶溪河智歼国民党二十五路军别动队。

7月16日　军政委高敬亭给中央局写报告,汇报红二十八军的组建和发展情况。

7月上旬　皖潜独立营与四路游击师在店前河合编,组建英霍潜太四县游击师,师长为傅以民,师政委为刘正北。

7月　刘雨润担任少共潜(山)、太(湖)、舒(城)、霍(山)四县特委书记。

中共皖西特委所属松山寨便衣队队长孙友明在松山河张家

老屋遭敌杀害。

8月8日　红二十八军在白云寨、水车畈与敌一八七团激战。

9月10日　红二十八军手枪团在寺前河歼敌三十二师特务团七连一个排。

9月13日　红二十八军在妙道山遭敌九十五旅追击。

高敬亭在茅山召开干部会议，决定主力部队以营为单位分散活动。

9月27日　红二十八军八十二师二四四团二营和四路游击师在泥潭伏击敌搜山部队六一三团，歼敌一个连。

9月　便衣队、游击队烧毁和山庄、林河、板舍、上逆水敌碉堡四座。

中共皖西特委组建五路游击师（师长梁从学，政委杨克志），活动于潜（山）、太（湖）交界地区。

10月10日　舒霍潜边区游击大队长汪礼廷率领便衣四分队、皖潜游击队在巍岭汪坳伏击监督群众修碉堡的敌三八五团一个排。

10月　中共衙前中心区委成立，汪镜天任书记。

11月18日　国民党安徽省政府发文，在舒城、霍山、潜山、太湖四县边境另设新县治，定名为"岳西"。

1936年

1月1日　岳西县设立，首任县长吕勤先（河南人），辖3区、

19乡、21联保、177保、1795甲。全县总面积2315平方公里,总户数27364户,人口219957人。

1月1日　中共潜山县委改称中共岳西县委,刘汝聪任县委书记。

2月　蒋介石任命卫立煌为豫鄂皖边区"清匪总指挥",部署"五个月清剿"。

3月8日　红军二十八军便衣一分队在大岗岭的磨刀坪创办红军小学。

4月　红军便衣队队长朱南荣率队员8人,在鹞落坪掩护中共皖西特委机关转移,战至弹尽,全队壮烈牺牲。

5月　红二十八军潜山战斗营在鹞落坪组建,营长为易元鳌,政委为熊桐柏,全营150人,1937年7月编入红二十八军。

8月中旬　红二十八军四县游击师政委刘正北被"肃反"错杀于麻城县龟山。

8月30日　中共红三区区委书记储春贯在舒城晓天一次战斗中牺牲。

9月　红二十八军潜山战斗营歼灭店前河"野猪队"(地方武装)。

中共皖鄂边特委会成立,何耀榜为书记。

中共皖鄂边特委机关在鹞落坪设立,10月迁至大岗岭。

10月　中共皖鄂边特委第一次会议在岳西县小河南召开,参加会议的有皖鄂边区10余县的县委、工委书记。

12月　国民党岳西县政府组织"铲共十人团"。

1937年

4月27日　国民党中央设豫鄂皖边区督办公署,任命卫立煌为督办,下设岳西、信阳、经扶(新县)三个办事处,部署对红军"三个月秘密清剿"。

5月　中共皖鄂边特委在磨刀坪召开英、霍、潜、太四县便衣队长会议,部署便衣队反"清剿"斗争。

7月22日　红二十八军代表与国民党豫鄂皖边区督办公署代表在岳西县青天畈举行停战谈判,双方达成"停止内战,一致抗日"的协议。

7月28日　岳西谈判协议签字仪式举行。

9月17日　红二十八军大岗岭便衣一分队由指导员宋青云率领在岳西县河图镇境内土门冲胡氏支祠集中。

9月20日　中共皖鄂边特委代理书记徐文初、指导员宋青云率岳西便衣队离开土门冲,开往湖北红安七里坪。

1938年

3月　潜北游击队改编为岳西人民抗日团,团长为吴汉卿(毛尖山乡人)。

4月上旬　陈穆率省抗日工作团第二十六团来岳西县宣传抗日救亡工作。

4月　岳西县民众总动员委员会在衙前镇成立,县长张翼担

任主任,储醉醒(共产党员)担任指导员。

5月19日　王榕率第三十一抗日工作团来岳西开展抗日救亡运动。

6月26日　5架日军机飞到县城衙前上空扫射轰炸。

6月　中共岳西中心县委成立,喻屏任书记,领导岳西、潜山、宿松、太湖、怀宁五县工作。

7月　抗日第三十一工作团团员乐治权、董绍祺、都志、何权基在团长王榕率领下来沙村开展工作,成立湖村乡抗战动委会。

8月　中共岳西特别支部改为中共岳西县委(书记王榕)。

11月　省动委会第十四抗日工作团来岳西县二区(河图铺)开展工作。

12月2日　岳西县抗日工作团成立,王临川任团长。

1939年

3月1日　国民党四十八军副军长兼一七六师师长区寿年下令镇压"把持政府、操纵政权、破坏抗日统一战线"的岳西县财委会会长蒋柱峰。

5月　国民党特务机构开始捕杀共产党人。中共岳西中心县委领导人及抗日工作团成员撤离岳西。

7月7日　岳西县民众动员委员会创办《岳西三日刊》报纸。

8月30日　安徽省私立南岳初级中学在岳西县湖响储氏四德堂成立,储醉醒任校长。

10月23日　岳西县各界人士集会庆祝歼灭3万日军的"湘北大捷"。

10月30日　岳西县各界人士在衙前河滩举行"九一八事变"八周年纪念大会。

11月11日　安徽省私立华正初级中学在撞钟河王氏祠堂成立(校长王贯之)。

12月　国民党岳西县政府裁区撤联保，全县设19乡。

1940年

2月　国民党安徽省政府设立"太(湖)、岳(西)、潜(山)、怀(宁)剿共绥靖区"。

3月　国民党四十八军所属第九游击纵队司令云应霖计划率部在菖蒲潭起义，投奔共产党游击队，但遭四十八军围攻，云应霖被捕。

4月　张体学率新四军鄂东独立团200余人东进东进鄂皖边区，第一次进入岳西，驻扎凉亭坳休整。

5月　中共岳西县委遭到国民党破坏。

国民党岳西县政府解散抗日工作团，撤销岳西县民众抗日动委会。

1941年

1月1日　南岳中学、华正中学演抗战戏。

2月　张体学率新四军鄂皖挺进纵队700余人由太湖第二次

进入岳西境内，建立了大岗岭、道士坪抗日根据地。

10月　张体学率新四军五师十四旅四十二团游击大队300余人第三次东进鄂皖边区，以岳西境内的古坊、大岗岭、道士坪为根据地，在英岳霍潜太五县边区开展游击斗争。

1942年

1月8日　团长林维先率七师挺进团转移到小河南（岳西县五河镇境内）休整。1月18日转移到鹞落坪，经过巍岭进入桐西抗日根据地。

5月　中共英岳太立霍五县边区工委在岳西县鹞落坪成立。

1943年

1月4日　一支日军由太湖县辛家冲入侵岳西县柳畈、菖蒲、撞钟、溪沸、响肠、无愁等地，沿途烧杀淫掳，本县25人惨遭杀害。

1月6日　两架日机入侵汤池畈，盘旋扫射，投弹2枚，炸坏房屋，死伤7人。

3月　岳西县初级中学创办，程慕濂（田头乡人）任校长。

安徽省政府主席兼二十一集团军总司令李品仙来岳西，在汤池畈召开江北军政联席会议，制定大别山区"剿共"计划，并声称三个月内"肃清"新四军杨震部。

9月　国民党第五战区司令长官、桂系首领李宗仁来岳西县汤池畈四十八军军部视察，督促"剿共"。

1944 年

1月5日　国民党集中四十八军、七军、安徽省保安四团、七团和桐、潜、岳、舒四县民团计5万人,对岳西及毗邻地区进行全面"剿共"。

2月9日　游击队长吴汉卿率队员20余人趁夜攻打黄石乡公所,缴步枪20枝,机枪2挺。

1945 年

6月下旬　吴汉卿等12名游击队员在魏岭被四十八军特务营逮捕。7月15日被活埋于汤池畈蔡家河。

10月底　中共皖西工委在桐潜交界的螺丝岭(潜山县后冲乡)宣布成立,桂林栖任书记。

1947 年

4月　鄂西北军区副司令员刘昌毅率领两个大队在大岗岭(河图镇境内)伏击击国民党湖北保安团一个营和英山县自卫队,缴获机枪2挺,子弹2箱。

5月13日　中共皖西工委在林家冲(潜山县官庄乡)召开大队长以上干部会议,决定将"皖西支队"对外改称为"皖西人民自卫军",刘昌毅任司令。

6月14日　岳西县四会乡(温泉镇、莲云乡)乡长胡步圣率乡警队、保长、国民兵等500余人,包围岳西县立中学、简易师范,开枪打伤学生祝凤起。两校师生掀起"抗抓丁""六一四"学潮。

8月中旬　皖西人民自卫军摧毁国民党清真(菖蒲镇)、清心(田头乡)、湖村(中关镇)、河山乡(五河镇)四座碉堡。

中共岳北县委率岳北县大队摧毁国民党黄羊、河清(青天乡、包家乡)、西美(头陀镇、黄尾镇)三个乡碉堡。

9月8日　中共皖西工委和皖西人民自卫军在珠屋庙东北面的储家冲(温泉镇斯桥村)击溃国民党省保安团和岳西县常备队。

9月13日　皖西人民自卫军司令刘昌毅、政委桂林栖在霍山管驾渡与晋冀鲁豫野战军(刘邓大军)第三纵副司令员郑国仲、副政委阎红彦会晤。

9月19日　刘邓大军第三纵队教导团、二十团与皖西支队进军岳西,解放县城衙前镇。

9月20日　刘邓大军第三纵司令部进驻汤池畈(岳西县温泉镇境内)。

中共岳西县委、岳西县爱国民主政府在汤池畈宣布成立。

9月21日　三纵队司令员陈锡联同皖西人民自卫军司令员刘昌毅、政委桂林栖在衙前金家祠堂会晤。决定对皖西人民自卫军进行整编,配合刘邓大军三纵部队作战。

9月23日　岳西县委派出县委武装工作队,分为5个工作组,执行摧毁旧保、甲,建立区、村革命政权的任务。

9月29日　岳西县委、县政府颁布《土地改革布告》,县武装工作队深入各区,开展土地改革运动。

10月24日　刘邓大军三纵司令部和政治部正式宣布：根据中央中原局的指示，决定以南岳中学为基础，在湖响储氏四德堂成立"中国人民解放军鄂豫皖军事政治大学皖西分校"，曾绍山兼任校长，方为周（方谦）任常务副校长。

11月15日　皖西区党委、皖西军区和皖西行署在汤池畈正式成立。

皖西区党委机关报《皖西日报》创刊号出版。

11月30日　鄂豫皖军政大学皖西分校撤离湖响，第一次随军转移至包家河。

12月4日　国民党二十五师一个旅由岳西县流亡政府和逃亡地主还乡队当向导，大举"扫荡"岳西，占领县城衙前。中共岳西县委、县爱国民主政府转移到包家河。

12月29日　中共岳西县委、县爱国民主政府、鄂豫皖军政大学皖西分校随三纵教导团从霍山龙门口返回岳西湖响储氏宗祠。

1948年

1月2日　中共皖西区党委决定，将安徽太湖、岳西、湖北英山三县交界处划出店前、河图、深古、白帽、虎丘五个区，成立太岳县（1949年4月撤销）。

1月8日　皖西区党委决定，划英山、霍山、岳西三县交界处的地区，以太平畈为中心成立太平县（12月撤销）。

1月　岳西县委、县民主政府、县大队、各区乡农会及区干队

和武装小组分三路撤至包家河。

2月2日至4日 三纵司令部调集八、九旅,由三纵直属部队及军分区二十团配合,三纵副司令员郑国仲直接指挥,围攻衙前守敌,激战三昼夜,战斗中三纵伤亡117人,其中负伤90余人。三纵击毙敌连长1人,毙伤俘敌150人。

2月10日 三纵直属部队返回土门休整,陈锡联在土门召开军事会议。决定将伤病员安置到桃花冲养伤,三纵主力八、九旅迅速撤离岳西,跳出外线,留下七旅二十团(归皖西军分区)保护岳西腹地。

2月中旬 国民党国防部九江指挥所认为二十五师不熟悉岳西地形,不利于开展"清剿",即调原四十八军整编的四十八师接管岳西防务。

2月下旬 国民党岳西县"戡乱建国委员会"在衙前成立,强迫农会干部和游击队员办理"自新"手续,杀害刘邓大军南下干部10余人。

2月24日 鄂豫皖军政大学皖西分校学员随三纵司令部从包家河北撤,于4月23日抵达河南省鲁山县,并入豫陕鄂军政大学。

3月 皖西一地委决定岳西划为岳南、岳北两个游击区,武装力量分散坚持游击斗争。

4月上旬 皖西区党委在白帽区南庄祝氏支祠召开高级干部

会议,皖西区党委书记彭涛向各地委、县委书记传达贯彻中央新解放区政策和刘邓首长的指示精神。

5月 桂林栖率皖西军区一分区部队在冶溪河歼灭国民党宿望太自卫大队,俘大队长孟贵彪。

7月1日 皖西一地委副书记、军分区副政委梁诚在马嘶铺(太湖县北中镇)突围中不幸被敌人杀害,时年32岁。

10月1日 皖西军区独立旅与岳西县大队收复岳西县城。

12月20日 司令员孔令甫率皖西一军分区基干团、岳西县大队攻打潜山县余家井,活捉国民党岳西县党部书记长柳志界,缴获国民党县政府文件40余斤。

12月26日至31日 皖西一地委在斑竹畈杨家花屋(来榜镇)召开全区各县委书记、县长党政联席会议。地委书记卢仁灿作工作报告和总结。

12月 皖西区党委、行署决定撤销太平县,所辖地区分别归属霍山、英山、岳西。

1949年

1月27日 司令员孔令甫率军分区基干团、岳西县大队攻克沙岭头,歼灭岳西县长李仁坚残部,收复了岳西全境。

1月29日 皖西一地委、一军分区在汤池畈刘氏宗祠召开大会,庆祝沙岭头大捷和解放战争最后胜利,举行春节联欢活动。

1月 皖西区党委、行署决定撤销舒六县,所属沈家桥、姚河划归岳西县建制。

2月9日　岳西县大队改编为岳西县独立团,严甲桥任团长,滕野翔兼任团政委。

2月13日　皖山专署调整行政区划,将太湖县长坪乡所属司空、虞阳两保划归岳西县建制。

2月19日　皖山专署在岳西县菖蒲潭召开各县县长、县财粮科长联席会议,布置大军渡江战役后勤工作。

3月17日　岳西县支前后勤指挥部在衙前成立,组建民工大队,筹运物资,支援解放军渡江。

4月15日　国民党五县联防队包围岳西县第五区政府驻地斑竹畈,区政府人员突围至黄沙岭。

4月18日　岳西县支前民工担架大队开始执行支援解放军渡江战役的任务。

4月　国民政府残余武装在沈桥、梯岭、黄尾河一带设卡征税,抓伕抽丁。

岳西公学成立,李正乾兼任校长,7月停办。

5月　中共安庆地委、军分区和专署宣布成立,下辖桐城、怀宁、潜山、岳西、太湖、宿松、望江及桐庐八县。

6月上旬　岳西县剿匪指挥部成立,县长李正乾任指挥长,县独立团团长严甲桥任副指挥长,县委书记李景堂任政委,向全县发布《剿匪布告》。

6月19日　第二野战军二十八师师长陈中明、政委姚克佑率领八十二团、八十三团主力部队进入岳西,执行上山剿匪任务。

9月14日　岳西县委召开干部扩大会议,传达地委会议精神,反对无政府主义,纠正不良倾向,清洗坏作风、旧习气,25日结束。

9月25日　中共岳西县委召开各区干部和农民代表会议,成立岳西县农民协会筹委会。

9月26日　岳西县第三区(店前区)区政府遭杨薛乡"大刀会"60多人包围。县公安局平息"大刀会"暴乱,击伤并俘虏匪首李求进(连长)。

9月　岳西县私立联合中学创办。

10月6日　中共岳西县委、县政府在衙前河滩上召开党政军民学界一万余人大会,庆祝中华人民共和国成立。会后,举行了盛大游行。

10月29日　岳西县委、县政府决定开展扫除文盲运动。全县掀起办冬学、妇女识字班、民校的热潮,打一场文化翻身仗。

11月30日　岳西县开展反匪反霸运动,至1950年2月10日结束。

12月　岳西县废除国民党时期的184个保,改设184个行政村。据人口统计:1949年全县总户数50241户,总人口215031人。

参考文献

[1]中共岳西县委革命斗争史资料办公室.岳西县现代革命斗争史资料汇编:1919—1949[M].1960.

[2]中共岳西县委党史资料征集小组办公室.岳西党史资料:1983(4)—1986(4)[M].

[3]中共安徽省委党史调查组.岳西革命史料:1927—1937[M].1958.

[4]中共岳西县委党史资料征集小组办公室.请水寨暴动:1930.2—1930.9[M].1983.

[5]河南省委党史研究室,安徽省委党史研究室.鄂豫皖革命根据地史[M].合肥:安徽人民出版社,1998.

[6]皖西革命史编写组.皖西革命回忆录:第二次国内革命战争时期[M].合肥:黄山书社,1984.

[7]皖西革命史编写组.皖西革命回忆录:抗日战争时期[M].合肥:安徽人民出版社,1989.

[8]六安市新四军历史研究会.纪念高敬亭将军[M].2004.

[9]合肥市新四军历史研究会.新四军第四支队组建与发展[M].合肥:安徽人民出版社,2003.

[10]中国工农红军第二十八军战史编辑委员会.中国工农红军第二十八军坚持鄂豫皖边区三年游击战争史[M].1982.

[11]杨国宇.刘邓大军南征记[M].郑州:河南人民出版社,1982.

[12]中共湖北省委党史研究室.刘邓大军挺进大别山与三军经略中原[M].武汉:湖北人民出版社,2007.

[13]中共岳西县委革命斗争史资料办公室.岳西县解放战争时期革命斗争概括:1946—1949[M].1960.

后 记

岳西是全国著名的大别山革命老区，是安徽省红色资源大县，编写一本红色岳西书籍是党史部门的光荣使命。2017年12月29日，安徽红色历史记忆丛书编写启动会在合肥召开，安徽省最有革命历史传统的10个县各自承担了编写任务。编委会拟将《红色岳西》纳入"安徽红色历史记忆丛书"，编者就此开始了红色岳西的编写工作。通过半年的努力，编者于2018年6月完成了《红色岳西》初稿。2018年11月，完成了该书的修改工作。

《红色岳西》内容贯穿新民主主义革命时期，记载时间从1919年5月至1949年10月。该书的编写并不是一蹴而就的，而是党史研究成果累积的结晶；并不是泛泛而谈的，而是抓住重点、亮点、特点，选择了比较有影响和教育意义的党史人物和革命事件进行阐述。

《红色岳西》的编写充分利用了岳西党史资料、革命历史文献，深入挖掘岳西红色资源，吸收了历代党史工作者多年来的研究成果，客观真实地反映了在党的领导下岳西革命斗争艰苦而光

荣的历程,是一部具有存史、教育价值的党史、革命史正本。

在岳西县委、县政府的高度重视和大力支持下,《红色岳西》的编写工作按预定计划完成。大别山烈士陵园提供了一部分烈士图片资料,退休老干部胡国勋参与了校订工作,汤池中学教师刘文才受邀参与了图片整理工作,在此一并表示感谢。

储挺身